Bonsoir Lyn,
C'est un plaisir de ... et de parler avec vo... culture. Amicalement *Bastien*
03/11/2019

LORÀNT DEUTSCH

Passionné d'Histoire et amoureux fou de Paris, Lorànt Deutsch est acteur et écrivain. Il a notamment interprété le rôle de Mozart dans la pièce de théâtre *Amadeus* et celui de Jean-Paul Sartre dans *Les Amants du Flore*. Il est l'auteur de *Métronome* (Michel Lafon, 2009) qui retrace l'histoire de la ville de Paris par son métro ; et d'*Hexagone* (Michel Lafon, 2013) qui, en 26 itinéraires, suit les mouvements des peuples au cours de l'Histoire de France.

MERCI LYN
IT WAS so NICE TO MEET YOU
Yemmin Atila *HOPE YOU'VE ENJOYED*
YOUR TIME IN PARIS

MÉTRONOME

LORÀNT DEUTSCH

MÉTRONOME

L'HISTOIRE DE FRANCE
AU RYTHME DU MÉTRO PARISIEN

Avec la complicité
d'Emmanuel Haymann

Pocket, une marque d'Univers Poche,
est un éditeur qui s'engage pour la
préservation de son environnement et
qui utilise du papier fabriqué à partir
de bois provenant de forêts gérées de
manière responsable.

© Éditions Michel Lafon, 2009

ISBN : 978-2-266-25195-2

À Eddy Mitchell qui, le premier,
a su m'intéresser à l'Histoire
avec sa « Dernière Séance ».
À ma sœur et à mes parents qui,
pour moi, se sont pliés à ce rendez-vous
télévisuel hebdomadaire…

Introduction

Un village au bord de la Sarthe, si loin de Paris...
C'est là que j'ai passé mon enfance. On s'en échappait
parfois, le temps des vacances, pour monter à la capitale et rendre visite à mes grands-parents... Arrivé sur
le périphérique, je guettais au loin les lumières de la
ville, fascinantes. La frontière du périph franchie, on
pénétrait dans Paris. Aussitôt, on se trouvait pris dans
un tourbillon où virevoltaient des foules affairées, des
couleurs éclatantes, des néons étincelants. Je me souviens des enseignes vertes des pharmacies et des
carottes rouges des bureaux de tabac, je me souviens
des scintillements qui m'éblouissaient. C'était Noël
en plein été ! Et moi, j'entrais avec délices dans
cette jungle qui m'effrayait et m'attirait.

À l'âge de quinze ans, je suis venu habiter Paris,
armé d'une passion pour l'Histoire. Paris si anonyme,
si impersonnel, si démesurément grand, m'est apparu
alors comme une sorte de livre ouvert...

Dans cette ville où j'étais un étranger, où je ne
connaissais quasiment personne, mes premiers compagnons ont été les noms des rues. Et ces rues, je les ai
découvertes avec le métro. C'est vrai, le métro me

9

livrait le mode d'emploi nécessaire pour décortiquer la fourmilière grouillante, abyssale, qui s'offrait au petit provincial que j'étais. Je me suis plongé dans cet univers inconnu avec avidité et gourmandise… J'ai sillonné Paris, je me suis arrêté à chaque station, je me suis posé des questions… Pourquoi les Invalides ? Châtelet, qu'est-ce que c'est ? Quelle République ? Étienne Marcel, c'était qui ? Maubert, ça veut dire quoi ? En définitive, les stations de métro ont débouché sur l'Histoire.

Le plan du métro nous dévoile la colonne vertébrale de Paris, et l'on peut y suivre la manière dont la ville s'est construite en partant d'une petite île posée sur la Seine. En effet, chaque station, par son lieu, par son nom, évoque un pan du passé et du devenir non seulement de Paris, mais de la France. De la Cité à La Défense, le métro est une machine à remonter le temps ; au fil de ses stations, ce sont les siècles passés que l'on retrouve. Les vingt et un siècles qui ont fait la ville. Durant tout ce temps, Paris a accompagné, parfois précédé, l'émergence et les transformations de la France pour devenir la capitale que nous connaissons.

J'ai donc appris ainsi l'histoire de France et l'histoire de Paris. Parallèlement, j'ai commencé à faire du théâtre, puis du cinéma. Je me suis rendu compte que, là aussi, je disposais d'une machine à explorer le temps… Tour à tour, je me suis glissé dans la peau de La Fontaine, Fouquet, Mozart, Sartre, et d'une certaine manière l'Histoire est devenue mon métier, ou tout au moins je peux faire de l'Histoire avec mon métier.

Enfant, je puisais mon inspiration dans l'histoire de France pour faire vivre des aventures trépidantes à mes soldats de plomb. Aujourd'hui, rien n'a changé, l'Histoire reste le moteur de ma vie et de mes envies, elle est devenue pour moi un champ de fouilles, une matière sans cesse revisitée, une source d'énigmes, de contradictions, d'interrogations…

Au fait, pourquoi *Métronome* ?

Mon livre veut être, en quelque sorte, un instrument qui marque la mesure et rythme le temps. Je vous propose donc d'avancer siècle par siècle, grâce aux stations de métro : une station de métro pour chaque siècle, afin de mieux nommer et situer l'histoire…

Je voudrais, avec vous, suivre les lignes du métro comme autant de fils d'Ariane. Elles nous emporteraient vers les stations dont les bouches bavardes se souviendraient des espoirs, des soubresauts, des emportements de la capitale. Prenez place, attention à la fermeture des portes, direction Lutèce…

Lorànt DEUTSCH

Le berceau de César

— Vous descendez à la prochaine ? me demande la petite dame d'une voix timide, tout en me poussant légèrement pour être certaine de ne pas rater sa station...

Le métro freine dans un grand crissement métallique. La prochaine ? Pourquoi pas ? Ce serait super de commencer mon voyage par le berceau de Paris, l'île de la Cité. D'ailleurs, ce n'est peut-être pas un hasard si cette île a vraiment une forme de berceau... L'essence même de la capitale, c'est ici. « La tête, le cœur et la moelle de Paris », écrivait Gui de Bazoches au XIIe siècle.

La station est construite comme un puits dans les entrailles de la ville : nous sommes à plus de vingt mètres de profondeur sous le niveau de la Seine. Tel Jules Verne dans son *Voyage au centre de la Terre*, j'ai la sensation de remonter le temps jusqu'aux origines. Et pas besoin de la cheminée d'un volcan pour pénétrer ces entrailles souterraines, pas besoin du *Nautilus* pour passer sous les eaux... Moi, j'ai le métro !

13

Toujours suivi par la petite dame, je gravis quatre à quatre l'interminable escalier qui me mène vers la lumière. La petite dame est distancée. À l'extérieur, je me heurte à un cyprès rachitique. Je tente de m'en dégager pour tomber nez à nez avec un olivier sans olives… Tiens ! une trace du Sud, écho fragile d'un paysage italien, je touche au but.

Le marché aux Fleurs grignote les abords de la bouche de métro, comme si la nature et le passé cherchaient désespérément à reprendre leurs droits. Illusoire conquête, en vérité : à gauche, les voitures bourdonnent dans une descente sans fin du boulevard Saint-Michel ; à droite, même flot continu, mais dans l'autre sens, pour remonter la rue Saint-Jacques.

J'ai la sensation d'être au milieu d'un carrefour. L'artificielle rue de Lutèce agonise, coincée entre ces deux artères vitales, cernée par les austères façades XIXe siècle des bâtiments administratifs chers au baron Haussmann. Je laisse au plus vite cette rue de Lutèce pour rejoindre, au-delà du marché aux Fleurs, la Seine qui charrie lentement ses eaux brunâtres…

En quelques pas, je suis sur les quais. Un peu plus loin s'alignent les boîtes vertes des bouquinistes… J'y plonge ma gourmandise et en ressors de vieux ouvrages sur l'histoire de ma ville aimée. Paris, c'est un peu ma femme ; en tout cas, c'est une femme ! André Breton l'exprime dans *Nadja* : le triangle de la place Dauphine serait le pubis de cette forme rêvée, la matrice originelle d'où tout serait né… J'aimerais revivre cet accouchement.

Et si le ronronnement des automobiles s'éteignait ? Et si les bâtiments aux façades grises s'évaporaient ? Et si les rives de la Seine redevenaient sauvages pour laisser place aux pentes verdoyantes, aux marécages boueux, aux arbrisseaux qui couvraient l'îlot ?

*
* *

En cette année 701 de la fondation de Rome, l'an 52 avant Jésus-Christ, il n'y a rien encore sur l'île de la Cité… Aucune trace de la Lutèce dont Jules César nous parle brièvement dans *La Guerre des Gaules* ! « Lutèce, oppidum des Parisii, situé sur une île de la Seine », écrit-il. C'est un peu flou, évidemment. En fait, le proconsul n'a passé en ces lieux qu'une journée, plus préoccupé d'assister à l'assemblée des chefs gaulois que de visiter les alentours de cet oppidum. Et quand vient pour César l'heure d'écrire, il fait allusion à la cité des Parisii par ouï-dire, s'appuyant sur des rumeurs et des rapports militaires mal ficelés. Il répète ce qu'il a entendu cafouiller par ses légionnaires, qui eux-mêmes restent assez imprécis dans leurs descriptions.

C'est vrai, là où l'on s'attend à trouver la grande ville des Parisii, il n'y a rien ! D'ailleurs, la future île de la Cité est encore divisée en six ou sept îlots sur lesquels on aperçoit à peine un petit temple, quelques cahutes rondes au toit de roseau et une poignée de pêcheurs jetant nonchalamment leurs filets dans les eaux… Au-delà du fleuve, sur la rive droite, s'étendent des marais et une forêt très dense à l'ouest. Sur la rive gauche, encore des marais et, plus loin, un éperon rocheux. Un jour on l'appellera la montagne Sainte-Geneviève.

Pour trouver la vaste agglomération gauloise, on doit suivre le fleuve… À cette époque, la route, c'est le fleuve, il faudra attendre les Romains pour voir s'établir de grandes voies terrestres. Pour l'heure, montons à bord d'une de ces embarcations qu'affectionnent tant les Gaulois : l'esquif allongé et frêle fait de branches tressées file sur les flots.

La barque, c'est le moyen de transport ancestral pour ceux qui se sont installés ici. Tout naturellement, les premières traces d'occupation sédentaire au néolithique (cinq mille ans avant Jésus-Christ) ont été des pirogues découvertes sur le site de Bercy Village : Bercy, le proto-berceau de Paris ! Ces pirogues sont aujourd'hui visibles au musée Carnavalet, refuge de la mémoire parisienne.

Pour trouver la Lutèce gauloise – la vraie –, il faut suivre le cours de la Seine sur cinq ou six lieues. Là, le lit du fleuve effectue une courbe presque fermée, qui peut donner à penser à quelque Romain distrait qu'il s'agit d'une île… Et dans ce vaste méandre, une véritable agglomération s'étire et s'agite. Un oppidum avec des rues, des quartiers d'artisans, des secteurs résidentiels et un port. Bienvenue à Lutèce ! Ou, plus exactement en langue gauloise, bienvenue à Lucotecia, nom aussi flou et incertain que l'emplacement de l'agglomération… César tranchera. Il appellera sa conquête Lutecia, rapprochant ainsi le latin *lutum*, boue, du gaulois *luto*, marais. La ville issue des marais… Bien vu, le terme correspond parfaitement à la situation.

Venue du nord, la tribu s'est fixée au bord du fleuve dont elle tire sa prospérité. Pour elle, le fleuve est une déesse, Sequana, capable de guérir tous les maux, et elle donne son nom aux eaux qui coulent le long de Lutèce. Et le fleuve offre aux hommes une richesse bien réelle. Non seulement il leur fournit le poisson qui nourrit, l'eau qui fait pousser le blé, qui abreuve les hommes et le bétail, mais leur sert aussi de voie de communication. D'ailleurs leurs monnaies d'or comptent parmi les plus belles de la Gaule, avec, côté pile, le visage d'Apollon et, côté face, un cheval au galop. Plus loin, au-delà des palissades de Lucotecia, la fertilité de la terre assure l'opulence des Parisii qui se font agriculteurs, éleveurs, forgerons ou bûcherons.

Mais où donc se situait la Lutèce des origines ?

Durant des siècles, les historiens ont répété que Lutèce se situait sur l'île de la Cité… Un petit détail gênait pourtant les érudits : on avait beau creuser et creuser encore, on ne découvrait jamais la moindre trace de cette fameuse ville gauloise.

— Bah, disaient les têtes chenues, les Gaulois ne construisaient que des huttes de paille…

Et la notion de cité n'était pas la même que pour les Romains. Un oppidum était plus un camp retranché qu'une véritable ville, une forteresse qui isole et protège plus qu'un lieu qui relie et qui favorise les communications.

De plus, l'île a été si souvent détruite que toute trace originelle en a été effacée. Et quand on voit le dernier grand chamboulement du baron Haussmann au XIXe siècle, qui a rasé ou modifié la presque totalité de la Cité, on peine à dénicher ici une trace de passé. Seule certitude : allez square du Vert-Galant, vous descendrez de sept mètres pour vous retrouver au niveau des lieux au temps des Parisii… Sept mètres d'exhaussement en deux mille ans !

On n'a rien découvert ? Pas si vite ! Pour permettre la circulation des voitures parisiennes, il a fallu construire l'A86, super-périphérique qui dessine un vaste circuit au large de la capitale… Et là, bingo, des fouilles menées en 2003 à l'occasion de ce chantier ont mis au jour les restes d'une importante agglomération gauloise sous la ville de… Nanterre ! Tout y est : les habitations, les rues, les puits, le port, et même les sépultures.

Au milieu des maisons, les archéologues ont identifié un espace vide entouré de fossés et de palissades : la présence d'une broche à rôtir et d'une fourchette à chaudron à cet endroit laisse penser qu'il s'agissait d'une place réservée aux banquets pris en commun. L'implantation de Lutèce à Nanterre, dans la boucle fluviale de Gennevilliers – qui était bien plus accentuée qu'aujourd'hui – répondait à une double exigence : une sécurité géographique offerte par le fleuve et par le mont Valérien, mais surtout un double accès à l'eau, source de richesses et axe d'échanges.

Il faut en convenir, notre cœur de Parisien dût-il en souffrir : la première Lutèce se trouve enfouie dans le sous-sol de Nanterre !

Les Kwarisii, le peuple celte des carrières, sont devenus ici les Parisii gaulois vers le IIIe siècle avant Jésus-Christ, le k celte se transformant en p gaulois. Ils ont tellement navigué sur leurs barques avant de s'implanter en ces lieux que leur origine sera plus tard confondue avec celle d'autres peuples et avec d'autres légendes. En quête de sensationnel pour leurs aïeux, les descendants de casseurs de pierre et de modestes pêcheurs vont habiller leur arbre généalogique de toutes sortes de costumes…

Les Parisii deviendront les descendants d'Isis, déesse égyptienne, ou les enfants de Pâris, prince de Troie et fils cadet du roi Priam… Ce prince mythologique avait enlevé Hélène, épouse de Ménélas, entraînant ainsi une guerre terrible entre Grecs et Troyens. Pâris échappa aux coups du mari jaloux grâce à la déesse Aphrodite, qui parvint à cacher son protégé dans les brumes nébuleuses des cieux. Mais Troie fut rasée. Hélène retrouva Ménélas auquel on l'avait arrachée, et Pâris s'enfuit sur les bords de la Seine… où il aurait donné naissance à un peuple nouveau. Belle fable, qui ne repose sur rien, mais permit aux successeurs des Parisii de légitimer leur origine prestigieuse et divine. Saint Louis, au XIIIᵉ siècle, encouragea fortement la diffusion de ce mythe, qui perdura tout au long du règne des Capétiens…

— Notre civilisation n'est pas née d'une bande de voyageurs celtes, nous avons la même noble ascendance que les Romains, semblaient répéter les rois francs.

Mais, pour l'heure, c'est justement aux Romains d'être les plus puissants, d'imposer leur culture et leur langue, de s'approprier mythes et légendes pour justifier leurs prétentions sur le monde. Non, les Romains ne représentent pas les reliquats d'une quelconque tribu indo-européenne installée dans la future Italie au VIIIᵉ siècle avant Jésus-Christ.

— Nous sommes, assurent-ils, issus de la race des dieux et des héros !

C'est le raisonnement qu'avait suivi jadis Homère avec l'*Iliade* et l'*Odyssée*, légitimant, lui, la suprématie des Grecs sur les peuples de la Méditerranée. Ensuite, Virgile écrivant l'*Énéide* au Ier siècle avant notre ère a suivi le mouvement. Ce récit n'est que le calque de l'œuvre de son illustre prédécesseur, sauf que les héros ne sont plus des Grecs mais des Troyens, et un Troyen en particulier : Enée, fils de la déesse Aphrodite. Après la chute de Troie, il s'enfuit pour fonder Rome, emportant avec lui son fils Iule, aïeul de César (Jules est le nom de famille de celui qu'on surnomme César, il provient de Julia : en latin le i et le j sont confondus). César, descendant des dieux, peut donc prétendre dominer le monde.

En cette année 52 avant notre ère, les Romains sont en passe d'attaquer les modestes Parisii et d'envahir leur territoire des bords de la Seine… Ce peuple gaulois a eu le tort de se rallier, parmi les premiers, à un certain Vercingétorix, chef arverne bien décidé à coaliser les tribus gauloises pour repousser l'envahisseur. Jules César, soucieux de discipliner ces marches du futur empire, envoie sur les bords du fleuve son meilleur général, Titus Labienus.

L'officier romain s'avance à la tête de quatre légions et d'une troupe de cavalerie. Du côté des Lutéciens, c'est l'affolement ! Comment va-t-on se défendre contre la puissance surgie de la louve ? On fait précipitamment venir de Mediolanum Aulercorum – aujourd'hui Évreux – un vieux chef que tout le monde appelle respectueusement Camulogène, ce qui signifie « fils de Camulus »… fils du dieu gaulois de la guerre.

Avec un surnom aussi martial, le bonhomme devrait parvenir à assurer fièrement la sécurité de l'oppidum. En tout cas, les habitants lui confient unanimement leur destin : à lui d'organiser la riposte, à lui de repousser l'ennemi.

Mais que peut faire le bon vieillard ? Il est placé à la tête d'une petite armée mal entraînée dont les soldats, plus courageux qu'efficaces, s'apprêtent à combattre nus jusqu'à la ceinture, armés seulement de quelques haches et de lourdes épées coulées dans un mauvais métal...

Labienus et ses légionnaires avancent inexorablement. Camulogène croit pourtant en sa bonne étoile et prépare la défense. Ce n'est pas dans Lucotecia qu'il attend les Romains, mais aux abords, dans un bivouac dressé au milieu des marais, au cœur de la zone humide qui enserre l'oppidum.

Bientôt, Labienus fait face au camp improvisé des Gaulois. La confrontation est inévitable. Les Romains, parfaitement disciplinés, casqués d'airain et cuirassés d'acier, progressent en rangs serrés. Mais ces légionnaires, guerriers des sols fermes, aux tactiques rompues dans les vastes étendues des plaines, se trouvent vite déstabilisés par ces espaces mouvants entre terre et eau. Ici, les barques s'embourbent et les hommes se noient ! Quant à la cavalerie, elle reste hors jeu : les sabots des chevaux collent à la boue.

Les Gaulois, eux, sont à l'aise sur cette glèbe instable... Ils se ruent sur les troupes ennemies, et les fiers soldats de Rome parviennent mal à se défendre contre cette nuée désordonnée. Jusqu'à la tombée de la nuit, les combattants s'étripent et font rougir l'eau stagnante des marais. Mais Labienus sait qu'il ne parviendra pas à forcer le passage. Finalement, il fait sonner la longue plainte du clairon et ordonne la retraite.

Dans l'oppidum, la joie éclate ! L'envahisseur est repoussé, espère-t-on. De son côté, fou de rage, Labienus veut se venger de ces Gaulois indomptables et, poursuivant le long des berges de la Seine, s'empresse d'aller attaquer Metlosedum – l'actuel Melun –, une autre cité établie au creux d'un méandre du fleuve.

Cette agglomération est en manque d'effectifs : la plupart des hommes valides ont rejoint les troupes de Camulogène à Lutèce… Piètre victoire des légionnaires ! Ils ne trouvent devant eux que des femmes et quelques vieillards, petite foule qui tente de s'opposer, mains nues, à des guerriers parfaitement entraînés. Il n'y a même pas de bataille, on n'assiste à aucun affrontement impétueux, aucune chevauchée intrépide, on voit seulement couler une rivière de sang dans une ignoble débauche de gorges tranchées et de poitrails transpercés. Les Romains défilent, enfonçant des lances dans le ventre de ceux qui font mine de s'opposer à l'ordre nouveau, pillant les réserves de blé, renversant les autels des divinités, saccageant quelques riches habitations. Et puis ils s'en vont, laissant l'oppidum dévasté.

Mais Labienus veut sa revanche contre les Lutéciens. Il ne peut pas reparaître devant César avec au front la honte de la défaite. En pleine nuit, il réunit ses officiers sous sa tente et leur tient le langage viril d'un général romain :

— Nul renfort ne peut être espéré, c'est à nous et à nos quatre légions d'écraser les Gaulois et de prendre

Lutèce. Vous triompherez des Barbares pour la gloire de Rome, et Rome vous couronnera de lauriers…

Aussitôt, branle-bas dans le camp romain. Les troupes longent la rive droite de la Seine, contournent la zone marécageuse, se dirigent vers le nord, dépassent la boucle de la Seine qui abrite Lutèce et piquent brusquement vers le sud pour se retrouver face à la ville. Pendant ce temps, une petite flottille romaine d'une cinquantaine de barques parvient à son tour à la hauteur de la capitale des Parisii.

Avant même l'arrivée de l'ennemi, des rescapés du massacre de Metlosedum, échevelés et terrorisés, sont venus prévenir Camulogène :

— Les Romains ont rebroussé chemin, ils reviennent vers Lutèce…

Pour éviter l'encerclement, Camulogène décide de brûler la place, les ponts, puis de remonter la Seine par la rive gauche.

— Mettez le feu à nos deux ponts sur la Seine, mettez le feu à vos maisons, le fleuve de la déesse Sequana nous protégera ! décrète-t-il.

Au petit matin, Lutèce n'est plus qu'un champ de cendres déserté par ses habitants. Il ne reste que des ruines des belles demeures qui, hier encore, s'étageaient sur les rives de la Seine. Il ne reste que des ruines des ruelles qui s'entrelaçaient, bordées de modestes masures aux murs de torchis. Il ne reste que des ruines des magasins de blé et de vin qui s'étiraient sur les hauteurs.

En cette aube sinistre se prépare l'affrontement final pour posséder une ville qui n'existe plus. Le chef gaulois et ses cohortes remontent le cours de la Seine, invoquant Camulus, dieu muni d'une pique et d'un bouclier, puissance redoutée, maître de la guerre et de la mort violente. Pour les Gaulois, mourir pour la patrie est déjà le sort le plus beau, et ils s'en vont au combat bien décidés à s'offrir en sacrifice aux appétits sanglants du terrible Camulus. Les troupes romaines, elles, sont sur la piste des Gaulois. Les légionnaires invoquent Mars, leur dieu de la guerre, mais ils n'ont aucune intention de périr aujourd'hui. Ils veulent en découdre jusqu'au bout de leurs forces, pour remporter la victoire et toucher leur solde.

Les Romains rejoignent les Gaulois sur la plaine de Garanella, au bord de la Seine… Garanella, la petite garenne, parce que, sans doute, aux temps heureux, on y chassait lapins, sangliers et chevreuils. Mais c'est à une tout autre chasse que les cieux tremblants assistent en ce jour. Des milliers d'hommes s'affrontent dans une mêlée affreuse.

Le sifflement sinistre des flèches et des javelots semble fendre l'air. Les fantassins romains jettent leurs lances terrifiantes qui fondent sur les Gaulois fauchés par rangs entiers. Aucun tir ne paraît manquer sa cible, certains combattants sont même atteints de plusieurs flèches et s'écroulent tout hérissés de dards mortels. D'interminables volées sont ainsi décochées, les denses nuages striés freinent un instant l'avance des Parisii, mais ceux-ci, aspirant à la mort, reprennent leur marche, indifférents. Et des centaines d'hommes s'effondrent encore, comme si cette mort pleuvait sur eux.

Le vieux Camulogène, sabre en main, galvanise ses hommes, leur criant qu'ils doivent périr pour Camulus… Les Gaulois parviennent un moment à enfoncer les lignes romaines : protégés par leur large bouclier, ils percent les carrés ennemis. Ce sont les Romains, maintenant, qui vacillent et reculent.

Mais soudain, une légion romaine, étendards dépliés, se met en marche du fond de la plaine… Quatre mille mercenaires qui se tenaient en réserve viennent surprendre les Gaulois par l'arrière. Aucune retraite n'est plus possible. Le choc est épouvantable, le carnage horrible. Les lourds sabres gaulois se brisent net sur les épées romaines, plus légères et mieux trempées. Le sang coule et abreuve la terre, la longue plainte des blessés monte de la plaine de Garanella…

De part et d'autre, on se bat avec un égal acharnement, pour mourir ou pour toucher sa solde. Car les Parisii ne fuient pas. Ils ne cherchent pas dans la déroute une vaine survie. Et quand le soleil se couche, la plaine est jonchée de milliers de cadavres gaulois entrelacés. Camulogène lui-même a trouvé la mort dans cette ultime défense. Pour une Lutèce déjà détruite…

Où sont les restes des guerriers gaulois ?

La plaine de Garanella est devenue la commune de Grenelle, annexée à Paris sous le second Empire. L'endroit précis où se déroula la bataille entre les légionnaires de Labienus et les soldats de Camulogène devint un terrain de manœuvre pour les élèves de l'École militaire au XVIIIe siècle et fut baptisé Champ-de-Mars. Champ de Mars… le champ de la guerre.

Bien plus tard, à l'endroit même où reposent les restes du chef gaulois et de ses hommes, s'éleva la tour Eiffel… comme un tumulus qui aurait été construit pour honorer ces guerriers. Les Parisiens, indifférents, viennent ici s'ébrouer le dimanche, sans savoir qu'ils foulent une terre qui, depuis plus de vingt siècles, a avalé les ossements de ces Parisii qui ont offert à leur peuple le sacrifice suprême.

Quelques mois après l'incendie de la première Lutèce, une bataille décisive s'engage entre les troupes de Jules César et celles de Vercingétorix. Au cœur de l'été, le proconsul remonte au nord avec ses six légions pour rejoindre Labienus victorieux. Le chef gaulois et sa cavalerie attaquent les Romains, mais des mercenaires germains, venus prêter main-forte aux troupes romaines, repoussent les Gaulois.

Vercingétorix se replie alors sur les hauteurs d'Alésia, sans doute, en Bourgogne, avec une impressionnante armée, à laquelle se sont joints huit mille combattants parisii. Une dizaine de légions romaines viennent faire le siège de la ville, mais les assaillants sont moins nombreux que les assiégés. Les Romains doivent donc, pour l'instant, renoncer à l'offensive, ce qui ne les empêche pas de tenter d'affamer les Gaulois encerclés en établissant autour de l'oppidum d'Alésia une double ligne de fortifications.

Alors que l'été jette ses derniers feux, une armée gauloise arrive en renfort. Dans l'obscurité de la nuit, ce nouveau contingent donne l'assaut. Il se bat jusqu'au petit matin, mais ne parvient pas à percer les lignes ennemies. C'est alors qu'une autre armée gauloise attaque le camp supérieur des Romains, pendant que Vercingétorix fait une sortie avec ses hommes. Sous la violence de l'assaut, les Romains commencent à se replier. César envoie des troupes fraîches et réussit finalement à refouler les troupes gauloises. C'est la débandade. Les Gaulois qui n'ont pas eu la « chance » de mourir sur le terrain cherchent à fuir. Les cavaliers romains leur coupent la retraite, prélude à un massacre terrifiant. Tout est fini. Le lendemain, Vercingétorix sort du camp à cheval et vient déposer ses armes aux pieds de César... Six ans plus tard, le chef arverne sera étranglé au fond de sa prison romaine.

*
* *

Dans cette Gaule devenue gallo-romaine, les Romains se mettent rapidement en tête de reconstruire Lutèce. Mais pourquoi ne pas choisir un autre emplacement que cette boucle de la Seine ? Pourquoi ne pas opter pour une position moins enclavée, plus propice aux communications ? Justement, à un jet de pierre du Champ-de-Mars, où Labienus a trouvé sa victoire, se situent quelques petits îlots. Sur le principal d'entre eux, se dresse un modeste temple élevé aux dieux gaulois : Cernunnos, maître de l'abondance ; Smertios, protecteur des troupeaux ; Esus, démiurge des forêts... Des nuées blanches de mouettes planent au-dessus de l'humble construction, ces nuages laiteux et jacassants s'abattent parfois pour venir picorer quelques miettes des offrandes déposées par les fidèles.

Les Gaulois de Lutèce, incités par les Romains victorieux, viennent se regrouper autour de ce temple, lieu de foi et de dévotion. Les îlots, bientôt reliés entre eux par des ponts, dessinent déjà l'ébauche d'une cité nouvelle... Et c'est ainsi que Lutèce, ville gallo-romaine, émerge sur cette langue de terre perdue dans les eaux, ce sera, un jour, l'île de la Cité.

Comme par le passé, les Parisii vivent ici du fleuve et par le fleuve. Car le fleuve continue de leur donner la prospérité. Les nouveaux Lutéciens font acquitter des taxes au voyageur qui veut franchir les ponts ou faire passer sa barque. Lutèce représente ainsi une ville-pont, un péage pour franchir la Seine. Allez dans la crypte de Notre-Dame, sous le parvis, vous y verrez les restes du premier quai gallo-romain datant du Ier siècle. Plus tard, la devise de Paris « *Fluctuat nec mergitur* » – elle tangue mais ne coule pas – se voudra l'héritage de ce lien originel et nécessaire avec le fleuve.

Au Ier siècle de notre ère, la petite île s'articule déjà autour des symboles de l'autorité terrestre et du pouvoir céleste : à l'ouest, un palais fortifié, siège des autorités romaines ; à l'est, le lieu de culte des Parisii. Mais le temple de Lutèce est agrandi, embelli, ouvert aussi aux dieux du panthéon romain, mêlant ainsi les deux cultures… Et c'est sur la Seine qu'est érigé ce premier monument important de la ville. Les Nautes, confrérie de mariniers naviguant sur les cours d'eau, témoignent de leur reconnaissance en offrant un pilier de soutènement du bâtiment, une colonne de près de cinq mètres de haut constituée de quatre blocs cubiques sculptés à l'effigie des divinités gauloises Cernunnos, Smertios, Esus, mais aussi des dieux romains Vulcain et Jupiter… C'est justement au dieu des dieux romains et à l'empereur Tibère, qui régna de 14 à 37, que le pilier est dédié : « À Tibère César Auguste et à Jupiter, très bon, très grand, les nautes du territoire des Parisii, aux frais de leur caisse commune, ont érigé (ce monument). » La civilisation gallo-romaine s'inscrit désormais dans la pierre.

Lutèce est fixée à tout jamais, notre histoire de Paris peut démarrer, tout peut commencer, au point même qu'un homme nommé Jésus s'apprête à remettre à l'heure les pendules du temps, comme pour fêter de loin cette naissance…

Qu'est devenu le pilier des Nautes ?

En 1711, à l'occasion du percement, sous le chœur de la cathédrale Notre-Dame, d'un caveau destiné à recueillir les sépultures des archevêques de Paris, le pilier des Nautes a été mis au jour, inclus dans la maçonnerie de deux murs. Restauré entre 1999 et 2003, il est exposé aujourd'hui au musée de Cluny.

Les lieux sacrés restent lieux sacrés au-delà des croyances… Ce n'est pas un hasard si cette œuvre a été trouvée dans les soubassements de Notre-Dame, ce n'est pas un hasard si la cathédrale reste le principal lieu de culte catholique des Parisiens : à cet endroit de l'île de la Cité se sont élevés les premiers temples votifs des Gaulois devenus ensuite Gallo-Romains puis chrétiens.

IIe siècle

PLACE D'ITALIE

Tous les chemins mènent à Rome…

La place d'Italie m'a toujours semblé biscornue, pour tout dire mal fichue. On sort du métro, et rien ne paraît équilibré ni harmonieux. La mairie XIXe siècle du XIIIe arrondissement fait mine de se tenir à l'écart, comme effrayée par la noria de bagnoles qui tournent sur le rond-point en un ballet incongru et déréglé. En face, sur les toits du centre commercial laborieusement hypermoderne, les assemblages futuristes miment involontairement les grues figées d'un chantier abandonné. De l'autre côté de l'avenue, les fast-foods régurgitent leurs odeurs de frites rances au pied d'un assemblage de cubes grisâtres. Plus loin, les tours sans âme étirent leurs formes tristes.

La seule chose que je trouve dans le ton, c'est la plaque émaillée bleue encadrée de vert et qui annonce : « Place d'Italie ». L'Italie, en effet, c'est par ici ! Au IIe siècle, quand la Lutèce voulue par l'occupant romain s'établissait sur l'île de la Cité, l'endroit était traversé par une route qui menait à Rome… En Gaule, l'époque était à la paix romaine. La nouvelle ville des Parisii se développait au sud de la Seine. De puissantes voies de communication se créaient en direction de Rome pour relier entre elles les parties éparses du plus vaste des empires. La place d'Italie se trouvait tout naturellement sur cette *via romana* qui menait à Lyon et à Rome.

Au fond, on devrait peut-être rebaptiser cet espace pour l'appeler « place de Rome » et se souvenir ainsi de la dette que le Paris que nous connaissons et que nous aimons a contractée envers ceux qui sont venus conquérir la Gaule il y a deux millénaires.

Certes, ils ont beaucoup détruit du Paris des origines. On ne mesure jamais assez le cataclysme que représenta l'incendie de Lutèce et la défaite d'Alésia. Ce fut la mort d'une culture, la disparition d'une langue. Tout un mode de vie avec ses légendes, son histoire, ses divinités, ses adorations, sa mystique, sombra dans la nuit de l'oubli. Un livre inachevé se ferma… Les quelques traces que l'on en conserve nous ont néanmoins été transmises par les Romains. Plutôt sympas, ils ont bien voulu, à travers leurs écrits, nous laisser le souvenir de ces Barbares soumis à leur puissance. Mais cette puissance même détruisit l'identité gauloise. Elle la détruisit si bien que, pendant longtemps, les historiens regardèrent cette nation ancienne avec un certain mépris ou, au moins, une dédaigneuse condescendance. On y voyait quoi, dans les ouvrages d'histoire ? Des peuplades un peu sauvages, portant de longues moustaches, s'habillant de braies colorées et bouffant du sanglier. Encore heureux que Jules César soit venu apporter la civilisation à ces brutes, pensait-on. Sauf que, de nos jours, les historiens ont révisé leur jugement. C'est vrai, les Gaulois ne nous ont pas transmis de chefs-d'œuvre littéraires, ils n'ont pas non plus construit de grands monuments qui feraient le bonheur des touristes du troisième millénaire, mais ils n'étaient pas des ploucs pour autant ! Ils appartenaient à une civilisation développée qui avait ses rites, ses divinités, ses légendes, ses héros.

Maintenant, on peut se demander également ce que seraient devenus les Parisii et leur cité si les Romains n'étaient pas venus leur faire la guerre. Le peuple de la Seine aurait-il gardé son indépendance et son originalité ? Sans doute pas. La Germanie était en marche. Au Nord, une autre conquête avait en effet commencé. Et, sans Jules César, nous serions tous des Germains ! Telle était l'alternative pour les Parisii : se latiniser ou se germaniser. L'Histoire et la force militaire de César ont tranché. Les Gaulois ont laissé place aux Gallo-Romains.

La ville qui se bâtit alors n'était donc plus une agglomération purement parisii, mais une cité façonnée par le génie romain. Voilà pourquoi, sans doute, cette place d'Italie prend dans mon imaginaire une importance qu'un esprit rationnel pourrait juger disproportionnée...

C'est vrai, ici nous sommes bien loin des bords de la Seine où se réfugiaient les premières habitations lutéciennes, mais je mets avec émotion mes pas dans les pas des légions romaines, des commerçants romains, des bâtisseurs romains. Ici retentissait l'écho lointain de la ville. Ici, sur de grandes dalles irrégulières, brinquebalaient les charretons de blé. Ici résonnaient les pas des soldats. Ici passaient les Gaulois qui se dirigeaient vers Rome, capitale du monde.

Pour moi, c'est sûr, la route commence à cet endroit. Et quelle route ! Celle qui reliait la Gaule à sa source neuve. On peut regretter, là encore, la catastrophe que représenta la victoire romaine pour la mémoire gauloise. Mais plutôt que de pleurer sur le passé, je veux voir dans la latinisation des Gaulois une chance saisie par les cheveux. De cette défaite absolue, de cette humiliation consommée ont émergé une culture réinventée et une nation recommencée.

Les Gaulois ont-ils toujours été nos ancêtres ?

Eh bien non ! Sous l'Ancien Régime, l'histoire de France commençait en 496 avec le baptême de Clovis, premier roi chrétien des Francs. Ces origines religieusement pures et monarchiquement indiscutables satisfaisaient pleinement des souverains de droit divin. Tout changea au XIXe siècle. Napoléon III chercha à ancrer son empire dans une chronique moins marquée du sceau de la royauté. Il fallait une rupture. Les Gaulois allaient la lui fournir. Il se passionna tant pour ces ancêtres hypothétiques qu'il en fit une étude en plusieurs volumes intitulée sobrement *Histoire de Jules César*. Mais le propos de l'empereur des Français va bien au-delà de l'analyse de la personnalité du dictateur romain.

En fait, Napoléon III redonna aux Gaulois leur juste place dans notre histoire. En 1861, il ordonna des fouilles archéologiques sur le lieu supposé d'Alésia, en Bourgogne, et les savants à sa solde s'échinèrent à le satisfaire. Pour l'empereur, il s'agissait de vérifier si l'on pouvait trouver dans le sol des vestiges matériels de cette fameuse bataille, soudainement devenue un événement majeur de l'histoire de France. Effectivement, les chercheurs cherchèrent et les chercheurs trouvèrent... Presque cinq cents pièces de monnaies gauloises, deux pièces de bronze marquées Vercingétorix, cent quarante-quatre monnaies romaines, des fossés, des palissades, une stèle où l'on crut lire « ALISIIA »... La moisson était belle. Trop belle selon certains. Des esprits chagrins imaginèrent que les archéologues de Napoléon III avaient parfois pris de secrets arrangements avec la réalité... Pour satisfaire l'empereur.

En tout cas, c'est lui, l'empereur des Français, qui règne désormais sur Alésia... En 1865, une statue colossale de Vercingétorix fut dressée sur le champ de bataille devenu champ de fouilles. Et le sculpteur Aimé Millet prêta au chef arverne les traits de Napoléon III !

À Lutèce, la concrétisation du changement se marque dans la pierre. Le siècle qui s'ouvre représente une ère inattendue de paix, de conciliation et de constructions. Pour s'ancrer en son décor des rives de la Seine, Lutèce a besoin de tranquillité. L'agitation des périodes écoulées s'apaise, juste assez pour permettre à une ville nouvelle de naître. Le destin semble jalousement veiller sur le berceau du Paris de l'avenir. Les déchirements des hommes, les emportements des armées, les combats pour une mort glorieuse ont cessé.

Parisii et Romains se mettent à l'ouvrage pour bâtir. Époque bénie des dieux : plus jamais la ville ne connaîtra une aussi longue période de calme.

Je mets donc mon pas dans celui du citoyen romain venu de Rome à Lutèce. Il est passé par ce qui est aujourd'hui la porte d'Italie, puis le tracé de l'avenue d'Italie lui a fait traverser la future place d'Italie avant d'emprunter l'actuelle avenue des Gobelins jusqu'à la place Saint-Médard où commence, par la rue Mouffetard, l'ascension de la montagne Sainte-Geneviève....

La Lutèce romaine n'est pas livrée aux caprices du fleuve : la partie spécifiquement romaine de la ville aurait été mal à l'aise dans des marécages mouvants et boueux. Elle sera, à l'image de Rome, sur une hauteur pas trop escarpée. Il faut donc gravir cette rue Mouffetard, lointaine évocatrice du nom romain de la montagne Sainte-Geneviève, Mons Cetarius, le mont des viviers... l'influence du fleuve n'est jamais très loin !

La paix romaine qui règne à cette époque fait de Lutèce une ville ouverte, sans remparts. Le voyageur arrivé au sommet de la Mouff' a donc une vue époustouflante sur la ville qui resplendit.

En ce IIe siècle, Lutèce est le lieu de tous les plaisirs. On s'y amuse, on s'y distrait. D'ailleurs, le voyageur a immédiatement le regard attiré vers une construction gigantesque : l'amphithéâtre. Dressé sur le plat entre la colline et le fleuve, un peu à l'écart de la ville, il étage ses quinze mille places sur des gradins en arc de cercle. L'emplacement de ce monument a été choisi pour la topographie très particulière du terrain : les architectes ont réalisé une construction qui bénéficie de l'éclairage du soleil levant. De plus, les spectateurs jouissent d'une vue imprenable sur la courbe de la Bièvre, avec en fond deux collines boisées, qui seront Ménilmontant et Belleville. L'endroit est somptueux.

Cet amphithéâtre, le plus beau et le plus riche de toute la Gaule, est fait de pierres sculptées, de colonnes couvertes de tuiles, de statues offertes à l'adoration des dieux. Sans oublier la technique : des niches creusées dans le mur de scène favorisent une parfaite acoustique. Quant au confort, il est au top : une toile est tendue par-dessus les gradins pour épargner aux spectateurs les rigueurs du soleil ou le désagrément de la pluie.

Gaulois et Romains mêlés y accourent, suivons-les en redescendant la colline par les escaliers de la rue Rollin...

Quand on approche de cet amphithéâtre, c'est toute la puissance de Rome qui semble surgir de cette façade imposante aux colonnades et aux arches élégantes. Et l'on franchit cette muraille par deux larges entrées surmontées de cariatides dont les regards de pierre observent, impavides mais doux, l'agitation humaine.

Un grand mariage à la mode romaine se déroule à Lutèce dans la joie des bacchanales, certes, mais également dans le bonheur d'assister au spectacle offert, ici, par les tragédiens. Colonisés et colonisateurs partagent le même culte pour les auteurs anciens. Quand on veut rire, c'est une comédie de Plaute que l'on va voir. Sa *Farce de la marmite* est un succès assuré. Et chacun s'amuse des aventures d'un vieil avare trop heureux d'avoir trouvé une marmite pleine d'or. Mais son bien acquis par la grâce du hasard va se révéler source de tourments : le vieillard est saisi d'angoisses mortelles à l'idée qu'un voleur puisse lui dérober son cher trésor !

Sans doute joue-t-on aussi à Lutèce *Les Bacchantes*, l'une des œuvres les plus célèbres du poète grec Euripide. Les spectateurs se pressent tandis que le chœur, du fond de l'arène, entonne une monodie plaintive dont les accents roulent vers les gradins.

Mais parfois, le sang coule sur la scène du cirque de Lutèce. Les jeux romains ne sont pas toujours aussi pacifiques et innocents que les comédies de Plaute ou les tragédies d'Euripide. Des cages emprisonnent les fauves qu'un soir prochain les gladiateurs viendront étriper dans l'arène... Surgissent alors sur le sable tigres et lions enragés. Parfois, les casques, les sabres, les filets des gladiateurs ne suffisent pas à vaincre la bête, et de la foule monte un long frémissement lorsque le combattant est terrassé par des griffes puissantes, déchiqueté par des crocs effarants.

Ce que l'on préfère, tout de même, c'est quand les gladiateurs s'entretuent bravement. Et l'on court voir les vedettes, ces hommes qui personnifient la force et la beauté viriles. Dans un combat loyal, qui prétend donner à tous une leçon de courage, les gladiateurs offrent ce spectacle de super-violence que l'on apprécie à Lutèce comme dans tout l'empire. Ils s'affrontent jusqu'aux limites extrêmes de leurs forces, ils s'éreintent, se blessent... Bientôt, le corps transpercé par les pointes du trident de l'adversaire, le vaincu s'effondre. Le sang rouge coule sur la terre de l'arène, la dépouille est évacuée par la porte de Libitina, la déesse de la mort. Et la foule est en délire, la foule est debout. Demain, au même endroit, le vieil avare de Plaute fera rire. C'était ça, les arènes de Lutèce...

Depuis quand joue-t-on aux boules
aux arènes de Lutèce ?

Les arènes de Lutèce ont été détruites lors des invasions barbares de l'an 280. L'amphithéâtre devint d'abord un cimetière, puis fut remblayé après la construction d'un mur d'enceinte par Philippe Auguste au début du XIIIᵉ siècle. Ensuite, l'oubli fit son œuvre...

Encore une fois, il fallut attendre le XIXᵉ siècle et l'engouement pour l'archéologie. Lors du percement de la rue Monge, à partir de 1860, les ouvriers tombèrent sur des restes bien étranges en creusant le sol au niveau du 49, rue Monge... On mit au jour des travaux de maçonnerie, puis les recherches furent étendues sur un terrain proche acquis par la Compagnie générale des omnibus pour y construire un dépôt... Les arènes de Lutèce revenaient à la surface ! Mais la municipalité ne s'inquiéta guère de cette extraordinaire découverte. L'important était de créer une rue droite et large ! Dans cette folie de constructions, de remaniements, l'Antiquité n'avait pas droit de cité. Une partie fut bel et bien livrée aux pioches des démolisseurs. En fait, les arènes entières risquaient d'y passer...

C'est alors que Victor Hugo intervint. En 1883, l'auteur de *Notre-Dame de Paris* adressa cette lettre au conseil municipal de la capitale : « Il n'est pas possible que Paris, la ville de l'avenir, renonce à la preuve vivante qu'elle a été la ville du passé. Le passé amène l'avenir. Les arènes sont l'antique marque de la grande

> ville. Elles sont un monument unique. Le conseil municipal qui les détruirait se détruirait en quelque sorte lui-même. Conservez les arènes de Lutèce. Conservez-les à tout prix. Vous ferez une action utile et, ce qui vaut mieux, vous donnerez un grand exemple. » Le maître avait parlé. Le conseil municipal vota les crédits nécessaires à l'aménagement d'un square dans les arènes. Cette promenade fut ouverte au public en 1896.

De telles arènes, si vastes et si belles, disent assez l'importance de Lutèce dans la Gaule romaine. En un siècle d'existence à peine, la ville est devenue une cité fort courue et très peuplée. Durant cet âge d'or, près de dix mille habitants se sont établis sur la seule île de la Cité, et la ville s'étend sur la rive gauche.

Sur la rive droite, en revanche, il n'y a pas grand-chose. Tout au loin, sur une colline dédiée à la foi – le futur Montmartre – se dressent un petit temple et quelques modestes habitations placées sous la protection des dieux. Mais cette rive est surtout un chantier ouvert et une réserve alimentaire. Dans les carrières, on cherche le limon qui sert à la fabrication des tuiles ; dans les champs, on plante le blé, on fait l'élevage des bovidés… Nous sommes dans l'envers du décor, le côté organisationnel de la ville, le fourre-tout qui permet la vie élégante et raffinée de l'autre côté du fleuve.

Dans cette ville nouvelle, bien des Gaulois ont, à l'image des Romains, abandonné les frêles huttes au toit de paille qui les abritaient dans l'ancienne Lutèce.

Ici on construit solidement, richement parfois. Ville haute et ville basse commencent à se ressembler.

Car il y a Lutèce-la-Haute, sur les berges, où se sont établis essentiellement des Romains, et Lutèce-la-Basse, sur l'île, où sont groupés les Gaulois. Lentement, l'habitude viendra de nommer cette Lutèce-la-Basse *Civitas Parisiorum*, la cité des Parisii. On n'est plus très loin de « Paris »…

Que font-ils, ces Lutéciens de la ville basse ? Ils vivent essentiellement du fleuve, je l'ai dit. Et la plupart des métiers exercés sont en lien plus ou moins direct avec les eaux. Il y a ceux qui chargent et déchargent les bateaux, ceux qui transportent les ballots déposés ici par la voie fluviale, et bien sûr les indispensables pêcheurs, poissonniers, forgerons et commerçants.

Sur l'île, l'extension de la cité est évidemment limitée. C'est donc sur la rive gauche que l'on peut gagner de l'espace. Et les architectes romains y bâtissent une ville. Cette Lutèce-là n'a jamais été une ville gauloise. D'ailleurs, à la mode romaine, elle est abondamment approvisionnée en eau. C'est une nouveauté. Fini, le temps où les Gaulois s'abreuvaient directement à la Seine !

Un bassin construit à une vingtaine de kilomètres au sud permet de fournir l'eau grâce à la pente douce d'un aqueduc. Quelques rares morceaux de cet aqueduc sont encore visibles, pieusement entreposés dans les réserves de Carnavalet (1, rue François-Truffaut 75012). En ville, l'eau coule dans un réseau de canalisations faites en terre cuite ou en plomb afin d'alimenter les fontaines et surtout les thermes. Ah, les thermes ! Ils sont pour les Romains, et donc pour les Parisii, la quintessence du luxe et du confort. Rien de grand ne se ferait sans les bains publics ! Lutèce en compte trois établissements. Deux relativement petits : l'un au sud, un autre à l'est, à l'emplacement actuel du Collège de France et qui se prolonge sous notre rue de Lanneau…

Où peut-on voir les thermes anciens ?

La cave voûtée du restaurant Le Coupe-Chou est un vestige émouvant de ces thermes du IIe siècle, la plus vieille cave de Paris ! Au cours de travaux, on y a découvert de précieux témoignages : notamment, des conduites d'eau chaude et une piscine gallo-romaine.

Mais l'établissement de bains le plus important, qui date lui aussi de la fin du IIe siècle, sont les thermes de Cluny, que l'on connaît encore. On devrait peut-être lui conserver son nom d'origine : les thermes du nord.

Ouverts à tous gratuitement, ces thermes constituent un espace de détente, de loisir, un point de rencontre, un lieu d'hygiène. Tout ici est fait pour le bien-être du citoyen : mosaïques, marbre et fresques agrémentent les murs de scènes colorées qui évoquent la mer… Après un peu d'exercice, on passe de la salle tiède, le *tepidarium*, à la salle chaude, le *caldarium*, puis à la salle froide, le *frigidarium*, et enfin à la salle de repos où l'on se retrouve entre amis pour passer un moment convivial et bavarder un peu.

Qui fit construire les thermes de Cluny ?

Ces thermes sont évidemment d'influence romaine. On aurait tort, pourtant, d'y voir une pure implantation de l'occupant sur une population béate. Les Parisii ont eux-mêmes participé à la construction de cet édifice qui a défié le temps. Une décoration du *frigidarium* nous expose des bateaux chargés d'armes et de marchandises… Cette manière de signer l'œuvre montre que la puissante corporation des Nautes a collaboré aux travaux. Ces hommes qui régentent alors le commerce fluvial et font un peu office de conseil municipal n'ont pas voulu laisser aux seuls Romains le bénéfice de l'érection d'un aussi prestigieux ensemble. Les Parisii étaient conscients de la nécessité de prendre leur destin en main et d'organiser, eux aussi, la construction et la gestion de la ville. C'est sans doute à cette vitalité que Lutèce doit d'être devenue Paris.

En dépit de l'implication gauloise, l'architecture urbaine reste typiquement romaine. Des rues rectilignes se coupent à angle droit et dessinent des étendues où se succèdent les villas patriciennes et les espaces publics. La voie principale de cette Lutèce romaine est le *cardo maximus*. Il traverse la ville haute de part en part et mène aussi, par un petit pont, vers la ville basse[1].

C'est le nerf de l'agglomération, l'artère qui la nourrit et lui donne la vie. Tout ce qui va à Lutèce passe par le *cardo*, tout ce qui part de Lutèce passe par le *cardo*. Cette voie apprend aux Parisii comment une ville se construit. Et la leçon ne sera pas perdue quand il faudra, plus tard, organiser une cité agrandie.

Le long de cette route se trouvent les deux ateliers de potiers qui alimentent Lutèce. Bien situés, entre ville et campagne, sur une voie passante, ces artisans peuvent fournir les riches boutiques de la cité, les paysans des campagnes environnantes et même éventuellement le voyageur égaré là.

En empruntant le *cardo maximus*, on grimpe sur ce qui sera la montagne Sainte-Geneviève. Ici se situe l'épicentre de la ville : le forum. Il s'agit d'une vaste esplanade entourée d'un portique à colonnes. Ici on vit, ici on parle, ici on s'affronte en joutes verbales toujours recommencées. Le mur d'enceinte est bordé sur deux côtés par une galerie couverte où se succèdent des boutiques. Et les Lutéciennes, qui n'ont pas changé, viennent « faire les magasins » pour se fournir en onguents délicats, en huile d'olive ou en fibules plus fines et plus brillantes que celles de la voisine.

Pour établir ce précieux cœur de Lutèce, les constructeurs n'y sont pas allés de main morte : ils ont

---

1. Les fondations en bois de ce premier pont romain ont miraculeusement été retrouvées dans le lit de la Seine et sont visibles dans les réserves de Carnavalet, rue François-Truffaut.

arasé la colline afin d'obtenir des pentes plus douces et des formes plus gracieuses. Grands bâtisseurs, les Romains n'hésitent jamais à redessiner la nature selon les besoins d'une urbanisation bien pensée. On imagine sans peine la stupéfaction des Parisii devant ces travaux qui doivent leur paraître à la fois titanesques et mystérieux. Eux qui ont vécu si longtemps soumis à la nature, dans des villes fragiles et modestes, dans des cités aisément détruites, regardent maintenant d'un œil émerveillé ces Romains édifier pour les siècles à venir. Les Parisii ne savent pas encore que leur ville se bâtit pour l'éternité.

Où se situaient le *cardo maximus* et le forum ?

Le *cardo*, c'est aujourd'hui la rue Saint-Jacques. Il se prolonge rive droite par la rue Saint-Martin. On dit que cette voie a été tracée sur le chemin que prenaient les mammouths pour descendre des collines quand ils voulaient aller boire les eaux de la Seine. Belle légende sans doute, mais il y avait une route à cet endroit bien avant les Romains, bien avant Lutèce, une route qui venait d'Espagne et conduisait jusqu'à la mer du Nord.

Les dalles romaines de la rue Saint-Jacques ont disparu, mais devant l'église Saint-Julien-le-Pauvre, au carrefour entre la voie romaine d'Italie et le *cardo* axial de Saint-Jacques, une dalle antique a été déposée juste derrière le vieux puits à margelle qui précède le portail. Voilà le reste de la plus vieille route de Paris !

Au fait, juste à côté, dans le square René-Viviani, vous trouverez le plus vieil arbre de la capitale, un

---

robinier originaire d'Amérique du Nord planté en 1602 par le botaniste Jean Robin, qui lui a donné son nom. Cet arbre semble encore vert, mais ne vous y fiez pas trop : le premier niveau de feuilles n'est que du lierre qui grimpe sur une étrange structure en béton destinée à soutenir le vénérable robinier.

Plus loin, sur l'ancien *cardo*, au 254 de la rue Saint-Jacques, reste un four de potier, vestige miraculeusement sauvegardé d'un artisan établi en bordure de la grande voie, version antique de nos zones industrielles.

Par ailleurs, sur la place de la Sorbonne, une niche circulaire rompt la symétrie du bassin : c'est le vestige d'un puits appartenant à deux *insulae* (hautes maisons romaines).

Quant au forum, il subira aussi, hélas, les exigences des hommes et des époques. Son souvenir repose aujourd'hui au 61, boulevard Saint-Michel, dans l'accès au parking Vinci : un morceau du mur d'enceinte de ce forum a été conservé… Maigre consolation.

En revanche, non loin de là, au 36 de la rue de Vaugirard, dans la cour, vous aurez l'agréable surprise de vous retrouver nez à nez avec un magnifique four romain exhumé près du Luxembourg et entreposé là.

NOTRE-DAME-DES-CHAMPS

Le martyre de saint Denis

Notre-Dame-des-Champs : l'Escalator de la bouche de métro dégorge ses voyageurs au beau milieu du boulevard Raspail, et les piétons n'ont d'autre choix que d'interrompre la circulation pour tenter de regagner la quiétude d'un trottoir. Je viens chercher ici le souvenir de la Lutèce antique, mais rien autour de moi ne semble l'évoquer. En face, dans un petit square rachitique, se dresse la statue du capitaine Dreyfus, cet officier juif accusé à tort d'espionnage à la fin du XIXe siècle. Un peu plus loin, à Montparnasse, l'église Notre-Dame-des-Champs se drape dans sa façade rococo fin de siècle, témoignage de la foi qui animait les bourgeois du second Empire.

En ces lieux un peu excentrés de la ville des origines, nous entrons dans le domaine vaporeux de la légende et de la mystique. Tout est dissimulé aux yeux de celui qui cherche des traces et réclame des gages ; il faut y pénétrer dans le souffle léger du credo et de la crédulité.

Au milieu du IIIe siècle, Lutèce est devenue une cité importante, assez importante du moins pour que des chrétiens puissent songer à venir évangéliser la population. Car ici on adore Toutatis et Jupiter, dieux gaulois et dieux romains se mêlent sur les mêmes autels.

Or en Italie, un évêque énergique, un certain Dionysius – celui que nous appelons Denis – brûle d'une ferveur inextinguible pour le Christ. Il veut répandre la vraie foi, étendre la religion du Dieu crucifié et sauver les âmes égarées dans le paganisme. Humblement, il se rend aux pieds de l'évêque de Rome, successeur de saint Pierre, afin d'implorer une mission de catéchisation… Mais le prélat a bien d'autres soucis : il est avant tout préoccupé de maintenir une survie chrétienne locale en dépit des persécutions. La diffusion de la bonne nouvelle christique est remisée à des temps meilleurs. L'évêque croit se débarrasser de cet importun néophyte en lui assignant la mission de convertir les Gaulois… et qu'il se débrouille avec ça ! Car ces gens-là, c'est bien connu, se montrent rétifs à tout changement et s'accrochent obstinément à leurs vieilles idoles. Cette horrible réputation ne fait pas peur à Denis qui se montre disposé à surmonter toutes les difficultés, à abattre toutes les montagnes pour faire triompher le Christ Roi.

Avec deux compagnons, le prêtre Rusticus et le diacre Eleutherius, Denis fait son entrée dans Lutèce vers l'an 250. Les trois hommes pénètrent dans la ville par le *cardo maximus* et marchent jusqu'au forum. Ils sont effarés par ce qu'ils voient : un peuple livré aux plaisirs et aux faux dieux ! Tout ici révulse les austères chrétiens : les boutiques ouvertes à la vanité des femmes et les sacrifices offerts aux statues de pierre.

Eux qui rêvent d'un Dieu de bonté et de justice dont le doux regard se penche avec sollicitude sur le désespoir de l'âme humaine ne comprennent pas comment on peut s'abandonner à ces vulgaires superstitions.

Alors ils s'éloignent de la ville et vont se perdre dans les vignes qui s'étendent au loin pour pratiquer et enseigner un culte que nul encore ne connaît. La dévotion de Denis attire à lui des petites foules qui se laissent convertir avec bonne volonté. Mais le danger guette, ici aussi les chrétiens sont persécutés. Du coup, pour se protéger, on entre un peu plus dans la clandestinité. On continue à évangéliser, mais dans le secret d'une carrière abandonnée, dans un couloir souterrain où l'on a extrait naguère la pierre qui a servi à la construction de Lutèce. Les chrétiens se cachent pour accomplir leurs cérémonies.

La première messe, furtive, est chantée dans un sanctuaire enseveli. La tradition lui a donné le nom de Notre-Dame-des-Champs, on aurait dû l'appeler Notre-Dame-des-Profondeurs… Dans cet espace improbable s'affermit la foi des premiers croyants, dans l'obscurité de cette cave devenue cathédrale se bâtit une partie de l'avenir du christianisme.

Autour de Denis sont regroupées, tremblantes, des familles gauloises et romaines résolues au baptême malgré les dangers. Enveloppé d'une obscurité trouée seulement par les flammes vacillantes de petites lampes à huile, Denis parle… Revêtu d'une aube blanche, les yeux étincelants qui paraissent percer la nuit, il évoque en termes vibrants Jérusalem et le Golgotha. Et la grande croix de bois sombre devinée dans les ténèbres pare le récit d'une vérité tangible et dramatique.

Qu'est devenue la première cathédrale de Paris ?

Puisque saint Denis fut le premier évêque de Paris, l'église clandestine dans laquelle il catéchisa fut bien la première cathédrale. Pour retrouver l'endroit au sortir du métro, il faut remonter la rue Notre-Dame-des-Champs, la clé de l'énigme est au bout... Après avoir traversé le boulevard Saint-Michel, on pénètre dans la rue Pierre-Nicole, une petite voie droite qui semble assoupie dans un sommeil provincial. Serré contre les murs de brique d'un collège, se dresse un immeuble de bois et de dalles qui fleure bon l'architecture moderniste des années 1960.

Le sympathique Mario voudrait bien laisser entrer l'historien égaré. Mais aujourd'hui, des problèmes de sécurité obligent à fermer les lieux. Pour ma part, en insistant un peu, et bien avant que cela ne devienne dangereux, j'ai pu visiter les sous-sols...

Un ascenseur, un parking où les voitures sont bien garées dans des petites cases régulières dessinées à la peinture blanche, et soudain une porte discrète... Cet obstacle franchi, on entre dans le passé. Un escalier noir glisse par degrés dans les profondeurs de l'antique carrière. En descendant les marches, on croit remonter les siècles ! Les voûtes ont été stabilisées et restaurées au XIXᵉ siècle, mais ailleurs surgissent de plus anciens témoignages. Sous une pierre tombale dort saint Réginald, mort en 1220, dont on dit qu'une apparition de la Vierge décida de sa vocation sacerdotale. La longue nef se prolonge jusqu'à l'autel sur lequel trône la statue de saint Denis. Des siècles de dévotion ont ici révéré le souvenir de celui qui, jadis, prêcha en ce lieu.

Les guides destinés aux touristes d'il y a cent ans mentionnaient encore cette crypte. Et puis, elle fut englobée dans les caves du bâtiment qui s'éleva. Ce qui reste de la première cathédrale de Paris reste caché sous le parking, partie intégrante de la copropriété qui maintient les lieux en l'état, mais n'est pas habilitée à les faire visiter. Situation absurde : ce témoignage unique des premiers chrétiens de Paris survit par la bonne volonté de quelques particuliers ! L'histoire de cet endroit est pourtant si riche…

La cathédrale clandestine a fait place à un oratoire au VIIe siècle, à une église cent ans plus tard, puis à un prieuré au XIIe siècle. Enfin, au début du XVIIe siècle, les Carmélites de Notre-Dame-des-Champs s'installèrent en ces lieux. La fureur révolutionnaire ravagea le couvent, mais la crypte de Saint-Denis, bien cachée dans les profondeurs, échappa à la destruction. En 1802, quand les sœurs rachetèrent la parcelle de terrain surplombant la crypte, elles la dégagèrent et bâtirent un nouvel ensemble conventuel. Ces bâtiments furent démolis lors de la fermeture définitive du couvent, en 1908.

De cette longue histoire, il reste aujourd'hui quelques éléments épars et discrets :

– Le portail de pierre d'une entrée du couvent, conservé mais inséré dans un magasin qui fait le rez-de-chaussée de l'immeuble moderne du 284, rue Saint-Jacques.

– Un petit oratoire enfermé dans les jardins privés du 37, rue Pierre-Nicole.

> – Et, bien sûr, la crypte située sous le parking de l'immeuble du 14 bis, rue Pierre-Nicole, avec quelques fragments des murs du couvent pris en surface dans la construction nouvelle.

Pour retrouver l'esprit des premiers chrétiens de Paris, mieux vaut se rendre dans les catacombes, dont l'entrée se situe place Denfert-Rochereau. Vous pénétrez ici dans les profondeurs de la plus grande nécropole parisienne, tout comme le faisait saint Denis.

À l'époque du saint, la nécropole occupait, sous le *cardo maximus*, l'espace laissé par d'anciennes carrières… Ce lieu était celui des disparus, idéal pour saint Denis et les autres chrétiens pour qui la mort n'est qu'un passage vers le royaume de Dieu avant la résurrection. Car les corps se reposent au royaume des ombres : catacombe ne vient-il pas du latin *cumbere*, qui signifie « se reposer » ? Cet endroit, que l'on appelait « fief des tombes », a laissé un souvenir durable : une inscription « FDT » (fief des tombes) au 163 bis, rue Saint-Jacques nous le rappelle.

La nécropole que l'on peut visiter n'a été créée qu'en 1785 par mesure d'hygiène, elle était alors en périphérie de la ville et devait recueillir les ossements des églises de la capitale. Les restes de six millions de personnes y ont été transportés, et la visite est impressionnante. Fouquet, Robespierre, Mansart, Marat, Rabelais, Lully, Perrault, Danton, Pascal, Montesquieu et tant d'autres nous observent…

Mais revenons en arrière. Le chemin qui nous a conduit à l'entrée de l'ossuaire n'est autre que le soubassement de l'antique aqueduc romain apportant l'eau d'Arcueil. Ce chemin nous invite à retourner à l'époque romaine et à saint Denis priant dans la clandestinité et l'obscurité…

Un jour de l'an 257, des légionnaires déboulent dans la petite cathédrale des profondeurs. Ils viennent arrêter ceux qui annoncent la résurrection du Christ : Denis, Rusticus et Eleutherius. Ces agitateurs doivent cesser de fomenter des troubles ! À force de répéter que les idoles de pierre ne sont pas les vraies puissances de l'univers, ces rebelles ébranlent l'esprit des plus forts. Si on laisse parler ces provocateurs, c'est tout un ordre social qui risque d'être bouleversé… Les trois hommes sont immédiatement conduits devant le préfet Sisinnius Fesceninus, représentant à Lutèce de l'empereur Valérien. Le préfet, comme son maître à Rome, ne supporte pas le désordre engendré par les chrétiens.

Au temps du paganisme, l'empereur est objet de vénération, et les chrétiens qui ne pratiquent pas ce culte de la personne impériale sont persécutés. Pour eux, il faut rendre à César ce qui appartient à César et à Dieu ce qui appartient à Dieu. Les chrétiens ne s'intéressent pas au temporel, c'est le céleste qui les préoccupe. Du coup, pour l'empereur, ils sont des mauvais sujets, au loyalisme douteux, qui plus est dangereux pour l'ordre social, car ils refusent la religion officielle et ne reconnaissent que Jésus fils de Dieu.

Le préfet Fesceninus est prêt à sévir avec rigueur, mais tient aussi à faire preuve de magnanimité envers les repentis. Il donne donc le choix à ses prisonniers : la mort ou la soumission à l'empereur.

— Nul ne peut me soumettre à l'empereur, car le Christ règne, réplique Denis.

Langage ésotérique auquel Fesceninus ne comprend rien. Il convient de faire taire les délires de cet énergumène. Et pour lui apprendre à penser avec plus de justesse, ordre est donné de lui couper la tête.

Dans leur prison, en attendant l'exécution de cette sentence, Denis et ses deux condisciples poursuivent leur sacerdoce. Ils continuent tant bien que mal à prêcher le grand mystère de la rédemption de l'humanité et célèbrent conjointement une dernière messe derrière les barreaux de leur geôle.

Sans tarder, on tire les coupables de leur cellule, et on les traîne sur la plus haute colline qui domine Lutèce. Il faut que le supplice des condamnés soit vu de loin ! On dresse une croix sur laquelle on noue Denis, et on lui tranche la tête. Mais le corps sans vie est transfiguré par l'apparition du Sauveur, et le corps s'anime, et le corps se libère de ses liens, et le corps se met en marche… Denis prend sa tête entre ses mains, va la laver à une fontaine et redescend la colline de son martyre. Il marche deux lieues et demie et, enfin, confie sa propre tête à une bonne Romaine nommée Catulla. Là, il s'écroule. Respectueuse, Catulla enterre le pieux évêque à l'endroit même où il s'est effondré. Et sur cette sépulture un blé d'un blond unique pousse bientôt, comme un dernier miracle.

Qu'advint-il de la longue marche de saint Denis ?

La colline où saint Denis fut décapité prit tout naturellement le nom de Mont-des-Martyrs, qui donna notre Montmartre. Mais cette colline était sacrée depuis longtemps. Un temple dédié à Mercure y avait sans doute été édifié par les Romains. En 1133, Louis VI acquit le domaine de Montmartre et y fonda une abbaye bénédictine. L'actuelle église Saint-Pierre-de-Montmartre fut construite à la même période, ce qui en fait la plus vieille église de Paris. À l'intérieur, vous remarquerez peut-être les quatre colonnes de marbre très abîmées, derniers vestiges du temple de Mercure qui, ici même il y a mille huit cents ans, fut témoin du supplice de saint Denis. L'abbaye fut saccagée pendant la Révolution, et la dernière mère supérieure, âgée, sourde et aveugle, fut accusée d'avoir « comploté sourdement et aveuglément contre la République » !

Aujourd'hui, la pâtisserie blanche de la basilique du Sacré-Cœur rappelle la vocation religieuse de Montmartre. La première pierre de cet édifice fut posée en 1875, et l'on a dit que la basilique avait été édifiée « en expiation des crimes de la Commune ». Erreur. La décision de redonner à Montmartre une vocation religieuse avait déjà été prise sous Napoléon III.

Saint Denis, pour sa part, après avoir été « décollé » au niveau du 11, rue Yvonne-Le-Tac (où la chapelle du Martyrium indique l'endroit précis), quitta la butte Montmartre par la rue du Mont-Cenis. Il aurait fait un crochet par la rue de l'Abreuvoir pour laver sa tête à la fontaine du square Girardon, dont la statue rappelle l'événement. Puis il aurait récupéré la rue du Mont-Cenis où le promeneur peut voir au 63, à l'angle de la rue Marcadet, la tourelle d'une maison qui date du XVe siècle, la plus vieille bâtisse de Montmartre. Elle offre un peu plus d'authenticité que la pauvre place du Tertre qui devrait se trouver à Disneyland.

Saint Denis fit ainsi six kilomètres avec sa tête entre les mains. Le lieu où il fut enterré est aujourd'hui la basilique Saint-Denis.

Autour de son tombeau, dont on peut encore admirer l'emplacement dans la crypte de la cathédrale, fut bâti un mausolée. Au VIIe siècle, le roi Dagobert décida de fonder à cet endroit un monastère et de faire du mausolée du martyr un lieu de sépulture pour lui et sa famille. Saint-Denis devint ainsi la nécropole des rois de France.

Ah, le martyre de saint Denis ! Entre miracles, mythes et légendes, quel fut l'écho de cette vie hors du commun à Lutèce ? En fait, cet événement passe sans doute totalement inaperçu. Les têtes tombent rapidement à l'époque, et l'on ne s'émeut pas pour un événement aussi banal.

Les Lutéciens ont bien d'autres tracas. Leur ville qui, depuis plus d'un siècle, s'était installée douillettement dans sa placidité, connaît de terribles bouleversements.

Dans la Rome impériale, rien ne va plus. Et depuis longtemps. Les empereurs se succèdent, leurs partisans se déchirent et l'autorité passe de main en main au gré des victoires, des compromissions, des complots et des trahisons. Valérien a livré bataille en Mésopotamie, mais il a été battu et fait prisonnier par les Perses. Son triste sort ne chagrine personne. Nul à Rome n'a intérêt au retour de cet empereur déchu, alors on refuse de négocier avec l'ennemi, on laisse le captif croupir dans son cachot persan, où il finira par succomber, au grand soulagement de tous. Belle affaire pour son fils Gallien, qui reste le seul empereur légitime…

Bref, Rome n'est plus Rome ! L'empereur n'est plus cet homme au-dessus des autres, à la fois adoré et craint. Il devient un sujet de complots, au centre de la corruption, au cœur de petites négociations. Cette dégradation des mœurs politiques et des mentalités dirigeantes est une catastrophe pour un immense empire qui a besoin de stabilité pour se maintenir. Face à cette débandade, le chaos n'est pas loin. L'empire se morcelle et les Barbares menacent. Ceux-ci le sentent, le savent : les Romains vacillent, il est temps de les écraser. Les Germains franchissent le Rhin, la Gaule devient pour eux un champ de rapines. L'ennemi pille les campagnes et s'en retourne chez lui, emportant ses riches butins.

Aux alentours de l'an 260, Marcus Cassianus Latinius Postumus est un brillant général romain d'origine gauloise. Lorsque les peuplades germaniques attaquent la Gaule romanisée, Gallien et Postumus se dressent pour les contenir. Chacun court sus à un ennemi différent. L'empereur s'attache à chasser les Alamans à l'est, le général repousse les Francs au nord.

Postumus se bat vaillamment pour chasser l'envahisseur, si vaillamment d'ailleurs que son prestige auprès des troupes monte au zénith : les légionnaires unanimes se déclarent prêts à proclamer leur général empereur ! Empereur, mais empereur de quoi ? De Rome ? De la Gaule ? Gallien, qui sent souffler le danger pour sa dynastie, donne aussitôt à son fils Salonin le titre envié d'Auguste : ce sera lui l'héritier, et personne d'autre. Ainsi espère-t-il modérer les ambitions de son général gaulois.

Mais les temps sont durs pour les fils d'empereur… Postumus, qui ne supporte pas l'idée de voir un jour l'autorité romaine confisquée par le terne Salonin, attaque Cologne, capture le nouvel Auguste et le fait proprement exécuter. Il ne lui reste plus qu'à se parer des insignes impériaux : ses soldats le déclarent empereur de la Gaule ! Son image devient familière à tous, son bon visage débonnaire, sa barbe foisonnante et sa couronne d'or ornent les pièces frappées pour maintenir l'économie de la contrée.

Aux yeux de Rome, Postumus n'est qu'un usurpateur, bien sûr, mais un usurpateur aux ambitions heureusement limitées. Il ne cherche pas à renverser l'empereur de Rome, ne franchit pas le Rubicon, n'essaye pas de se faire légitimer par le Sénat et ne remet pas fondamentalement en cause son appartenance à la « romanité ». Mais enfin, il veut régner, même s'il évite de se parer trop ostensiblement du titre suprême et préfère se proclamer plus modestement « restaurateur des Gaules ». Pourtant, en unissant la Gaule sous son pouvoir, il creuse un fossé entre Gallo-Romains et Romains. Pour la première fois depuis longtemps, les uns et les autres sont séparés politiquement et ne répondent pas de la même autorité.

Quant à Gallien, cette insubordination l'agace, mais il est trop accaparé par les Alamans, qui tentent de nouvelles incursions et qu'il faut sans cesse maintenir au-delà des frontières. Alors s'établit entre l'empereur de Rome et le restaurateur des Gaules un accord tacite dont chacun tire avantage : Postumus se charge de la défense du Rhin et obtient, en contrepartie, le contrôle de la Bretagne, de l'Espagne et la majeure partie de la Gaule.

Finalement, triste sort du premier des Gallo-Romains, celui qui a surmonté tant d'épreuves se fait lamentablement tuer par ses propres soldats ! En 268, alors que Mayence se révolte contre son autorité, Postumus marche sur la ville séditieuse, emprisonne les chefs des mutins et les exécute. Cette justice expéditive ne suffit pas aux troupes gallo-romaines qui tiennent à tirer tous les bénéfices de leur combat : elles veulent piller la cité ! À quoi servirait de faire la guerre si l'on ne pouvait en tirer quelques petits avantages sonnants et trébuchants ?

Postumus refuse tout net. Pas question pour lui de voir dévastée une ville de son empire, pas question de raser une place forte comme Mayence, si précieuse dans la défense des rives du Rhin. Les soudards restent hermétiques à de tels raisonnements : ils veulent s'enrichir, rien d'autre n'a d'importance. Et, puisque le restaurateur des Gaules leur fait barrage, il faut supprimer le restaurateur des Gaules ! Aussitôt dit, aussitôt fait : Postumus, son fils et sa garde personnelle sont massacrés. Ainsi disparaît l'homme qui a régné dix ans sur la Gaule, est parvenu à repousser l'envahisseur et a assuré à la région une confortable prospérité économique.

Ces événements, qui ont des répercussions depuis la Bretagne insulaire jusqu'à l'Espagne, bouleversent profondément Lutèce. Sur les bords de la Seine, le drame est palpable. Des hordes de Barbares germains casqués et armés de haches déboulent dans les campagnes, ravagent les récoltes et pillent les richesses. Prudemment, ils ne s'en prennent pas à la cité elle-même. En revanche, la partie de Lutèce étendue sur la rive gauche de la Seine ne constitue qu'un quartier excentré, riche et fragile... Cette Lutèce-là, belle, opulente, sans défense, est à prendre ! Des houles successives fondent sur elle avant de disparaître aussi vite.

Et quand les Germains s'éloignent, il faut craindre les bagaudes (du terme celte *bagad*, attroupement). Ces bandes hétéroclites, formées de brigands, de soldats déserteurs, d'esclaves évadés et de paysans sans terre, ne s'attaquent pas aux légions, évitent les cités, mais répandent la terreur dans les fermes et les champs.

Les collines ne sont plus seulement hantées de bêtes féroces et de chimères, tout un peuple en haillons se cache dans leurs flancs. Vivant aux confins de l'empire, ces bandits s'abattent sur les villages et les habitations isolées, égorgeant et violant, emportant tout ce qui semble avoir quelque valeur. C'est ainsi que l'on aperçoit parfois sur les chemins éloignés d'étranges cohortes formées d'hommes impitoyables, tous chargés de coupes d'or, d'armements disparates, de jarres lourdes des meilleurs vins, poussant devant eux des moutons et des bœufs bien gras et traînant comme un autre bétail des femmes terrorisées aux mains liées qui étouffent leurs pleurs pour ne pas éveiller la cruauté de leurs nouveaux maîtres.

Sous la menace conjuguée des Barbares et des bagaudes, l'aristocratie romaine déserte Lutèce vers les années 270. La cité se transforme. L'élégante ville qui s'étendait sur la rive gauche, désormais en partie saccagée, se voit délaissée. Le *cardo maximus* sur lequel trottinaient les belles Romaines est bientôt envahi par les ronces, les maisons qui bordent la voie sont abandonnées et tombent en ruine. Un peu plus bas, le forum où hier encore brûlaient les flammes des sacrifices offerts aux dieux, le forum où les marchands débitaient de riches bijoux et des onguents odorants n'est plus qu'une charpente vide.

Contre toute attente, l'empire de la Gaule ne s'effondre pas avec la mort du « restaurateur ». Un successeur se lève, remplace le maître assassiné et assure la continuité : Tetricus, sénateur romain issu d'une aristocratie gauloise fortement romanisée, prend les rênes du pouvoir. Contrairement à son prédécesseur il n'est pas un militaire, mais un « politique ». Tetricus sait que son territoire retrouvera un jour prochain l'autorité unique de Rome. Avec lui, l'Empire gaulois est condamné à retourner dans le giron de l'Empire romain. Son rôle, en définitive, se cantonne à préserver la Gaule en un moment où, attaqué sur plusieurs fronts, le régime des bords du Tibre montre quelques faiblesses.

En effet, en 273, l'empereur Aurélien entame la reconquête des provinces perdues. Près de Châlons-en-Champagne, Tetricus et ses troupes capitulent sans grande résistance. De retour à Rome, Aurélien célèbre somptueusement son triomphe. L'empire est enfin réunifié ! Des chars luxueux, des prisonniers de toutes les nations barbares sont exhibés dans les rues. Tetricus est ainsi promené dans toute la ville… Le Gallo-Romain soumis se mue à lui seul en symbole vivant de la toute-puissance d'Aurélien, empereur devenu « restaurateur du monde romain ».

Après son triomphe sans ombre, l'empereur victorieux se hâte de gracier Tetricus. L'ancien maître de la Gaule n'est guère traité en ennemi vaincu : nommé gouverneur de Lucanie, au sud de l'Italie, le Gallo-Romain retrouve sa place au Sénat.

Mais les Barbares menacent toujours Lutèce, recroquevillée sur l'île de la Cité. On décide alors que la ville, déjà protégée par le fleuve, le serait encore mieux par une enceinte fortifiée. Tout est bon pour élever ce mur solide qui doit isoler Lutèce. Des maisons, des monuments, des tombes sont dépouillés de leurs ornements, et les blocs viennent s'intégrer au rempart impressionnant qui enserre l'île, déborde sur le port, grignote les berges.

Désormais, aux pointes extrêmes de la Cité, des veilleurs sont en poste et observent le fleuve. Au moindre mouvement suspect, l'alerte est donnée. Lutèce est prête à se défendre ! Elle semble même inexpugnable… D'abord, avec ses eaux, ses bois, ses champs, elle serait capable de soutenir un long siège, s'il le fallait. Ensuite, les armées qui viennent peupler la cité, mais aussi la flottille qui mouille dans le port démontrent que la ville devient un élément décisif du système de défense de la Gaule du Nord.

Par son exiguïté même, l'agglomération se trouve parfaitement isolée et protégée. Lutèce devient une place forte, mais privée de sa rive gauche elle ne peut plus rivaliser avec les grandes localités de l'empire. Sa population est réduite, ses plus beaux édifices mis à bas. Comparée à Poitiers, par exemple, la ville des Parisii fait bien pâle figure.

Lutèce, ville naguère opulente, est devenue une petite cité que l'on peut désormais appeler Paris, du nom de la *Civitas Parisiorum* qui seule survit, enveloppée dans son enceinte. Mais Paris, hélas, n'a plus la grâce de Lutèce. Ce n'est plus qu'une petite bourgade qui se terre sur un îlot au milieu d'un fleuve, tremblant dans l'attente de nouvelles razzias des Germains venus du Nord et de l'Est.

IVe siècle

SAINT-MARTIN

Paris, résidence impériale

Saint-Martin, une station de métro ? Pas vraiment. En tout cas, dans mon itinéraire parisien, je ne peux pas y descendre. Et pour cause : elle est fermée depuis 1939 ! Gérés aujourd'hui par l'Armée du Salut, ses quais sont réservés à l'accueil des déshérités. En cas de rigueur hivernale sur la capitale, les SDF peuvent y passer la nuit, y trouver un refuge et un peu de chaleur. Par la grâce de cette station désaffectée, les sans-abri se placent ainsi sous la garde de saint Martin, l'apôtre des Gaules, l'homme généreux qui se consacra aux pauvres sa vie durant…

Au cours de l'hiver 338-339, alors qu'il était encore un jeune soldat de l'armée romaine, Martin croisa devant Amiens un malheureux en guenilles qui le supplia de lui faire l'aumône… Hélas, le bon cavalier avait déjà distribué toute sa solde. Alors il tira son épée, trancha son manteau par le milieu et en tendit une moitié au miséreux. La nuit suivante, le Christ apparut et se pencha sur Martin. Il portait la part du manteau offerte au mendiant et prononça quelques mots…

— Martin le catéchumène m'a donné ce vêtement.

Je sais bien que c'est au hasard du réseau des stations de métro que l'on doit aujourd'hui la protection du saint accordée aux plus pauvres des Parisiens, mais je ne suis pas insensible à cette rencontre, au-delà des siècles, entre Martin le Miséricordieux et les délaissés de notre société.

Je trouve par ailleurs fascinant le contraste entre saint Denis, le clandestin, le persécuté, et saint Martin, l'évêque triomphant, le maître aux nombreux disciples. Entre-temps on a changé de siècle. Le premier a allumé une étincelle, le second a fait brûler un feu ! Désormais, l'Église n'a plus à se cacher, c'en est fini des messes prononcées dans l'obscurité sinistre des caves, on bâtit au grand jour, on construit pour l'avenir. L'empereur Constantin a fait bouger les lignes. Les chrétiens ne représentent plus une minorité pourchassée…

*
* *

Depuis la fin du IIIe siècle, les invasions barbares obligent l'empereur Constantin à faire front sur toute l'étendue des frontières. Il se voit donc contraint de déléguer une partie de ses pouvoirs à des césars, petits empereurs territoriaux. L'empire se morcelle lentement, une division Occident-Orient commence à se dessiner… Constantin, soucieux de maintenir avant tout l'unité de l'empire, doit livrer bataille aux Romains dissidents avant de repousser les Barbares menaçants.

Et justement, un certain Maxence prétend être le seul véritable maître de l'empire. Constantin, pressé d'éliminer ce rival, va combattre le séditieux et son armée au pont Milvius, près de Rome.

En cette année 312, face aux troupes de Maxence, l'empereur voit une croix apparaître dans le ciel au-dessus de la mêlée où les hommes s'étripent. Et la vision s'anime, et la vision fait entendre ces mots : « *In hoc signo vinces !* » (Par ce signe tu vaincras !)

Effectivement, Constantin remporte une victoire écrasante, et Maxence meurt, noyé dans les eaux du Tibre. Devenu empereur incontesté, Constantin établit sa nouvelle capitale à Byzance, rebaptisée Constantinople, bien sûr. La nouvelle cité impériale devient cœur de la partie orientale de l'Empire romain.

Constantin, qui se croit favorisé et protégé par le Christ, ne peut faire moins que de renoncer à la politique de persécutions antichrétiennes de ses prédécesseurs ; il s'appuie même sur la nouvelle religion pour consolider l'unité de l'empire.

Un an après avoir triomphé au pont Milvius, il adopte à Milan un « édit de tolérance » qui lui rallie les chrétiens : « Nous avons cru devoir régler en tout premier lieu, entre autres dispositions de nature à assurer, selon nous, le bien de la majorité, celles sur lesquelles repose le respect de la divinité, c'est-à-dire donner aux chrétiens comme à tous la liberté et la possibilité de suivre la religion de leur choix afin que tout ce qu'il y a de divin au céleste séjour puisse être bienveillant et propice, à nous-mêmes et à tous ceux qui se trouvent sous notre autorité… » Stratégie prudente et de bon aloi : les chrétiens sont devenus prédominants dans l'empire.

Après trente et un ans de règne, Constantin expire

le dimanche 22 mai 337. Ce jour-là, il implore l'évêque de Nicomédie.

— Existe-t-il une expiation capable d'absoudre tous mes crimes ?

— Aucune, excepté le baptême chrétien, lui rétorque le prélat.

Le tyran cède donc à cette injonction et accepte le baptême, espérant racheter ses crimes et entrer au paradis promis par le Fils de Dieu. Il embrasse le christianisme sur son lit de mort, mais cette conversion de dernière minute ne fait pas l'unanimité et n'impose pas définitivement la foi nouvelle. Durant longtemps encore, paganisme et christianisme se concurrenceront.

Une vingtaine d'années plus tard, le neveu de Constantin, le futur empereur Julien, effectue le chemin spirituel inverse... Né et élevé dans le christianisme, mais féru de philosophie, il se persuade que la sagesse de Platon dépasse largement les leçons du monothéisme biblique. Dès lors, il retourne à l'adoration des divinités qui peuplent le panthéon grec et rédige un ouvrage, *Contre les Galiléens*, où il s'en prend violemment à la « secte » chrétienne : « Il m'a paru à propos d'exposer à la vue de tout le monde les raisons que j'ai eues de me persuader que la secte des Galiléens n'est qu'une fourberie purement humaine, et malicieusement inventée, qui, n'ayant rien de divin, est pourtant venue à bout de séduire les esprits faibles, et d'abuser de l'affection que les hommes ont pour les fables, en donnant une couleur de vérité et de persuasion à des fictions prodigieuses. » Son argumentation s'appuie intelligemment sur une symbolisation des mythes antiques : « Considérons si ce que dit Platon doit être traité de songe et de vision. Ce philosophe nomme des dieux que nous pouvons voir, le Soleil, la Lune, les Astres et les Cieux, mais toutes ces choses ne sont que les simulacres d'Êtres immortels, que nous ne saurions apercevoir. Lorsque nous considérons le Soleil, nous regardons l'image d'une chose intelligible et que nous ne pourrons découvrir : il en est de même quand nous jetons les yeux sur la Lune ou sur quelque autre astre. Tous ces corps matériels ne sont que les simulacres des Êtres que nous ne pouvons concevoir que par l'esprit. Platon a donc parfaitement connu tous ces dieux invisibles, qui existent par le Dieu et dans le Dieu suprême, et qui ont été faits et engendrés par lui ; le Créateur du Ciel, de la Terre, et de la Mer étant aussi celui des Astres, qui nous représentent les dieux invisibles dont ils font les simulacres. »

En fait, le dogme du Dieu unique, prêché par ceux que Julien appelle les Galiléens, entraînerait l'intransigeante conséquence de « maudire les autres dieux »… Voilà justement ce que le jeune philosophe refuse ! Il serait peut-être d'accord pour considérer le Père, le Fils et le Saint-Esprit comme des formes divines, mais à la condition de pouvoir leur faire une petite place à côté des dieux innombrables du paganisme. Pour lui, le monothéisme, celui des chrétiens comme celui des juifs, procède d'une intolérance qu'il ne comprend pas et n'accepte pas. Pour le démontrer, il rompt avec la religion dans laquelle il a été élevé, embrasse l'ancienne foi des Grecs et se retire à Athènes. Sur cette terre ancienne de la philosophie, il espère pouvoir mener à bien sa réflexion et élever son esprit au niveau de ceux qui l'inspirent.

Hélas, le penseur doit bientôt abandonner ses chères études : l'empereur Constance, qui préfère s'occuper de la partie orientale de son empire, nomme Julien vice-empereur et lui ordonne d'aller s'établir en Gaule pour administrer le pays et combattre les Barbares menaçants. Pour Julien, cette belle promotion fait figure de catastrophe ! Comment ? Il faudrait donc entrer dans la vraie vie, étouffer les réflexions sur la position des dieux dans le ciel, abandonner la lecture des dialecticiens du passé ? Il faudrait revêtir l'armure, monter à cheval, commander des légions ? Julien monte au Parthénon, implore Athéna de lui éviter cette épreuve et lui demande d'intervenir pour changer le cours des événements terrestres… Mais, en son temple, la divinité reste muette, alors le jeune homme s'en va tristement prendre son poste d'empereur en second.

Un étrange destin veille sur le philosophe devenu guerrier : dans la peau de cet autre qu'il abhorre, il se montre énergique, brillant, efficace. Contre toute attente, le théoricien éthéré se révèle foudre de guerre ! Il ose pénétrer avec ses légions jusqu'au cœur des forêts germaniques, là où aucune armée romaine ne s'est aventurée depuis trois siècles et où aucune autre ne se risquera après lui. Il écrase les Alamans à la bataille d'Argentoratum (Strasbourg), repousse les ennemis de l'autre côté du Rhin et met fin aux incursions des pillards… C'est l'enthousiasme à travers tout l'empire : ce jeune homme que l'on voyait comme un prince perdu dans une vie contemplative a sauvé l'espace romain ! Ses soldats le portent en triomphe et se feraient volontiers écharper sur un mot de lui.

Entre batailles et expéditions, Julien vient se reposer à Lutèce, la capitale intime qu'il s'est choisie dès le mois de janvier de l'an 358. Il est encore seul : son épouse Hélène est restée à Rome pour accoucher. Certes, le séjour du général est entrecoupé de départs forcés – il faut bien s'en aller guerroyer ici ou là –, mais, dès qu'il le peut, Julien revient sur les bords de la Seine...

À la pointe extrême de l'île de la Cité, une villa romaine se dresse comme un rempart, un morceau d'Italie posé au cœur de la Gaule. Murs ocre et colonnes noires encadrent une cour carrée où l'on a planté des figuiers qui s'étiolent à côté d'un bassin où coule une eau claire. Au centre de cette luxueuse résidence, la salle des banquets, agrémentée d'aigles dorées et de fresques évoquant Bacchus, accueille les agapes qu'un riche Romain ne saurait dédaigner. Ici se réunit la fine fleur des patriciens, tous vêtus de la toge aux multiples replis. Et l'on sait recevoir ses hôtes, dans la résidence de Lutèce : à chaque repas, trois services se succèdent. On sert d'abord les œufs et les olives accompagnés de pain et de vin au miel, puis les viandes, enfin les fruits...

Ce cœur du pouvoir s'étend à des constructions mitoyennes où toute une administration s'agite. Julien s'est en effet entouré d'un groupe de conseillers et d'exécutants qui composent une solide hiérarchie sur laquelle s'appuie l'autorité du chef de guerre. Préfet du prétoire, questeur, grand chambellan, maîtres militaires, maîtres secrétaires grouillent et s'affairent pour régenter la Gaule, de la Bretagne au nord jusqu'à l'Espagne au sud. Julien y règne en chef absolu et reconnu.

Mais, pour conserver son autorité, le vice-empereur doit d'abord demeurer un guerrier. Régulièrement, il participe aux exercices de ses légions. Un jour, alors qu'il s'entraîne au combat, un coup de dague disloque son bouclier, il ne lui reste en main que la poignée… Incident mineur, si ce n'était la superstition des Romains ! Les soldats sont atterrés, ils voient dans cette affaire un sinistre présage. Alors, d'un mot, Julien renverse la situation. Il se tourne vers ses hommes et lance d'une voix ferme :

— Rassurez-vous, je n'ai pas lâché prise !

Ces quelques mots apaisent les doutes et les craintes. Julien le bretteur sait manier les hommes, et le philosophe commence à apprécier le pouvoir. Mais ce qu'il aime par-dessus tout, c'est se promener dans cette ville qu'il s'obstine encore à appeler Lutèce, à la manière romaine, mais que les habitants eux-mêmes appellent déjà la ville des Parisii, ou Paris…

Depuis quand Paris est-il Paris ?

Paris sera toujours Paris, c'est sûr. Mais à partir de quand Paris a-t-il été Paris ? Dès la fin du IIIe siècle, la ville a été en grande partie délaissée par sa population. Dès ce moment, il semble bien que le nom de Lutèce ait été peu à peu abandonné. Le premier témoignage que nous possédons en ce sens est matérialisé par une borne milliaire romaine de l'an 307, découverte en 1877. Elle n'indique pas Lutèce mais *Civitas Parisiorum*, la ville des Parisii… Dès cette époque, Paris émerge de Lutèce. Cette borne, réutilisée pour un sarcophage à l'époque mérovingienne, est exposée au musée Carnavalet.

Cette ville des Parisii, concentrée à partir de la fin du IIIe siècle sur l'île de la Cité, était ceinturée de remparts. Dans la crypte archéologique du parvis de Notre-Dame, nous pouvons voir un fragment de ce rempart miraculeusement conservé. Par ailleurs, un tracé nous en montre l'épaisseur au 6, rue de la Colombe. La crypte présente également des restes d'habitations romaines ou encore des dalles rappelant le pavage des rues au IVe siècle.

Julien est donc le premier en date des promeneurs de Paris, le premier à aimer la ville au-delà des contingences de la tactique militaire et des exigences de la puissance impériale. Il aime Paris pour son île, proche et lointaine à la fois, accessible et isolée. Il aime Paris quand le fleuve se fait calme, il aime Paris quand les eaux soudain tempétueuses se gonflent et viennent lécher les pans des maisons alignées sur les berges. Il aime Paris quand il se balade comme un simple légionnaire à travers ses ruelles de boue, quand les échoppes largement ouvertes laissent déborder leurs grappes de jambons, de boudins, de têtes de porcs, quand les poissons fraîchement pêchés et les fromages se répandent sur les étalages, quand les douces odeurs d'orge fermentée et de menthe s'échappent d'un atelier où l'on prépare la *cervesia*, la bière celte passionnément appréciée des Parisii. Il aime Paris quand il hèle joyeusement le marchand :

— Patron, as-tu du vin relevé au poivre ?

— J'en ai.

— Alors donne, et remplis ma gourde !

Et puis, le soldat qu'est devenu Julien n'est pas indifférent à la flottille de guerre qui croise devant l'île de la Cité et les troupes qui cantonnent sur la rive droite de la Seine. Cette force militaire constamment déployée le rassure : il se sent protégé, hors des éclats du monde, délicieusement niché dans la petite patrie qu'il s'est construite. Une petite patrie située au cœur des routes de l'empire, carrefour terrestre et fluvial, point névralgique et enchanteur.

Non seulement Julien est le premier amoureux de Paris, mais il en est aussi le premier chantre. Lui qui passe ses nuits à écrire vibre de sa passion pour Lutèce : « C'est une île de faible étendue au milieu du fleuve et le rempart l'entoure en cercle de toute part ; des ponts de bois, partis de chaque rive, y donnent accès. » Quant à la Seine, il y voit la source de la vie et de la pureté : « Le fleuve fournit une eau très agréable et très pure à voir comme à boire si l'on en a envie. De fait, comme on vit dans une île, c'est surtout au fleuve qu'on doit prendre l'eau. »

Julien aime tout à Lutèce, hormis « la rusticité des Gaulois et la rigueur de l'hiver ». C'est vrai, les Gaulois n'ont peut-être pas la culture policée du jeune homme, et surtout ils possèdent une langue, observent des coutumes et adorent des dieux inconnus des nobles romains… Il y a donc en eux du barbare que seule la grande civilisation latine parviendrait à éradiquer.

En revanche, en ce qui concerne la saison froide, Julien n'a pas tort de se méfier. Le deuxième hiver qu'il passe à Lutèce est exceptionnellement glacé, et Julien nous en donne un tableau apocalyptique : « Le fleuve charriait comme des dalles de marbre… les blocs gelés de cette masse blanche, blocs énormes qui s'entrechoquaient et n'étaient pas loin d'établir un passage continu, une chaussée, sur le courant. »

Il faut donc chauffer la résidence de l'île. On allume des braseros, Julien en demande davantage car il grelotte dans ce climat exécrable. Enfin, il s'endort… Mais soudain il se réveille dans un accès de toux, il étouffe, la chambre est envahie de fumée, ses yeux piquent et sa gorge racle, il perd son souffle, l'air qu'il aspire lui ronge les entrailles. Il crie, il hurle, et puis tout se brouille, il s'enfonce dans un sommeil trop lourd… Mais ses vociférations ont été entendues. Des esclaves se précipitent et sortent le corps inanimé dans la cour. L'air vif ranime Julien. Des braises fumantes ont failli interrompre ici une irrésistible ascension. Si ce haut personnage avait été asphyxié cette nuit-là, qui sait ce que Paris serait devenu ? Une petite ville crainte par les Romains superstitieux, un modeste bourg gaulois à la réputation détestable ?

Mais non, Julien survit à son accident. Quand le printemps fait enfin fondre les glaces, il repart vers le Rhin, rétablit des forteresses, traite avec des petits rois barbares, évolue à la frontière entre Alamans et Burgondes, puis revient à Lutèce à la fin de l'automne. On dirait, cette fois, que le bouillonnant général n'a plus l'intention de quitter sa résidence. Sa femme Hélène vient le rejoindre. Il se satisferait sans doute désormais d'une existence sereine au bord de la Seine, si la politique ne venait jeter le trouble dans la région…

Car Julien a si bien assuré la stabilité de la Gaule que ses soldats vont bientôt devoir partir pour l'Orient mener la guerre contre les Perses. Quitter la douceur de Lutèce ? Aller s'éreinter dans les déserts de

Mésopotamie ? Jamais ! Dès le mois de février 360, les légionnaires se rebellent. Ils traversent la ville en jurant de ne jamais se séparer de Julien. Des manifestations dans les rues de Paris… on n'avait jamais vu ça !

Alors le vice-empereur fait montre d'autorité. Il s'adresse à ses soldats gaulois : il les a compris, il agira de manière à leur éviter de partir vers l'Orient.

— Que votre colère se calme pour un temps, je vous prie, et il sera facile d'obtenir sans rébellion ni menées révolutionnaires ce que vous réclamez. Puisque les attraits de votre terre natale vous retiennent et que vous craignez des pays étrangers auxquels vous n'êtes pas habitués, retournez maintenant chez vous. Vous ne verrez rien au-delà des Alpes, puisque vous ne le voulez pas ! Je vous en excuserai personnellement par des justifications appropriées auprès de l'empereur Constance, c'est un prince fort avisé, et capable d'entendre raison.

Ces bonnes paroles, consensuelles comme il faut, tranquillisent un peu les soldats, mais au printemps les tensions s'exacerbent de nouveau et les légionnaires, romains et gaulois confondus, sont bien décidés à forcer le destin.

— Julien Auguste !

Par ce cri unanime, ils réclament Julien comme empereur. Ils n'auront plus à craindre alors des intrigues conduites ailleurs par un empereur que l'on ne voit jamais mais qui menace toujours.

Les soldats envahissent la résidence et demandent à leur général de ceindre le diadème. Le diadème ? Quel diadème ? N'importe quoi fera l'affaire, pourvu que l'on pose sur la tête du jeune homme quelque chose qui ressemble à une couronne pour en faire un empereur à la place de l'empereur. On propose le collier de son épouse Hélène. Julien refuse. On ne touchera pas aux bijoux de Madame. Et si l'on prenait une plaque ronde et dorée qui agrémente le harnais d'un cheval ? Julien fait grise mine : l'attirail d'un canasson, même en or, lui paraît indigne de sa grandeur. La situation semble inextricable…

C'est alors qu'un centurion nommé Maurus retire son collier torsadé et le pose d'autorité sur le front de Julien. C'est fait. Par ce simple geste, appuyé par toute l'armée de Gaule, Julien est devenu empereur.

— Je vous promets à tous cinq pièces d'or et une livre d'argent ! lance le nouveau souverain.

Aussitôt, des bras robustes se saisissent de lui et le hissent sur un large bouclier de fantassin porté par quatre hommes. C'est ainsi que Julien se présente à la foule des Parisiens, et ceux-ci, à tout hasard, poussent quelques cris de joie pour accueillir le maître.

Et l'empereur Constance, dans tout ça ? Déchu, purement et simplement.

Julien va-t-il faire de Lutèce la capitale de son empire ? Dans l'immédiat, il a une tâche plus urgente à accomplir : sa grande affaire est de laisser pousser sa barbe, qu'il considère comme l'attribut viril indispensable à sa haute position !

Cela fait, il quitte Lutèce au début de l'été pour aller mener une nouvelle campagne, la cinquième, au-delà du Rhin. Il ne le sait pas, mais jamais il ne reverra les bords de la Seine…

Que reste-t-il de la résidence impériale de Julien ?

De la résidence de Julien, il ne reste rien, mais l'endroit est demeuré palais à travers les siècles. C'est aujourd'hui le Palais de justice de Paris. Tout comme la majorité de l'île, le bâtiment actuel remonte essentiellement aux travaux du baron Haussmann, dans la seconde moitié du XIXᵉ siècle. La façade sud néo-gothique ne date même que du début du siècle suivant, et pourtant elle est marquée par les traces de l'Histoire, avec de nombreux impacts de balles tirées lors de la Libération d'août 1944.

Avant cela, avec les Francs, le palais était devenu résidence royale où, selon la tradition médiévale, le roi tenait dans sa chambre son lit de justice... Le trône s'affermit sous Saint Louis, qui ajouta la Sainte-Chapelle, le plus ancien vestige des lieux.

Les quatre tours le long de la Seine ont un nom. La première, carrée, est la tour de l'Horloge, car elle est flanquée de la première horloge publique, cadeau de Charles V aux Parisiens en 1371, mais son aspect actuel date de 1585. Au sommet de cette tour, une chambre voûtée d'où Charles V aimait contempler sa ville, et un clocher qui sonnait trois jours et trois nuits pour célébrer la naissance ou la mort des rois. Ensuite, nous trouvons la tour de César (appellation moderne rappelant que le palais fut aussi romain), la tour d'Argent (allusion aux richesses du roi) et la tour Bonbec, la plus ancienne, dressée sous Saint Louis... Ici se situait la salle des tortures pour faire parler les bons becs !

Lutèce, ville impériale, va devenir, en cette même année 360, ville ecclésiale. Les évêques gaulois décident de convoquer à Paris un important concile dont le but essentiel est de réunir les ouailles pour condamner les hérésies chrétiennes, particulièrement l'arianisme, qui ne reconnaît ni la divinité du Christ ni l'autorité du pape. Paris devient ainsi, momentanément, le lieu de l'expression la plus dogmatique du catholicisme romain.

Pendant ce temps, Julien mène ses troupes au combat. Il a été nommé empereur, c'est vrai, mais qu'est-ce qui a changé, au fond ? Il continue de batailler contre les Francs, les Attuaires et les Alamans.

Pour sa part, Constance n'est pas très impressionné par ces expéditions successives et ne décolère pas contre l'usurpateur. Ce philosophe gringalet qu'il a mené aux plus hautes fonctions n'a pas hésité à le trahir pour satisfaire quelques légionnaires ! L'empereur n'entend guère se laisser déposséder de son pouvoir sans réagir et veut faire rendre gorge à cet ambitieux. Son armée impériale marche sur l'armée impériale de Julien… Empereur contre empereur ! Mais il n'y aura point d'affrontement : sur la route, Constance rend fort opportunément son âme et son sceptre au Père éternel.

Devenu empereur à part entière, incontesté et vénéré, Julien promulgue un édit de tolérance qui ne plaît pas à tout le monde… Le philosophe d'autrefois se réveille : il autorise toutes les religions et annule les mesures prises contre les païens, les juifs et les chrétiens dissidents. Pourtant, il dévoile bien vite sa préférence pour le paganisme. En fait, il n'a aucune confiance dans les chrétiens ; aussi, pour les humilier, leur interdit-il d'enseigner la poésie classique, au prétexte qu'elle chante des dieux qu'ils rejettent. Toutefois, il se refuse à persécuter les adeptes du Christ.

— Je souhaite que les chrétiens reconnaissent eux-mêmes leur erreur, je ne veux pas les y forcer.

Enfin, il s'installe à Antioche pour préparer une expédition contre la Perse. Au printemps 363, il dirige une vaste campagne militaire qui le mène victorieusement jusqu'à Ctésiphon, capitale persane. Mais il doit vite entamer une retraite, au cours de laquelle il est mortellement blessé le 26 juin. Il périt ainsi à l'âge de trente et un ans, si loin de sa chère Lutèce.

En Gaule, les empereurs changent, mais les inquiétudes demeurent. Les Alamans menacent une fois de plus. Valentinien, coempereur avec son frère Valens, va pouvoir chausser les pantoufles de Julien. Pendant que Valens joue à l'empereur à Constantinople, Valentinien vient s'installer dans la ville des Parisii en 365. Il y occupe la résidence de Lutèce. Il connaît parfaitement les lieux : il a servi sous Julien et assidûment fréquenté la bâtisse. De cette façon, il démontre aux yeux de tous qu'il prend la succession du défunt empereur. Lutèce est ainsi promue au rang de capitale putative de l'empire d'Occident. Durant deux ans, Valentinien va en faire son quartier général, même si la ville ne l'accueille qu'épisodiquement car il est sans cesse appelé ailleurs…

Comme Parisien d'adoption, Valentinien ne démérite pourtant pas. De sa résidence de l'île de la Cité, il promulgue des édits impériaux qui répandent partout le nom de Lutèce. Et puis, dans les rues de la ville, il reçoit avec faste le général Jovin, qui a écrasé les Germains. Revêtu de la toge rouge, sur son cheval blanc, Valentinien s'avance vers l'officier vainqueur qui entre dans Paris sur sa monture. Les deux hommes mettent pied à terre et se donnent l'accolade. Qui pourrait douter à cet instant que la ville des Parisii est devenue le centre du monde ?

Valentinien croit avoir assez fait pour imiter Julien. Mais du point de vue des Parisii, le coempereur n'est qu'une pâle copie de l'empereur défunt. Il mime les attitudes et les engouements de son modèle mais n'en manifeste ni la finesse des sentiments ni l'élévation de pensée, et moins encore peut-être un attachement sincère à la ville…

C'est vrai, il s'en va le plus souvent possible. Il séjourne un temps à Reims pour réprimer une révolte, revient à Lutèce pour repartir encore à Reims quelques mois plus tard, retourne à Lutèce, mais court aussitôt à Amiens où l'on a signalé la présence de pirates saxons. Il s'en retourne à Lutèce, certes, mais c'est pour tomber malade et, à peine rétabli, il s'en va définitivement s'installer à Trèves, au bord de la Moselle, grande ville qui lui paraît sans doute plus facile à transformer en capitale.

*
* *

C'est justement en se rendant à Trèves que Martin s'arrête à Paris, au tout début de l'hiver 385… Ce n'est plus le jeune soldat impétueux qui a découpé son manteau aux portes d'Amiens, l'homme a pris de l'âge et du galon : il est devenu évêque de Tours et vit au monastère qu'il a lui-même créé à Marmoutier, avec pour règles la pauvreté, la mortification et la prière.

Dans une Gaule qui a adopté le christianisme, l'ami des pauvres est devenu un personnage considérable. Il entre dans Paris suivi d'une foule importante qui le porte et le pousse, car la foi du Christ elle-même semble aujourd'hui pénétrer dans la ville.

L'évêque marche le long de la voie romaine du nord, et les fidèles se pressent pour embrasser sa robe. Mais le prélat ne voit pas la foule, il fixe de son regard un misérable lépreux adossé contre les remparts non loin de la porte nord de la ville, le visage défiguré, les bras lacérés et les jambes flageolantes… Il s'approche du malheureux, chacun retient son souffle. Martin se penche sur le malade et dépose sur sa joue scrofuleuse un baiser fraternel, puis il porte ses mains sur la tête du pauvre homme et le bénit… Le lendemain matin, le lépreux entre à l'église, et chacun peut voir le miracle accompli : ce visage hier encore ravagé est à présent lisse et doux. On le sait maintenant, Martin peut provoquer des guérisons. Alors on se rue sur son passage, on arrache des pans de son aube dont on fait des bandages et des compresses capables de repousser démons et maladies, chacun en est certain.

Martin ne reviendra plus à Paris, mais en reconnaissance pour la guérison miraculeuse, un oratoire fut construit à l'endroit où l'événement se déroula. Le petit bâtiment votif fut épargné par l'incendie qui ravagea la ville en 585… Les Parisiens considérèrent unanimement la préservation de l'oratoire comme un nouveau miracle, la construction était en pierre, mais qu'importe ! Et la vénération pour Martin a été entretenue au cours des siècles. Dans sa géographie, la ville moderne n'a pas effacé le souvenir du saint... La voie romaine du nord, où il a guéri jadis le lépreux, est aujourd'hui la rue Saint-Martin.

Paris, capitale franque

La station Louvre-Rivoli se déguise et fait son importante : elle se pare des atours du palais. Non pas de l'ancienne forteresse, pas même de la luxueuse résidence royale, mais du musée qui présente notamment les beautés lapidaires et picturales imaginées par l'homme au cours des siècles. En 1968, André Malraux, ministre de la Culture du général de Gaulle, a eu l'idée farfelue de faire descendre l'art et l'histoire dans les couloirs du métro. Pendant qu'à l'air libre les pavés volaient, les murs des souterrains de la ligne n° 1 étaient recouverts de pierre de Bourgogne et creusés de niches destinées à abriter les reproductions de quelques chefs-d'œuvre dont les originaux s'exposent là-haut, en surface. Bas-reliefs assyriens, pharaons égyptiens, nymphes de la Renaissance accueillent l'usager ravi et stupéfait. Stupéfaction d'autant plus justifiée qu'aujourd'hui cette station n'est plus celle qui dessert le musée !

En quarante ans, tout a changé. La pyramide de verre voulue par François Mitterrand a modifié l'entrée du

Louvre. Maintenant, pour venir faire la queue et acheter son ticket, il vaut mieux s'arrêter à Palais-Royal…

Dans mon itinéraire, je pourrais descendre à l'une ou à l'autre des stations, peu importe ! Car ce que je viens chercher ici, ce n'est pas le musée flamboyant d'aujourd'hui. En fait, je veux errer en ces parages pour rêver à ce qui n'existe plus – pas même une trace, à peine un souvenir…

Nous voici enfin sur la rive droite. À la station Louvre, nous quittons le monde romain pour entrer dans l'ère des Francs. Venus du Sud, les Romains avaient colonisé le sud de Paris, c'est-à-dire la rive gauche. Les Francs venus du Nord vont tout naturellement développer l'axe nord de la ville, la rive droite.

À la fin du Ve siècle, on trouvait à cet emplacement un camp fortifié dressé par les Francs qui assiégeaient Paris. De cette forteresse – *loewer* dans la langue franque – nous avons fait notre Louvre.

Le Louvre d'aujourd'hui, le plus vaste des édifices parisiens, n'a évidemment plus rien à voir avec la construction militaire des envahisseurs francs… Le château a remplacé la place forte, le palais a remplacé le château, le musée a remplacé le palais. Mais la fonction primitive du lieu se découvre encore dans ses entrailles. Certains vestiges sont parvenus jusqu'à nous. Certes, ils ne remontent pas à Clovis mais à Philippe Auguste, roi de France dès la fin du XIIe siècle. En descendant dans la crypte du Louvre, vous pourrez longer l'enceinte et découvrir ainsi les bases du donjon et des tours de l'ancienne forteresse.

Sous Philippe Auguste, cette forteresse était encore un ouvrage militaire, voire une prison. Il faudra attendre Charles V, vers 1370, pour parler de résidence royale, avec de nombreux embellissements (une maquette est visible dans la crypte).

Puis la guerre de Cent Ans éloigna les rois de France de Paris. Ce ne fut qu'avec François Ier que le Louvre, devenu un palais, accueillit de nouveau les souverains.

*
* *

L'agression des Francs et leur *loewer* dressé face à Paris est une conséquence de la lente décadence de l'Empire romain, agonie qui se fait sentir depuis le début de ce Ve siècle. Il est bien moribond, cet empire, et s'en va en lambeaux. D'abord, il est définitivement divisé. À ma gauche l'empire d'Occident, qui ne parvient pas à se défendre contre les Wisigoths venus impunément piller Rome en 410. À ma droite l'empire d'Orient, puissant mais tellement éloigné. Les Francs sont devenus auxiliaires dans l'armée romaine. Mérovée, leur roi, fondateur de la dynastie mérovingienne, est général dans la milice impériale aux ordres de Rome.

Dans cet embrouillamini, la Gaule se trouve un peu délaissée, et Lutèce totalement oubliée. Valentinien III, empereur d'Occident, se désintéresse presque totalement des terres du Nord. En 425, il charge Ætius, un maître de cavalerie qu'il porte en grande estime, de régenter la Gaule à sa guise. En fait, il s'agit encore et toujours de maintenir les hordes de Barbares au-delà du Rhin, et toute l'habileté d'Ætius consiste à repousser tant bien que mal les envahisseurs en évitant la catastrophe suprême : le franchissement de la Seine, qui leur ouvrirait les portes de la Gaule entière. Ætius renvoie les Francs en pays germanique, écrase les Burgondes qui menacent, défait les bandes venues d'Armorique...

À Paris, l'heure est à la christianisation, et l'évêque Marcel joue un rôle de catalyseur. Pour retrouver la trace du vénérable prélat, il faut porter notre regard vers le carrefour des Gobelins, à l'angle du boulevard Saint-Marcel. À l'époque, dans ces terrains hors les murs de la ville, les marais grouillent de bestioles plus ou moins sympathiques. Qui sait si un antique reptile n'a pas résisté à l'évolution ? Sous la vase des rives de la Bièvre, un saurien impressionne les habitants, leur imagination en fait un animal maléfique. Ce gros serpent aurait dévoré le cadavre d'une femme de sang noble, mais de mauvaise réputation, dont la déchéance notoire faisait un parfait exemple de pécheresse. L'évêque Marcel, peut-être particulièrement vigoureux, ou alors bien courageux, n'hésite pas... Au nom de la christianisation de la Gaule, pour démontrer à tous la force du vrai Dieu, il assène deux bons coups de crosse sur la tête de cette bête, qui devient alors pour la légende pieuse un authentique dragon. Les païens convertis – ou soulagés – par le miracle accompli en attribuent généreusement d'autres à Marcel. Canonisé pour avoir extirpé le Mal du marais et libéré les riverains du monstre qui les menaçait, saint Marcel devient leur protecteur. Et si l'on habite le quartier, on peut tout lui demander !

À sa mort, en 436, l'évêque est enterré près de l'endroit où il a réalisé son exploit. Très vite, l'emplacement devient un lieu de culte. On se précipite de toute la ville pour toucher le tombeau, demander la bonne fortune et la santé… En hommage au saint est créé un oratoire, avec un petit autel. Certains fidèles vont même jusqu'à vouloir se faire enterrer à côté de leur vénéré protecteur et, peu à peu, se constitue un véritable cimetière paléochrétien : le premier cimetière chrétien de la Gaule, à Paris…

Qu'est devenu le cimetière Saint-Marcel ?

Le cimetière accueillit des sépultures jusqu'à la fin du XVIe siècle. Il fut ensuite fermé pour ne pas nuire à l'essor du quartier. Plus trace aujourd'hui ni du cimetière ni de l'oratoire, mais de nombreuses sépultures ont été mises au jour en 1873 par Théodore Vacquer, le grand archéologue de Paris. Elles sont aujourd'hui déposées au musée Carnavalet.

Sur place, il faut se contenter de la mémoire. Et la mémoire reste vivante, avec ces panneaux d'information en fonte qu'on voit, par exemple, à côté du café Le Canon des Gobelins, pour rappeler l'emplacement de l'ancien tombeau.

Cet oratoire et la dévotion qui l'entourait ont donné naissance à un village entier : le bourg Saint-Marcel. Même s'il ne reste aucun vestige de ce hameau, on peut tenter de se l'imaginer. Une voie descend vers le boulevard, c'est la rue de la Collégiale, du nom de l'église créée autour de l'oratoire (qui exista jusqu'à la

> Révolution) : vous êtes au niveau de l'ancienne place de la Collégiale Saint-Marcel, le centre religieux du fameux bourg ! Si vous remontez la rue de la Collégiale, vous trouverez, sur votre gauche, la rue du Petit-Moine… Elle rappelle qu'ici même on croisait jadis les religieux de la collégiale.

Quinze ans après la mort de l'évêque Marcel, voilà que se dresse un ennemi plus dangereux que l'hydre des marais : venu des confins de l'Asie, Attila prétend raser l'herbe fraîche de Paris !

Le roi des Huns a déjà tenté de dévorer l'empire d'Orient, mais le redoutable guerrier s'est cassé les dents. Diplomatie et combats, il a pourtant tout essayé pour vaincre cet empire et entrer en triomphateur à Constantinople. Brillant chef de guerre peut-être, mais piètre négociateur, il voit s'échapper son rêve : l'Empire romain d'Orient reste hors de sa portée. Le bilan de ses cavalcades et de ses ambassades est affligeant, il n'est arrivé à rien, ou à pas grand-chose… Parce que, oui, il a quand même une pièce en main dans le grand jeu des stratégies : une bague, une promesse que lui a envoyée Honoria, la sœur de l'empereur d'Occident Valentinien.

La dame aux yeux de velours est bien malheureuse car son frère, personnage aussi austère qu'intransigeant, veille avec suspicion et méticulosité sur la virginité sororale. Las, la gourgandine a pris un amant ! L'empereur, hors de lui, fait exécuter le gaillard, mais cela ne suffit pas car la drôlesse attend un bébé. On fiance vite fait la future maman à un vieux sénateur et, en attendant le mariage, on enferme la dame dans un couvent. Excès de précaution ne nuit pas.

Honoria, qui n'a pas vraiment la vocation religieuse, envoie alors sa bague à Attila… Elle lui promet tout ce qu'il veut et tout ce qu'il imagine, pourvu que le terrible Hun vienne la délivrer. Eh bien Attila prend cette plaisante affaire fort au sérieux ! Il se considère tout à fait fiancé à la belle Honoria, mais l'amour ne lui fait tout de même pas perdre la tête : il n'a rien de plus pressé que d'exiger une dot. Et qu'est-ce qu'un roi hun peut demander en cadeau de noces à un empereur romain ? La Gaule, rien de moins !

Valentinien est un peu accablé par la naïveté balourde de ce monarque barbare. La Gaule ? Pour un mariage qui ne se fera jamais ? C'est du délire !

Puisqu'on ne veut pas lui donner cette terre qu'il réclame, Attila est bien décidé à se servir tout seul. En 451, il déboule au grand galop à la tête de ses troupes formées de Huns et de Germains. Il défonce les murailles de Metz, met la ville à sac et poursuit tranquillement son périple ravageur, déterminé à traverser la Seine à Paris.

Dans la ville, la nouvelle de l'approche d'Attila sème la panique. C'est sûr, Paris va être brûlé et détruit ! La terreur enfle à l'annonce de l'arrivée de ces bandes venues d'Asie dont on dit que les guerriers cruels sont vêtus de peaux de bêtes, qu'ils mangent de la viande crue ramollie sous la selle de leurs chevaux, qu'ils ont des visages monstrueux tout couturés de cicatrices, qu'ils tuent, pillent et violent… Face à ce cataclysme annoncé, les Parisiens n'ont qu'une option : la fuite. Déjà ils font leur baluchon, emballent quelques richesses, emmènent femmes, enfants, esclaves, bétail et se résolvent au grand exode.

*
* *

— Que les hommes détalent, s'ils le veulent et s'ils ne sont plus capables de se battre. Nous, les femmes, nous prierons Dieu tant et tant qu'Il entendra nos supplications !

La jeune femme de vingt-huit ans qui lance cet appel à la population parisienne s'appelle Geneviève. Elle n'est ni un stratège militaire ni un boutefeu agité, mais une chrétienne abîmée dans la foi parfaite d'une brebis de l'Église. Née à Nanterre, établie depuis une dizaine d'années à Paris où elle est venue après la mort de ses parents, elle consacre l'essentiel de sa vie à l'extase religieuse et à la saine gestion de ses propriétés héritées d'un père romain et d'une mère franque.

Geneviève fait partie des Parisiens les plus riches, mais pour elle ces contingences matérielles ne sont rien. Ce qui importe, c'est le Ciel. Elle voudrait se vouer entièrement au Christ, mais il n'existe pas alors de monastères ouverts aux dames. La jeune femme doit se contenter de coiffer le « voile des vierges », voile de la consécration qui la distingue du commun et force le respect. Devenue diaconesse, la demoiselle reste dans le monde, certes, mais choisit de vivre dans le silence, la prière et le jeûne. Si elle se nourrit, c'est seulement deux fois par semaine, le dimanche et le jeudi, consentant à regret à satisfaire ce corps trop humain qui réclame et proteste.

L'annonce de l'arrivée d'Attila change le destin de Geneviève. En fait, Paris n'a pas vraiment besoin de saints ; avec Denis, Martin, Marcel et quelques autres, la ville en est déjà comblée. En revanche, on manque cruellement de figures valeureuses capables de bâtir une geste épique. La demoiselle au voile des vierges sera donc la première héroïne parisienne.

Dans l'effroi général qui saisit les habitants, seule Geneviève semble garder la tête froide. Avec la tranquille assurance de ceux que la foi apaise, elle sait que Dieu veille sur elle et sur toute la population. Elle invite les Parisiennes à venir prier en sa compagnie, elle leur parle d'Esther, personnage biblique qui, autrefois en Perse, sauva par ses supplications et son jeûne le peuple juif de l'extermination... Geneviève veut être l'Esther de Paris, le recours de toute une nation, le porte-étendard d'un petit peuple. Et les femmes la suivent. Elles se réunissent pour des prières en commun, elles jeûnent et implorent la Providence d'éloigner le fléau qui menace. Mais les hommes ricanent et insistent : il faut fuir, chercher un abri derrière les murs d'une ville mieux défendue...

— Que parlez-vous de vous réfugier en d'autres cités ? s'exclame Geneviève. Celles-ci seront-elles mieux que Paris abritées d'un coup de main des Barbares ? Grâce à la protection du Christ, Paris échappera au carnage.

— Fais silence, prophétesse du malheur ! hurlent quelques âmes noires.

Et les plus excités des Parisiens parlent maintenant de jeter Geneviève dans un puits, manière radicale de la faire taire. Mais voilà que l'archidiacre d'Auxerre entre dans la ville, vêtu de son manteau d'or, et jette sur tous le bon regard de celui qui pardonne la folie des peuples et les excès des hommes. Il est venu porteur d'un message : Germain, son évêque, s'est éteint en témoignant pour ses ouailles de l'élection christique de Geneviève, une garantie ecclésiastique en quelque sorte.

— N'allez pas, citoyens, commettre ce crime ! Celle dont vous projetez la mort, nous avons appris sur le témoignage de notre saint évêque Germain qu'elle avait été élue par Dieu dès le ventre de sa mère.

Quel souvenir nous reste-t-il du saint d'Auxerre qui sauva sainte Geneviève ?

À l'endroit de la rencontre entre l'archidiacre et les Parisiens en colère, seront créés un petit oratoire, puis une église, l'une des plus anciennes de la rive droite : Saint-Germain-l'Auxerrois, dédiée au protecteur de la future protectrice de Paris (dans le Ier arrondissement, face au Louvre). La place de l'École rappelle qu'ici on instruisait les futurs chrétiens. L'église actuelle est beaucoup plus tardive, mais dans la rue des Prêtres-Saint-Germain-l'Auxerrois, les archéologues ont retrouvé de nombreux sarcophages de l'époque mérovingienne.

En entendant le message de l'archidiacre, les Parisiens sont convaincus : comment ne pas croire l'ultime parole du plus illustre des saints évêques de la Gaule ? Dans un mouvement unanime, chacun se rallie à présent à la courageuse diaconesse. La résistance s'organise rapidement, les ponts qui permettraient à la horde d'Attila de traverser la Seine sont rompus ou dressés d'obstacles. On s'arme, on se prépare, et l'on attend sans frémir le Barbare terrorisant.

Il n'y aura pas de bataille. Il suffit peut-être de croire au miracle pour que l'inespéré survienne... Attila sait-il qu'une défense s'organise à Paris ? Ou alors quelqu'un de bien inspiré lui a-t-il soufflé qu'une épidémie de choléra s'est déclenchée dans la ville ? Toujours est-il que le roi des Huns détourne son regard et ses troupes, s'éloigne des bords de Seine et épargne la ville.

Il se dirige vers Orléans : occuper cette cité lui assurerait la maîtrise des ponts sur la Loire, avec la perspective de vaincre l'Aquitaine. De son côté, au début de l'été de cette année 451, Ætius prend la tête d'une importante armée formée de Gallo-Romains, de Francs, de Wisigoths, de Burgondes, de Saxons, d'Armoricains, de Bretons. Tous les peuples de la Gaule se sont unis sous la bannière romaine pour repousser l'envahisseur asiatique.

Cette force incroyable, inattendue, allie en une même ferveur militaire ceux qui se faisaient la guerre jadis. Elle avance et vient bousculer les Huns à l'ouest de Troyes. Terrible choc, qui commence dans l'après-midi et se prolonge jusqu'au milieu de la nuit...

Au matin, Attila et ses hommes se sont repliés dans leur camp, la peur est passée de leur côté. Un grand feu est allumé, le roi des Huns promet de s'y jeter si le Romain veut le faire prisonnier. Attila parvient à éviter une telle extrémité : sagement, Ætius ne force pas la victoire, il se contente d'observer la retraite de l'ennemi et le guette longtemps à travers les plaines, jusqu'à ce que les Huns pénètrent dans la vallée du Danube.

À Paris, la victoire est attribuée à Geneviève, elle a sauvé la ville et toute la Gaule ! Comment lui refuser alors les efforts qu'elle réclame ? Elle demande que l'on construise une basilique à l'endroit où saint Denis s'est effondré, sa tête tranchée tenue entre ses mains. Elle fait lever un impôt spécial pour réaliser ce projet, établit les fours à chaux nécessaires à la construction et suit avec attention l'édification du bâtiment. C'est qu'il s'agit bien plus que d'une simple basilique ! Le culte rendu à saint Denis, dont Geneviève est la grande prêtresse, a pour objectif premier d'ancrer les citoyens parisiens dans la foi catholique. Avec ses compagnes diaconesses, Geneviève parcourt le chantier. Elle vient inspecter les travaux de nuit, à la lumière d'une chandelle tenue par l'une des pieuses jeunes filles. Si le vent fripon souffle malencontreusement la flamme, Geneviève prend la bougie en main. Alors la mèche se rallume aussitôt, et quand la bougie est tenue par la sainte femme, elle ne s'éteint plus, malgré les bourrasques diaboliques.

L'actuelle crypte de Saint-Denis correspond globalement à cette basilique primitive élevée du temps de la sainte.

Paris vit sa propre histoire, modeste encore, réduite aux dimensions d'une sainte que l'on vénère. Une sainte, en effet, car on lui attribue déjà des miracles : elle aurait jadis rendu la vue à sa mère en lui appliquant sur les yeux une eau bénite par elle-même, elle aurait rendu la santé à douze malheureux possédés par le démon, elle aurait ressuscité un petit garçon tué par une chute dans un puits…

Et pendant que Paris frissonne en répétant les merveilles accomplies par sa sainte, les grands événements de l'Histoire se déroulent ailleurs. À Ravenne, dont il a fait sa capitale, Valentinien, l'empereur romain d'Occident, enrage : en Gaule, Ætius lui dérobe une part de sa gloire ; ce généralissime à qui tout réussit pourrait briguer le trône pour lui ou son fils. Il faut le faire disparaître, trancher cette racine qui pousse et s'impose. Le 21 septembre 454, Valentinien, qui reçoit en son palais le triomphateur de la Gaule, se jette sur son visiteur et le poignarde. Geste fou, faute politique et militaire, mais dictée par le plus puissant des sentiments : la jalousie.

Les peuples de la Gaule pleurent Ætius, surnommé désormais « le dernier des Romains ». Et c'est vrai, le crime de Ravenne précipite la fin inéluctable de l'empire. Il faudra à peine plus de vingt ans pour que tout s'effondre et qu'un autre monde émerge…

Le 4 septembre 476, l'ultime empereur d'Occident, Flavius Augustule, se voit contraint d'abdiquer, vaincu par Odoacre, chef germanique. La gloire romaine survit ailleurs grâce à Zénon, empereur d'Orient. Odoacre se pare du titre de « roi en Italie » pendant que le Sénat romain, dans un dernier geste, adresse à Constantinople sa soumission et lui envoie les insignes impériaux. L'Empire romain d'Occident a cessé d'exister.

*
* *

Paris n'est plus ville d'empire, Paris n'est plus citadelle de la force romaine, Paris entre dans des temps nouveaux que l'on appellera le Moyen Âge.

Paris ne peut compter que sur lui-même pour se défendre, Paris est à prendre. Mais par qui ? La situation en Gaule devient singulièrement embrouillée. Childéric, le roi franc qui règne à Tournai, dans le Nord, se soumet à Odoacre, roi en Italie. De son côté, Syagrius, dernier général romain responsable de la Gaule, prétend perpétuer la loi de l'empire défunt. Les Wisigoths, quant à eux, dominent en Aquitaine, alors que les Burgondes rêvent d'étendre leur royaume jusqu'à Marseille. Sans oublier les alliances subtiles et éphémères qui se nouent entre les uns et les autres…

Childéric, fils du roi Mérovée, voit dans cet enchevêtrement d'intérêts et de fricotages l'occasion d'assurer sa lignée, celle des Mérovingiens, en prenant la Gaule, et singulièrement Paris. Avec ses mercenaires, il avance vers la Seine, et l'homme paraît redoutable : son nom francique, Hilde-Rik, ne signifie-t-il pas « puissant à la guerre » ?

Mais Geneviève, franque par sa mère et qui parle le francique, court s'adresser directement à l'assiégeant. Elle dissuade Childéric d'entrer dans Paris : cette hardiesse déclencherait une guerre ouverte contre Syagrius dont le pouvoir s'exerce entre la Somme et la Loire.

Childéric atermoie, hésite, esquisse un pas en avant, recule, revient. Fait-il le siège de Paris ? Nul ne le sait vraiment, mais il campe avec ses troupes autour de la ville, organise un blocus, détruit les routes qui y mènent, affame la population… Il n'entre pas dans Paris, certes, mais empêche ses ennemis de venir s'y installer. Cette guerre qui n'en est pas une, cet affrontement silencieux, cette hostilité retenue, ce blocus inutile va durer dix ans ! À partir de 476, Childéric joue avec Paris, comme un gros Raminagrobis repu et vieillissant qui s'amuserait à effaroucher une petite souris dont il ne veut pas vraiment.

Le roi installe son camp retranché sur la rive droite de la Seine, face à l'île de la Cité, et dresse une haute tour de guet, cette *loewer* franque qui observe la ville, épiant tous ses mouvements. Les Parisiens prennent l'habitude de voir cette menace dressée sur les rives du fleuve, rappel constant de la position précaire d'une population assiégée.

Les puissants sont aux portes, mais n'entrent pas. Cette situation saugrenue permet à Geneviève de dominer entièrement Paris par son charisme, sa foi, son autorité, ses richesses. Elle a la haute main sur la curie comme sur la municipalité et veille avec attention au bien-être de la population...

Quand Paris a trop faim, la sainte intervient. Ce n'est pourtant pas un miracle qui va sauver la ville, mais un coup de force audacieux. Paris agonise, alors Geneviève tente une sortie. Les routes défoncées sont impraticables, il faut donc passer par le fleuve... Geneviève mobilise une troupe, arme onze bateaux et vogue vers Arcis-sur-Aube, en Champagne. Mais les eaux du fleuve sont encombrées, alors Geneviève défonce les barrages à coups de hache. Les marins, stupéfaits et soulagés, imaginent un peu naïvement la sainte aux prises avec des monstres à l'odeur fétide. Il ne s'agit, en réalité, que de troncs d'arbres pourris placés par l'ennemi et destinés à entraver la circulation fluviale.

Arrivée en Champagne, Geneviève commence par guérir d'un signe de croix la femme du tribun local, qui souffrait depuis quatre ans. Elle achète du blé sur ses propres deniers et s'en retourne avec les bateaux lourds de grain. Mais la navigation sur ses embarcations trop chargées s'annonce périlleuse, et si les rameurs se montrent confiants, ils sont tous inexpérimentés et plutôt maladroits. La prière vient au secours de ces marins d'occasion, et l'on pousse et l'on tire sur les rames en chantant, en rythme, un hymne tiré du livre de l'Exode de l'Ancien Testament :

« Chantons l'Éternel, il est souverainement grand ; coursier et cavalier, il les a lancés dans la mer.

» Il est ma force et ma gloire, l'Éternel ! Je lui dois mon salut… »

À Paris, Geneviève distribue le blé à chacun selon ses besoins. Pour les plus pauvres, qui ne possèdent ni four ni bois, elle offre du pain confectionné par les diaconesses.

Childéric ferme les yeux sur ces accrocs à son blocus. Peut-être est-il fatigué de cet affrontement feutré qui s'éternise. Il n'est arrivé à rien, il n'a pas pris Paris, il n'a pas vaincu Syagrius. La Gaule était donc un leurre, un piège dans lequel il s'est enfoncé. Et c'est ainsi, désabusé et amer, qu'il s'envole en 481 pour le Walhalla, le paradis des guerriers germains, laissant à son fils Clovis le soin d'achever son œuvre.

*
* *

Clovis, jeune homme de seize ans, soudain promu roi des Francs, est bien décidé à perpétuer avec une belle piété filiale la politique paternelle. Il poursuit le combat contre Syagrius et continue d'assiéger Paris. Il maintient la pression sur la ville, mais sans se faire trop d'illusions : il sait que, pour dominer la Gaule, il doit d'abord vaincre le général romain. Du haut de son *loewer*, il contemple la cité plantée au milieu du fleuve, déterminé à en effacer un jour prochain l'influence gallo-romaine pour en faire une cité franque.

Pour l'heure, Syagrius s'est installé derrière les puissants remparts de Soissons, au bord de l'Aisne, d'où il surveille la région et interdit les incursions des Francs. Le général dispose des ultimes forces de l'Empire romain disparu. Face à ces légions s'alignent les troupes de Clovis. Elles sont moins nombreuses, mais mieux armées. Et puis – c'est la chance de Clovis – Syagrius n'est qu'une outre gonflée de vent. C'est vrai, il se pavane comme un beau soldat, se montre fort content de lui-même, mais fait preuve de piètres talents militaires. De plus, ses légionnaires sont découragés ; ils n'ignorent pas, les malheureux, qu'ils combattent pour une cause déjà perdue.

En 486, Clovis juge venu le temps d'en finir avec le Romain. Il lui adresse un défi et s'avance vers Soissons avec son armée, pillant quelques églises au passage, car on ne saurait trop s'enrichir en guerroyant.

Syagrius craint un siège de sa ville, alors il franchit les murs de Soissons et galope à la rencontre du roi des Francs. On s'étripe sans merci. Les lances à crochet et les haches à double tranchant asymétrique des Francs sèment la terreur.

Dans cette plaine du Soissonnais s'écroulent les derniers légionnaires romains. Syagrius prend la fuite tandis que Clovis entre en vainqueur dans Soissons, dont il fait immédiatement sa capitale. Il s'installe dans le palais abandonné et fait main basse sur le trésor accumulé naguère par son ennemi. Quelques batailles seront encore nécessaires, mais désormais le royaume franc s'étend sur tout le nord de la Gaule.

Le siège de Paris peut être levé. Geneviève, la pieuse chrétienne, accepte avec soumission l'autorité du païen Clovis. Il faut dire qu'elle n'a pas vraiment le choix. Néanmoins, dix ans plus tard, Geneviève aura satisfaction : Clovis se rendra aux arguments de sa femme Clotilde, fidèle catholique, et renoncera au panthéon des dieux germaniques. N'avait-il pas promis sa conversion au Christ en cas de victoire sur les Alamans, lors de la bataille de Tolbiac en 496 ? Le roi des Francs reconnaît dorénavant le Père, le Fils et le Saint-Esprit, puis accepte le baptême à Reims en une cérémonie grandiose qui fera, dans les siècles à venir, les belles pages des ouvrages édifiants.

Clovis, dès lors, s'inscrit dans une nouvelle lignée, mais ses conquêtes, elles, se poursuivent ; cette fois ce sont les Burgondes qui sont battus à la bataille d'Ouche en 500. En 502, pour marquer l'entrée dans les temps nouveaux, il quitte Soissons et choisit de s'établir à Paris. La ville ressemble encore à la cité romaine de Julien, alors le roi met avec délectation ses pas dans ceux de l'empereur de jadis. Il s'installe richement dans le palais de la Cité, désormais agrémenté de jardins ombragés qui descendent en pente douce jusqu'à la Seine. Avec lui, toute une administration vient occuper le palais et ses dépendances. Une poignée de fidèles virevoltent autour du roi et le conseillent, des évêques et des abbés prennent la responsabilité de la chapelle royale, et quelques ministres, encore peu nombreux, sont chargés de fonctions particulières. Le comte du palais dirige la procédure du tribunal, le référendaire s'occupe des impôts, le maire du palais fait figure d'intendant… Déjà, une petite cour soumise et courtisane entoure le roi.

Paris, le bourg gallo-romain, la ville-citadelle, devient capitale du royaume des Francs en 508, comme pour célébrer une nouvelle grande victoire contre les derniers rivaux, les Wisigoths, en 507, à Vouillé !

De sa nouvelle capitale, Clovis peut contempler son œuvre : il a conquis toute la Gaule, à l'exception de la Provence et du Roussillon. Il peut mourir en paix…

Effectivement, au mois de novembre 511, Clovis tombe brusquement malade et succombe en dépit des prières et des saignées. Il disparaît à l'âge de quarante-cinq ans, après vingt-neuf ans de règne. Mais que faire de la dépouille d'un roi des Francs mort à Paris ? Faut-il l'inhumer à Tournai, à côté de son père Childéric ? Non, on choisit de garder le corps à Paris et de le déposer dans la crypte de la nouvelle église Saint-Pierre-et-Saint-Paul. La présence sur place du tombeau du premier roi chrétien est censée rehausser le prestige et la grandeur de la capitale. Toutefois, nos ancêtres lointains n'ont pas manifesté une très grande vénération pour la tombe royale : elle a disparu, purement et simplement, nul ne sait quand, nul ne sait comment. Quelques archéologues optimistes espèrent la retrouver un jour, à l'occasion de travaux en profondeur autour du lycée Henri-IV.

Quelle destinée pour Geneviève ?

Sainte Geneviève mourut en 502, neuf ans avant son roi chrétien qui fut inhumé à son côté dans cette église Saint-Pierre-et-Saint-Paul sur le mons Lucotitius (la montagne Sainte-Geneviève). De son vivant, la sainte avait coutume de monter prier en ce lieu ; elle empruntait pour ce faire un chemin devenu la rue de la Montagne-Sainte-Geneviève. Le clocher d'une église est encore visible dans l'enceinte du lycée Henri-IV et porte le nom de « Tour Clovis ». C'est le plus ancien vestige (XIe siècle pour la base) de l'église érigée par le premier roi franc chrétien. La tombe de sainte Geneviève, celle de Clovis et celle de sa femme se trouvaient approximativement sous l'entrée actuelle du lycée.

L'église, devenue abbaye au XIIe siècle, fut remplacée en 1744 par l'église Sainte-Geneviève voulue par le roi Louis XV. C'est aujourd'hui le Panthéon, mausolée des grands personnages de l'histoire de France.

La châsse contenant les reliques de la sainte patronne de Paris fut régulièrement portée en procession à travers les rues. On dit que des miracles avaient lieu sur son passage… Le reliquaire fut hélas détruit en 1793 et les restes de Geneviève brûlés en place de Grève.

Le sarcophage de pierre qui avait recueilli le corps de la sainte fut épargné par la fureur révolutionnaire. Retrouvé en 1802, il fut transféré en l'église Saint-Étienne-du-Mont, en face du Panthéon. Ce sépulcre est aujourd'hui recouvert d'un manteau d'orfèvrerie qui le dissimule en partie.

VIe siècle

SAINT-MICHEL-NOTRE-DAME

Les Mérovingiens, fils aînés de l'Église

Notre-Dame. La cathédrale, le roman de Victor Hugo… mais aussi, depuis 1988, la gare RER, station sans grand charme dont il faut vite quitter les couloirs pour gagner l'air libre… et voir se déployer le parvis de la cathédrale de Paris.

Le parvis que nous avons sous les yeux est six fois plus étendu que par le passé. Pour s'en rendre compte, il suffit d'observer les marques sur le sol : elles nous indiquent le tracé sinueux des vieilles rues qui enserraient la cathédrale avant que le baron Haussmann, en 1865, ne donne à l'ensemble l'aspect que nous lui connaissons.

On trouve ici le point zéro des routes de France, héritage d'un ancien poteau placé sur le parvis : l'Échelle de justice de l'évêque de Paris. Au pied de cette échelle, les accusés venaient faire amende honorable avant de recevoir leur condamnation. Ils s'avançaient en chemise, pieds nus, la corde au cou, un cierge à la main, portant sur la poitrine et dans le dos une double pancarte détaillant leur crime, puis ils s'agenouillaient, faisaient publiquement l'aveu de leur faute et imploraient l'absolution de leurs péchés.

Qu'inspira le parvis de Notre-Dame ?

Au début des années 1970, imaginant le Centre national d'art et de culture, le président Georges Pompidou voulut que le centre s'ouvrît sur une esplanade qui puisse évoquer, sur la rive droite, le parvis de la cathédrale Notre-Dame. Il soulignait de cette manière le caractère sacré de l'art dont le centre pluridisciplinaire devenait ainsi la cathédrale ouverte à tous ses adorateurs.

En se promenant dans le quartier de Notre-Dame, on découvre de nombreux vestiges émouvants. Le meilleur moyen de s'imaginer l'île de la Cité au temps jadis est de se placer dans la rue de la Colombe, à l'angle de la rue des Ursins. D'ailleurs, au 19 de cette rue des Ursins, la chapelle Saint-Aignan reste le dernier souvenir des vingt-trois églises qui entouraient Notre-Dame… Puis direction rue Chanoinesse. Aux 18 et 20, se trouvaient autrefois deux maisons, l'une occupée par un barbier, l'autre par un pâtissier. Le barbier égorgeait des étudiants logés par les chanoines de Notre-Dame et revendait les corps au pâtissier qui en faisait des pâtés dont se régalaient les chanoines ! Les deux complices furent brûlés vifs en 1387… Dans le garage des gardiens de la paix motocyclistes qui occupent les lieux aujourd'hui, vous trouverez un autre reste du

rempart gallo-romain du IVe siècle : cette étrange pro-
tubérance de pierre a traversé le temps sous le nom de
« pierre au boucher » car c'est là que le pâtisser se
serait livré à sa sinistre cuisine... Aux numéros 22 et
24, de très belles maisons de chanoines, du XVIe siècle
celles-là, sont encore visibles. Essayez d'entrer au 26,
vous verrez des pierres tombales transformées depuis
plusieurs siècles en dalles destinées à garder les pieds
au sec en cas de crue ! Mais le vieux Paris caché l'est
de mieux en mieux, et les Digicodes le rendent de
moins en moins accessible...

Pour retrouver la source vivante de ce cœur fervent
de Paris, il faut remonter les siècles jusqu'à la mort de
Clovis, en 511.

À la disparition du roi chrétien, le pays est divisé
entre ses quatre fils : Thierry hérite de la partie est,
Clodomir de la région de la Loire, Clotaire du Nord et
Childebert, enfin, de la Picardie, de la Normandie, de
la Bretagne et surtout de l'Île-de-France avec Paris,
ville déjà populeuse avec ses vingt mille habitants.

S'ensuit un déroulement historique un peu compliqué
et parfois confus. Les fils de Clovis passent leur temps
à étrangler leurs neveux qui pourraient réclamer une part
de la succession, à se faire la guerre pour agrandir un
peu l'héritage, et à se réconcilier sous la pression insis-
tante de la bonne Clotilde, veuve éplorée du roi des
Francs.

Puis, comme il faut bien faire le roi, on va trucider
quelques petits monarques des environs dans l'intention bien arrêtée d'agrandir les royaumes reçus en héritage. Ainsi, Childebert et son frère Clodomir déclarent
la guerre à Sigismond, roi des Bourguignons – ou plus
exactement des Burgondes, comme on disait alors. Ils

assiègent Autun, mais sur le champ de bataille Clodomir est reconnu à sa longue chevelure. Les Bourguignons lui coupent la tête et la plantent au bout d'une lance. Ce spectacle hideux redouble la fureur des Francs, excite leur juste colère et leur vaut la victoire. Le triomphe est fêté par un massacre général des soldats vaincus. Quant à Sigismond, sa femme et ses enfants, un traitement particulier leur est réservé : ils sont jetés dans un puits.

La mort de Clodomir inquiète les autres frères : qui sait si les fils du défunt ne vont pas exiger une part de l'héritage ? La reine Clotilde, qui fut l'épouse du défunt Clovis, ne veut pas d'une vengeance familiale et croit éviter le pire en prenant ses trois petits-fils sous sa protection. Childebert fait venir à Paris son frère Clotaire et l'on trame de sombres complots dans le palais de la Cité…

À ceux qui s'alarment, Childebert et Clotaire tiennent un langage rassurant : cette réunion de deux rois n'aurait pour objectif que d'élever au trône les héritiers de Clodomir. La chère Clotilde paraît soulagée, elle se penche sur les jeunes garçons avec cette bonté que savent si bien manifester les grands-mères :

— Je ne croirai plus que j'ai perdu mon fils Clodomir si je vous vois lui succéder dans son royaume…

Espoir trompeur, car les assassins guettent. Le palais de la Cité devient le théâtre de scènes d'une violence inouïe. Clotaire saisit l'aîné des enfants par le bras, et sans frémir lui plante la lame de son couteau sous l'aisselle. Le cadet, horrifié, se jette aux pieds de Childebert, pleure, crie, geint :

— Au secours, très pieux oncle, que je ne périsse pas comme mon frère !

Childebert a un mouvement d'hésitation. Est-il vraiment nécessaire de trucider toute la maisonnée du défunt Clodomir ? Il se tourne vers Clotaire et tente de l'amadouer…

— Je t'en prie, frère très doux, accorde-moi dans ta générosité la vie de celui-ci…

Quoi ? Épargner cet enfant qui pourrait, un jour, se retourner contre sa famille ? Jamais ! Il faut tuer et tuer encore, éteindre la race de Clodomir.

— Laisse-le-moi, rugit Clotaire, laisse-le-moi, sinon c'est toi qui mourras à sa place !

Childebert, effaré par la rage de son frère, lâche l'enfant. Aussitôt, Clotaire se jette sur le garçon, le poignarde, et achève tranquillement le travail en étranglant soigneusement sa jeune victime.

D'où Saint-Cloud tire-t-il son nom ?

Le troisième fils de Clodomir, le petit dernier, Clodoald, parvint à fuir grâce à la complicité de quelques officiers apitoyés. L'enfant avait approché de près l'horreur du pouvoir, alors il décida de couper lui-même sa longue chevelure, marque de sa qualité royale, et choisit de renoncer au monde pour se consacrer à l'adoration de Dieu. Il s'installa dans un village de pêcheurs sur les bords de Seine et y fit construire un monastère… Clodoald est aujourd'hui mieux connu sous le nom de saint Cloud, et le village qui l'a recueilli perpétue son renom.

Après la mise à mort de deux fils de Clodomir, Théodebert, fils de Thierry, bien certain que ses oncles complotent également son assassinat, s'allie à Childebert pour vaincre Clotaire. Les alliances se retournent. Les deux armées familiales sont en présence, mais la vieille Clotilde traîne toujours dans les parages pour tenter de réconcilier sa descendance et l'éloigner de nouveaux projets homicides... Elle prie, elle prie tant qu'un orage terrible éclate sur le champ de bataille. Les combattants sont-ils impressionnés par la fureur du Ciel qui se manifeste pour les séparer, ou bien, plus prosaïquement, n'ont-ils pas envie de s'étriper dans la gadoue ? Toujours est-il que les frères et le neveu arrêtent les hostilités et tombent dans les bras les uns des autres.

N'empêche : les troupes sont bien armées, bien alignées, prêtes à se battre. Ce serait dommage de gâcher... Allez, c'est dit : on marche sur l'Espagne où se terrent les Wisigoths, il y aura sûrement quelques villes à assiéger !

Après avoir occupé Pampelune, Childebert et Clotaire, les frères réconciliés, s'en prennent à Saragosse, mais la ville résiste, se défend, et l'armée franque est décimée. Pour Childebert, le moment est venu de lever le camp et de regagner Paris.

En cette année 542, le roi ne rentre pas pour autant en vaincu dans sa capitale. En effet, de cette expédition au bout de l'inutile il rapporte deux précieuses reliques : une croix d'or et une tunique qui ont appartenu à saint Vincent, martyr espagnol du IIIe siècle, torturé à mort lors des persécutions antichrétiennes sous l'empereur Dioclétien. Roi barbare et plutôt cruel, Childebert n'en éprouve pas moins un grand respect pour la religion et voue une amitié sans bornes au bon abbé Germain, son conseiller et le protecteur des pauvres.

Childebert n'oublie pas la participation active de l'Église et de Rome dans l'essor du royaume franc. Avec l'effondrement de l'empire, l'Église et ses évêques sont devenus les derniers remparts administratifs et sociaux de la Gaule. Les Francs avaient tout intérêt à s'appuyer sur ces réseaux. Ils se sont faits chrétiens, pour ces athées ce n'était pas la mer à boire… Paris déjà vaut bien une messe.

En plus, l'ordre et l'organisation de l'Église ont tout de suite séduit ces tribus franques extrêmement disciplinées et moins exaltées que les autres envahisseurs gagnés, eux, par l'arianisme fortement combattu par Rome, un christianisme très oriental et grec, proche de la philosophie platonicienne.

Bref, d'un commun accord, Rome s'est placée dans la main des Francs, la Gaule franque est devenue fille aînée de l'Église tout en bénéficiant de son influence auprès du peuple. La Gaule nouvelle se construit dans la ferveur religieuse…

— Childebert, tu dois construire une abbaye pour abriter les saintes reliques rapportées de Saragosse, décrète l'abbé Germain.

Une abbaye qui, bien sûr, serait administrée par Germain lui-même, première marche d'une ascension qui allait faire de ce modeste ecclésiastique un puissant évêque d'abord, un saint vénéré ensuite. Alors, lentement, s'élève hors les murs de Paris cette abbaye-reliquaire.

Parallèlement, le roi intervient auprès du pape pour faire sacrer Germain évêque de Paris. Le bon abbé, modeste et contrit, cherche à en dissuader et le pape et le roi : sa vie de contemplation, son amour des pauvres et quelques avis distillés aux puissants suffisent à son bonheur terrestre. Mais l'Esprit-Saint le visite en songe et vient lui révéler que la puissance divine exige ce sacrifice ! Il accepte donc, et se voit promu à la tête de l'Église parisienne.

Le roi mérovingien, qui se considère comme le bras séculier de l'Église, veut pour son prélat une cathédrale à la mesure de la capitale. Pour bien montrer son attachement et sa soumission, Childebert se met en tête de faire construire un édifice splendide inspiré par la basilique Saint-Pierre de Rome.

À la pointe orientale de l'île de la Cité, se trouvait à l'époque romaine un monument à Jupiter, dont les vestiges sont conservés au musée de Cluny. Avec la chrétienté triomphante, il est juste et bon que le vieux temple ruiné soit remplacé par le plus beau des sanctuaires. Puisque la paix chrétienne a succédé à la paix romaine, le bâtiment nouveau doit s'ancrer sur les anciens remparts romains. Ce détournement des vieux murs sera le signe tangible, visible, solide, du pouvoir militaire romain supplanté par un pouvoir spirituel plus puissant encore.

C'est ainsi que s'élève la basilique Saint-Étienne, un monument imposant : cinq nefs, soixante-dix mètres de long, trente-six de large, la plus grande église du royaume. Les curieux en trouveront le dessin sur le parvis de Notre-Dame. Quant aux fondations du mur sud, appuyées sur les murailles romaines, on les trouve dans la crypte archéologique du parvis de Notre-Dame.

À l'époque, une cathédrale n'est jamais conçue comme un édifice isolé ; elle forme au contraire une réunion de plusieurs lieux de culte. On adjoint donc à Saint-Étienne un baptistère, placé très logiquement sous l'invocation de saint Jean-Baptiste, et une église Notre-Dame, déjà ! Ce groupe épiscopal constitue le siège imposant de l'évêque Germain. À en croire ses ouailles, le prélat n'a de cesse de puiser dans la cassette royale pour faire la charité ; il enlève même quelquefois le pain de la bouche de ses moines pour le donner à quelque malheureux de passage. Les frères enragent, mais n'osent rien dire à un saint capable de miracles. Car, murmure-t-on, Germain guérit les malades et les infirmes, délivre les possédés, ressuscite des morts…

Le 13 décembre 558 s'annonce comme un grand moment pour Paris, sa population, son clergé. Ce jour-là doit être celui de la dédicace solennelle de la basilique Saint-Vincent-Sainte-Croix, sur la rive gauche, enfin achevée après plus de dix ans de travaux.

Tout est prêt pour cet événement d'importance, qui doit réunir la fine fleur de la hiérarchie catholique et la crème de la noblesse royale. Childebert est attendu, c'est son heure de gloire, celle où l'on va célébrer tout à la fois ses expéditions militaires, sa fidélité religieuse et sa parfaite administration.

Germain est là, entouré de six autres évêques recrutés pour l'occasion. Et l'on attend le roi… On attend le roi, mais le roi ne viendra pas. Le roi est mort. Brusquement, d'un seul coup, il a choisi de s'éteindre à l'instant même de son triomphe en sa ville. Triste destin, mais gloire dans l'immortalité.

Comment Notre-Dame remplaça-t-elle Saint-Étienne ?

En 1160, Maurice de Sully, évêque de Paris, décida la construction d'une unique cathédrale, plus grande et plus belle que Saint-Étienne et l'ancienne Notre-Dame réunies. Saint-Étienne faisait soixante-dix mètres de long, la nouvelle construction en fera plus de cent vingt.

Les travaux furent gigantesques et durèrent cent sept ans, d'où l'expression « attendre cent sept ans » (et d'où le numéro de cette page... joli hasard, non ?). On dit qu'un artisan parisien, nommé Biscornet, fut chargé d'habiller les vantaux des portes de ferronneries et autres serrures. Devant l'enjeu de la tâche, il invoqua le diable pour le soutenir, et l'esprit du Mal l'aida si bien qu'il fallut avoir recours à de l'eau bénite pour faire fonctionner les clés ! Mais le travail du métal avait été si particulier qu'aujourd'hui encore, paraît-il, les spécialistes n'expliquent pas la manière dont ont été ouvragées ces fameuses ferronneries encore visibles sur les portes de la façade principale. Hélas, Biscornet mourut peu de temps après l'accomplissement de son œuvre, et il emporta son secret dans la tombe.

En traversant les siècles, la cathédrale a été profondément remaniée, et c'est une chance qu'elle soit encore debout : les soubresauts de l'Histoire l'ont souvent menacée. Condamnée par les révolutionnaires, elle échappa de justesse à la démolition. Un peu plus tard, le sacre de Napoléon se fit à Notre-Dame, mais il se révéla nécessaire de tendre de nombreuses tapisseries sur les murs afin de dissimuler l'état déplorable de l'édifice.

En 1831, avec son roman *Notre-Dame de Paris*, Victor Hugo réveilla les consciences du gouvernement et de l'opinion publique. Désormais, tout le monde était d'accord : la cathédrale devait être sauvée ! L'architecte Eugène Viollet-le-Duc, spécialiste des reconstructions et des reconstitutions, se chargea de la restauration. Le chantier dura près de vingt ans et tenta, tant bien que mal, de rendre à l'édifice son aspect médiéval.

Il fallut notamment reconstituer la galerie des Rois, qui s'étend sur toute la façade au-dessus des trois portails. Vingt-huit statues de rois de Juda et d'Israël représentaient les ancêtres traditionnels du Christ, mais sous la Révolution on avait cru y voir les rois de France, et tout avait donc été mis à bas à coups de barres de fer. Pour redonner à l'ensemble son cachet d'origine, des statues voulues par Viollet-le-Duc ont pris place dans les niches vides. Bonne nouvelle : une partie des figures anciennes a été retrouvée en 1977 lors de travaux rue de la Chaussée-d'Antin. Les fragments sont exposés au musée de Cluny.

Que faire ? Germain est circonspect, les autres prélats hochent la tête. Faut-il renvoyer la cérémonie ? Se plonger dans le deuil ? Germain manifeste alors un sens aigu de la communication et de la symbolique : il décide de maintenir l'événement, mais de procéder en même temps, ce jour même, aux funérailles royales.

Toute la cour est réunie, la reine Ultrogothe, épouse

du défunt, et ses deux filles sont au premier rang, suivies des ministres, des intendants, des officiers. Les moines viennent ensuite et, dans le fond, se presse le petit peuple.

Cape rouge sur les épaules, Germain, entouré de ses prêtres et de ses diacres, appose l'huile sainte sur les douze piliers de la basilique, rappel des douze apôtres qui suivirent le Christ, puis il verse l'onction sur l'autel, lieu sacré de l'édifice, point de rencontre du Ciel et de la Terre.

Ensuite, d'une voix forte, l'évêque rappelle la prophétie de saint Jean :

— J'ai vu la sainte cité, la nouvelle Jérusalem, qui descendait des Cieux, parée comme une épouse ornée pour son époux ; et j'entendis une grande voix qui venait du trône et disait : c'est ici le tabernacle de Dieu. Que toujours résonne en cette demeure la Parole de Dieu, qu'elle vous révèle le Mystère du Christ et opère votre salut dans l'Église.

Gloria in excelsis Deo, Gloire à Dieu au plus haut des Cieux, chante l'assistance, et Germain bénit l'eau qui servira tout à l'heure à l'aspersion des présents, associant ainsi les fidèles au baptême mystique d'un lieu consacré.

Cette cérémonie terminée, on descend la dépouille de Childebert dans le caveau qui l'attend et que lui-même a naguère désigné.

À peine Childebert enterré, surgit le délicat problème de la succession : sa veuve la reine Ultrogothe n'a enfanté que des filles. Aucune loi n'empêcherait, en principe, le couronnement d'une dame, mais la question ne se pose même pas. Nul ne songe un instant possible de voir un royaume franc dominé par une donzelle ! Ce qu'il faut, au contraire, c'est un homme parfaitement robuste, apte à manier l'épée, prompt à courir sus à l'ennemi, un gars bien raboteux, qui ne craint pas de se jeter dans les batailles pour occire quelques Wisigoths.

Des quatre fils de Clovis, qui se sont partagé le royaume à la mort de leur père, il ne reste que Clotaire. Et c'est lui qui rafle la mise. Il parvient à réunir à sa couronne les États de ses frères défunts. Maintenant, il est le seul légataire de l'immense héritage de son père, c'est-à-dire toute la Gaule augmentée de la Thuringe au-delà du Rhin, de la Bourgogne et de quelques provinces du Midi. Et quelle est la première action de ce roi tout-puissant qui règne désormais sur une bonne part de l'Europe ? C'est de quitter sa résidence de Soissons – lui aussi s'était installé là – pour venir à Paris. Comme si le maître d'un tel empire ne pouvait gouverner que depuis les bords de la Seine ! Aucune préoccupation stratégique n'implique une telle décision, aucune règle, aucune tradition : c'est simplement que Paris déjà s'impose comme capitale d'un grand royaume qui prend forme.

Mais Clotaire n'est plus un jeune homme. Il a dépassé la soixantaine, il est usé par ses nombreuses campagnes militaires et ses six femmes épousées successivement ou concomitamment – le mariage n'est pas encore considéré par l'Église comme un sacrement, en conséquence il peut facilement être dissous, et la polygamie est une tradition bien ancrée dans les familles royales. Clotaire ne règne que trois ans et meurt en

561, stupéfait de constater que Dieu refuse d'offrir l'immortalité à un monarque aussi considérable que lui.

— Hélas ! Quel est donc ce roi du Ciel qui fait mourir ainsi les plus puissants rois de la Terre ? demande-t-il avant de fermer les yeux.

Pendant que le corps du monarque est transporté à Soissons, Chilpéric, le plus jeune des quatre fils du défunt, tente par un coup de force de dérober le royaume franc à son seul profit. Il s'approprie le trésor paternel et court au palais de la Cité distribuer des poignées de pièces d'or aux ministres et fonctionnaires. La Cour, éblouie par la générosité du jeune homme, n'hésite pas à le célébrer comme seul roi légitime.

Quand on connaît la mentalité tordue et la férocité effrénée des Mérovingiens, on imagine bien que les trois frères lésés ne vont pas rester les bras croisés à assister au triomphe de l'usurpateur ! Avec leurs troupes, ils marchent sur Paris et font rapidement déguerpir le souverain autoproclamé. Après quelques disputes et criailleries, les quatre frères tirent au sort la part de chacun… À Gontran échoit la Bourgogne et Orléans ; à Sigebert, l'Austrasie jusqu'au Rhin ; à Chilpéric, la Neustrie avec sa capitale Soissons. Caribert, lui, hérite de Paris avec tout l'ouest de la Gaule.

*
* *

Avec Caribert, Paris trouve un roi pacifique et mesuré, un ami des arts, un défenseur de la justice, aux mœurs quelque peu dissolues, certes, mais tout de même respecté de tous. En cette année 561, la capitale du royaume n'a pas beaucoup changé depuis deux siècles. Sur la rive gauche, un entrelacs de ruelles conduit au forum, aux thermes et aux arènes qui, désormais inutiles, se dégradent lentement avant de sombrer bientôt dans l'indifférence et l'oubli. En fait, ce qui change vraiment dans Paris, ce sont les nombreux églises, cathédrales, monastères, oratoires, sanctuaires qui sont élevés sur l'île de la Cité et sur les deux rives du fleuve. Il y en a partout. Certains lieux de culte sont érigés à la hâte, avec quelques planches de bois, mais la plupart dressent vers le ciel de la capitale leur orgueilleuse flèche de pierre. Et c'est encore sur l'île de la Cité que s'enracine, autour de Saint-Étienne, le palais de l'évêque, siège de l'autorité de l'Église. Paris se fait chrétien avec ostentation.

Il faut dire que les pieux bâtisseurs ont tout loisir de construire leurs églises et leur palais : sous l'autorité de Caribert, point de chevauchées victorieuses ni de complots retors. L'époque est à la quiétude. D'ailleurs, où le roi trouverait-il le temps de faire la guerre ? Il est entièrement occupé à lutiner le moindre jupon qui passe à sa portée ! Mais enfin, mieux vaut sans doute vivre sous le règne d'un monarque débauché que sous celui d'un maître belliqueux…

Cet attrait un peu trop marqué pour les petites femmes de Paris n'est cependant pas du goût du clergé. Les prélats réunis reprochent au roi, avec véhémence, ses concubines, et surtout son mariage avec la sœur d'une de ses épouses, ce qui est alors considéré comme un inceste par le droit canon. Lorsqu'une épidémie, qui vient ravager la population parisienne, démontre aux yeux de tous le courroux céleste, Germain, toujours évêque de Paris, lance sur la tête du roi la terrible malédiction de l'excommunication. Caribert apaise ses vertueux contempteurs en renonçant à son épouse. Le roi se marie alors avec une sainte femme qui fait l'unanimité. Cela dit, cette fureur d'épousailles n'est pas une tocade de coureur de jupons : Caribert n'a que des filles, aussi espère-t-il engendrer un garçon, un futur roi qui régnerait sur Paris.

Malheureusement, ces beaux efforts ne seront pas récompensés. Il rend à Dieu son âme dévoyée en 567 près de Bordeaux, au cours d'une visite à ses possessions méridionales.

Et ça recommence ! Ses trois frères, Chilpéric, Sigebert et Gontran, se disputent âprement l'héritage, pour finalement s'entendre sur un découpage à peu près équilibré. Mais demeure la question cruciale de Paris, que chacun prétend mériter mieux que les autres. Ah, Paris, la vraie capitale du royaume franc ! Celui qui possédera cette ville sera évidemment un peu plus roi que les autres. Aucun des frères ne veut céder, alors ils se concèdent une autorité commune sur l'agglomération : les revenus fiscaux seront partagés en trois, et nul d'entre les frères ne pourra entrer dans la ville sans le consentement des deux autres. Un triple serment solennel, prêté sur les reliques de saint Martin, saint Hilaire et saint Polyeucte, entérine cet accord. Alors, trois rois pour Paris ?

Pendant dix-sept ans, on ne sait pas exactement qui règne sur la ville, mais les habitants s'en portent bien. Car on s'étripe gaillardement en des luttes fratricides, mais ailleurs. Alors que Sigebert est occupé à repousser les Barbares de l'Est, Chilpéric en profite pour voler Reims à son frère absent. Rentré en ses États, Sigebert reprend sa ville et, en manière de rétorsion, dérobe à son tour Soissons. Une nouvelle irruption des Barbares rappelle Sigebert au-delà du Rhin, mais ce roi est fait prisonnier au cours de l'affrontement. Finalement, après versement d'une belle rançon, le prisonnier est libéré. Cet intermède a donné quelque espoir au perfide Chilpéric, qui reprend la guerre contre son frère. Encerclé à Tournai, Chilpéric va être vaincu. Son seul espoir réside dans une débandade des troupes ennemies… Pour obtenir ce prodige, il faut faire assassiner son frère Sigebert ! La mort du chef provoquera l'effroi dans les rangs de ses soldats. Le vaincu cherche dans la fourberie et le crime la victoire que le sort des armes lui refuse.

En ce mois de décembre 575, deux sbires surprennent donc Sigebert à Vitry-en-Artois et lui enfoncent dans la poitrine leur scramasaxe, petit sabre à la lame droite et trempé dans du poison, arme privilégiée des Mérovingiens et de leurs hommes de main.

— Voici ce que dit le Seigneur par la bouche de Salomon : celui qui aura creusé une fosse à son frère y tombera lui-même, gronde Germain.

Effectivement – mais près de dix ans plus tard –, Chilpéric meurt assassiné à son tour, poignardé après une partie de chasse par un inconnu qui parvient à s'enfuir.

Gontran, le frère survivant, devenu seul roi des Francs en 584, est un personnage comme l'époque les aime : onctueux et violent, cauteleux et brutal. Il est féru de religion, dévot à souhait, le peuple lui attribue des guérisons miraculeuses et les évêques l'appellent saint Gontran, ce qui est bien le comble de la flagornerie !

Mais enfin, il règne avec intelligence et, pour éviter de se faire éventrer par ses neveux, pour empêcher sa famille de s'exterminer, il convoque à Paris une assemblée des Grands. L'agressivité des siens, il la détourne subtilement sur un ennemi bien désigné : les Wisigoths. La guerre menée contre ce peuple qui règne sur le Languedoc se révèle vaine et sans succès, mais peu importe, elle préserve momentanément la dynastie mérovingienne des complots assassins.

Gontran meurt en 593 à l'âge de soixante-huit ans. Il s'éteint paisiblement dans son lit, ce qui n'est pas tellement courant dans la famille. Il ne laisse qu'une fille, qui s'empresse de se faire religieuse, et le royaume se trouve partagé entre le fils de Sigebert, Childebert II, roi d'Austrasie, à l'est, et le fils de Chilpéric, le jeune Clotaire II, âgé de neuf ans, roi de Neustrie, à l'ouest.

En 613, les meurtres et les maladies ont éclairci les rangs de la famille, aussi Clotaire II parvient-il à grouper sous sa seule autorité le royaume des Francs, mais c'est un royaume déchiré entre la Neustrie, l'Austrasie et la Bourgogne. Est-ce pour cela qu'il ne réside pas dans Paris et lui préfère son palais de Clichy, au nord-ouest de l'île de la Cité ?

N'empêche : c'est bien à Paris qu'il convoque un grand concile destiné à réorganiser le clergé et le royaume. En octobre 614, soixante-dix évêques et tout ce que le pays compte d'officiers et de nobles se réunissent autour du tombeau de Clovis en l'église Saint-Pierre-et-Saint-Paul. Clotaire II s'efforce de préserver son autorité royale et l'unité de ses États.

Après une semaine de débats, un édit est promulgué. Le concile reconnaît au clergé la justesse de ses décisions qui ont désormais, par la grâce royale, force de lois. Par ailleurs, le concile promet à la noblesse réparation des préjudices causés par des années de guerres et de querelles intestines. Ainsi se dessine une mise en ordre des affaires du royaume. En fait, avec habileté diplomatique, Clotaire II crée les conditions nécessaires à l'avènement d'un pouvoir royal solide et centralisé.

VIIᵉ siècle

D'une abbaye l'autre...

En s'arrêtant à la station Saint-Germain-des-Prés, le promeneur pense à l'existentialisme, aux caves de jazz, aux écrivains attablés près du poêle des Deux-Magots, aux amants du Flore dont les ombres, jamais, n'ont déserté les lieux... Illusion, car Jean-Paul Sartre, Simone de Beauvoir, tout comme Boris Vian, Jacques Prévert et les autres ont disparu depuis longtemps. Dans sa quête, le badaud ne trouve qu'une plaque dérisoire fixée sur un piquet en bord de trottoir : « Place Sartre-Beauvoir »... Touchante attention de la municipalité parisienne. Nos édiles ont cru devoir faire un clin d'œil au touriste nostalgique en attribuant cette double appellation au carrefour bruyant et encombré qui voit la rue de Rennes se jeter dans le boulevard Saint-Germain.

Les pierres du clocher roman de l'église ont plus de mille ans, ses bases visibles dans la chapelle Saint-Symphorien datent même de sa création mérovingienne, il y a près de mille cinq cents ans ! Ce clocher est vraiment le doyen de Paris qui se dresse au-dessus du quartier pour constater, un peu dépité sans doute, que les boutiques de fringues haut de gamme ont remplacé les librairies où les étudiants venaient naguère chercher leur pitance intellectuelle.

Longez l'église par la droite et suivez-moi sur le boulevard... Comment ne pas être saisi par le côté abrupt de l'arête du mur d'angle ? Une main sacrilège semble avoir coupé net l'ensemble plus vaste que formaient les bâtiments attenants de l'ancienne abbaye. Effectivement, sous le second Empire, la hache du baron Haussmann (toujours lui !) a tranché ici pour créer le boulevard Saint-Germain.

Les travaux ont permis à l'archéologue Théodore Vacquer d'effectuer des fouilles aux abords des nouveaux chantiers et de retrouver à cet endroit la plus importante et la plus riche collection d'objets mérovingiens, tous conservés à présent au musée Carnavalet.

En avançant encore, on découvre une belle particularité Renaissance : la porte sud, qui a été ouverte à la fin du XVIe siècle. On a également une vue sur ce qui correspond aux trois anciens clochers, dont un seul a survécu aux déprédations révolutionnaires. Il a fallu raser les deux autres, trop dégradés. En effet, à la Révolution, l'église était devenue un dépôt de salpêtre ; or cette substance, destinée à confectionner de la poudre à canon, fait cloquer les vieux murs humides... En introduisant dans les lieux de culte ce produit qui rongeait les vieilles pierres, les sans-culottes firent intentionnellement pourrir de l'intérieur le fondement des édifices religieux. Un miracle que l'église Saint-Germain-des-Prés soit encore debout !

Tout ici et dans les rues avoisinantes évoque l'histoire de l'abbaye Saint-Germain-des-Prés, nommée ainsi pour la distinguer de Saint-Germain-l'Auxerrois et parce qu'elle était entourée d'immenses champs dont elle était propriétaire : elle possédait tous les VIe et VIIe arrondissements actuels !

Les bénédictins étaient les maîtres de territoires prospères : des cultures diverses, essentiellement des vignes, leur rapportaient un revenu confortable, ce qui ne les empêchait pas de faire payer un droit de pêche dans le bras mort de la Seine qu'ils avaient détourné à leur profit pour avoir de l'eau en abondance. Les actuelles rues Gozlin et Bonaparte étaient noyées jusqu'au XVIIe siècle !

Un bourg se développa peu à peu autour de l'abbaye, au point que les habitants réclamèrent leur propre paroisse : ce fut l'église Saint-Pierre située dans l'actuelle rue des Saints-Pères (par déformation de Saint-Pierre). On peut facilement délimiter le village d'alors : il allait du boulevard Saint-Michel jusqu'à la rue des Saints-Pères, et de la rue Saint-Sulpice jusqu'à la Seine.

Les moines de Saint-Germain-des-Prés furent-ils troublés dans leurs méditations par la turbulente présence des étudiants qui, du Quartier latin, venaient se balader un peu partout sur leurs terres ? Ils étaient nombreux, particulièrement lors de la foire Saint-Germain qui se tenait à Pâques autour de l'abbaye. En réalité, les bénédictins supportaient plutôt bien ces désagréments, car ils en tiraient un beau bénéfice, assommant de taxes les marchands et leurs clients. Site de commerce et de promenade, cette foire attirait riches et pauvres, grands et petits qui pouvaient y découvrir des comédiens, des bateleurs, des animaux… On y jouait aussi à des jeux d'argent : Henri IV perdit ici près de trois mille écus !

Bagarres, altercations, larcins représentaient le quotidien de cette grande manifestation, jusqu'au jour où, à la fin du XIIIe siècle, les étudiants provoquèrent un tel charivari que, pour préserver la paix publique, le roi Philippe le Bel s'appropria la foire. Et ce fut une parcelle de moins pour les abbés, sans compter le manque à gagner ! Cette foire et ses bénéfices, les bénédictins ne les récupéreront que deux siècles plus tard, pour en profiter jusqu'en 1762… Cette année-là, une nuit de mars, un incendie ravagea les bicoques. Tout fut reconstruit, mais cette foire nouvelle n'avait plus le même goût. Elle ne retrouva jamais son affluence et fut supprimée à la Révolution.

L'endroit fut alors racheté par la ville de Paris, qui en fit l'actuel Marché Saint-Germain. À première vue, il ne reste à cet endroit que des bâtiments assez communs de la fin du XIXe siècle, mais quand on cherche bien, on peut encore voir des vestiges d'antan. Dans les petites rues en pente, on remarque les préaux de la rue Mabillon et les pavés de l'ancienne foire en contrebas. On peut même emprunter l'escalier de pierre pour se retrouver au niveau ancien de la rue et fouler ce petit pavé bosselé qui résonne encore des cris des forains hâbleurs et des étudiants bagarreurs…

On peut aussi faire le tour de l'enclos Saint-Germain. Il s'étendait sur quatre rues dont le tracé subsiste : la rue de l'Échaudé à l'est, la rue Gozlin au sud, la rue Saint-Benoît à l'ouest et la rue Jacob au nord.

La première de ces petites artères est curieuse. Vestige médiéval, le pavage de la rue de l'Échaudé se creuse en une rigole centrale destinée à évacuer les saletés que les gens à l'époque jetaient par les fenêtres. Côté voirie, on a trouvé mieux depuis, mais la forme de la ruelle est bien jolie ! Le plus étonnant, c'est l'impression persistante que chacun des pans de constructions n'appartient pas à la même rue, comme s'il manquait un mur imaginaire qui séparerait les styles et les époques d'un trottoir à l'autre... Eh bien, il y avait en effet ici une séparation, c'était la muraille de l'abbaye !

Au moment de la guerre de Cent Ans, un espace en forme de triangle était coincé entre le mur de Philippe Auguste, à quelques mètres des rues de l'Odéon et Dauphine, et l'enceinte de l'abbaye. Cette étendue constituait une zone inconstructible, la moindre bâtisse à cet emplacement aurait pu aider l'assaillant éventuel à franchir la muraille de l'abbaye... Quand le danger s'éloigna, cette protection de pierre perdit de son importance et des édifices ont timidement pointé le bout de leur nez, s'adaptant à l'angle aigu laissé libre. Si vous trouvez que la rue de l'Échaudé a le museau pointu, vous savez désormais pourquoi !

Mais qui est échaudé ?

Cet échaudé de la rue de l'Échaudé n'a rien à voir avec le chat qui « craint l'eau froide »... Spécialité pâtissière que les Aveyronnais connaissent encore aujourd'hui, l'échaudé est un gâteau de forme conique dont la pâte a été ébouillantée, autrement dit échaudée. C'est en raison de la forme triangulaire de ses maisons que la rue, anciennement « chemin sur les fossés de l'Abbaye », a pris le nom de cette friandise dont la recette remonte au Moyen Âge.

Au bout de la rue de l'Échaudé, à l'angle de la rue de l'Abbaye, une très vieille maison vous attend depuis six cents ans, elle est caractéristique des constructions du xve siècle, moins larges à la base qu'au premier étage, pour laisser passer les attelages. Cette bâtisse était celle du bailli, l'officier qui décidait du sort des prisonniers détenus par l'abbaye. Pas de comptes à rendre au roi ni à la ville : jusqu'à Louis XIV, Saint-Germain-des-Prés – véritable État dans la cité – possédait son prévôt pour rendre la justice, son tribunal et sa prison. Aujourd'hui, à droite de l'église sur le boulevard Saint-Germain, la statue de bronze de Denis Diderot, hôte jadis de la forteresse de Vincennes, veille sur l'emplacement de l'ancienne geôle.

L'abbaye possédait aussi un abbé en chef, un cardinal dont le palais de la fin du xvie siècle, situé aux 3 et 5, rue de l'Abbaye, a longtemps été considéré comme l'une des plus belles résidences de Paris. Il reste tel un témoin de l'architecture Renaissance et un souvenir de l'opulence religieuse.

Autres vestiges aux 6, 8 et 10 de la même rue, toujours au cœur de l'ancien enclos Saint-Germain-des-Prés : les restes de la chapelle de la Vierge et des communs, les bâtiments où les moines menaient leur vie quotidienne. Même fragmentés, épars, abîmés, ces débris disent la splendeur d'une époque – le XIIIe siècle – où la ferveur animait des hommes venus de régions reculées pour trouver à Paris l'émulation intellectuelle, le goût de l'étude et du dépassement de soi, autant de notions propres aux bénédictins. L'architecte de la Sainte-Chapelle lui-même, Pierre de Montreuil, dessina la dentelle de pierre de la chapelle de la Vierge. Quelques fragments sont exposés dans le petit square nord de l'église : embrasures d'ouvertures en ogives ornées de rosaces fines qu'on croirait venues de Notre-Dame, pierres tombales, restes de puits… Le grand maître bâtisseur est enterré ici depuis 1264, enseveli sous les décombres de son œuvre dont on peut voir des pierres de fondation dans les murs intérieurs des boutiques de la rue de l'Abbaye. Amalgamés à la vie actuelle, ces vestiges nous observent du fond des siècles. Et si les pierres ne parlent pas, elles disent les sensations, les couleurs, les lumières, les atmosphères… pour celui qui veut bien voir et entendre.

Vous voulez tendre l'oreille, ouvrir les yeux et laisser battre votre cœur ? Entrez au 14-16, rue de l'Abbaye, vous ne le regretterez pas… Cet immeuble plutôt moderne permet de voir apparaître tout un pan du passé abbatial. Une fois le battant de la porte cochère refermé, dans le silence et le recueillement qui convient à un tel lieu, vous découvrez à droite un reste du dortoir des moines. Sur le mur mitoyen séparant le réfectoire de la maison des hôtes de l'abbaye, les moulages de pierre rappellent des vitraux. Si vous levez la tête pour les admirer, votre regard redonnera vie aux vestiges de l'édifice à moitié enclavé dans le mur. Imaginez les moines allant et venant sous les voûtes en plein cintre dont la hauteur majestueuse était telle qu'elles n'ont pu être touchées par les dégradations révolutionnaires ! On se trouve ici devant un parfait exemple de l'assimilation moderne d'un vestige médiéval, puisque l'ensemble, dans la pureté crayeuse de la pierre rénovée, savamment éclairée par les ouvertures naturelles et des spots blancs, donne une impression de composition fantaisiste se jouant du temps et des styles.

Du 16, rue de l'Abbaye, regardez vers la droite. Voyez-vous l'ange au-dessus du bâtiment qui fait face à l'église ? Derrière lui, une tour ronde, accessible par le 15, rue Saint-Benoît. Cette tour est le dernier vestige de la muraille de l'abbaye construite au XIVe siècle, avant la guerre de Cent Ans.

Mais au VIIe siècle, tout ce quartier n'est encore qu'en gestation…

*
* *

Pour Paris, le pouvoir centralisé imaginé par Clotaire II se traduit par les incessantes allées et venues de personnages importants surgis de toutes les régions. Le roi, désormais, se déplace moins souvent, n'envoie que de rares émissaires à travers ses États, mais reçoit au palais de la Cité les fils de la noblesse et les membres du clergé venus le solliciter ou lui apporter des échos de ses lointaines provinces. Peu à peu, il délaisse sa villa de Clichy pour être plus présent à Paris, centre des décisions.

Dès cette époque, on « monte » à Paris, comme dans la Bible le peuple croyant « montait » à Jérusalem. D'ailleurs, la population parisienne s'estime bien supérieure à celle des autres villes du royaume : n'a-t-elle pas l'habitude, elle, de croiser sur le sol boueux des rues le roi Clotaire, la reine Bertrude et leur fils le prince Dagobert ? Cette proximité avec la grandeur royale grandit un peu tous les habitants de la ville, ou du moins ceux-ci le pensent-ils et le font-ils croire !

D'ailleurs, d'autres régions se montrent envieuses et veulent aussi un roi à demeure. Il faut céder, et Clotaire envoie son fils Dagobert en Austrasie. Le jeune homme de vingt-trois ans connaît les affaires de l'État puisqu'il joue un rôle de conseiller efficace auprès de son père depuis plusieurs années. Mais maintenant tout change pour lui : il lui faut quitter Paris et gagner Metz, sa petite capitale, pour administrer les terres de l'Est. Durant sept ans, Dagobert occupe ainsi la fonction de roi en second, jusqu'à la mort de son père, qui s'éteint à l'âge de quarante-cinq ans, en octobre 629. Dès l'annonce de cette disparition, Dagobert quitte Metz pour venir assister aux funérailles royales en la basilique Saint-Vincent-Sainte-Croix, où reposent déjà le roi Childebert, arrière-grand-oncle du défunt, ainsi que le roi Chilpéric, son père.

Sous le chœur de l'église, on a retrouvé de nombreux gisants gothiques de rois du XIIᵉ siècle. Celui de Childebert, mis au jour en superbe état, le plus ancien gisant conservé en France, a été déposé à Saint-Denis.

Dagobert ne retournera pas en Austrasie. Il s'installe au palais de la Cité, et c'est tout naturellement lui qui ceint la couronne franque. Une couronne un peu rognée… car Dagobert a un demi-frère nommé Caribert II, un garçon légèrement débile, mais ce handicap n'empêche pas la maisonnée mérovingienne d'être, une fois de plus, divisée sur la succession. Brodulf, oncle maternel de Caribert, personnage retors et ambitieux, exige pour son cher neveu la moitié de l'héritage. D'ailleurs, prétend-il, c'est exactement ce que voulait le défunt Clotaire ! Tout le monde a un peu de peine à croire que le roi disparu souhaitait céder une partie de son royaume au simplet de la famille, alors Brodulf produit des témoignages. D'anciens conseillers sont censés avoir entendu leur maître tenir naguère des propos édifiants. Interrogés, ils bafouillent et se récusent. Au fond, non, ils ne savent rien, n'ont recueilli aucune confidence, ignorent tout des intentions réelles du trépassé.

Son ignominie démasquée, Brodulf s'enfuit en Bourgogne, sur les bords de la Saône, où son épouse mobilise quelques alliés. Les débats sur l'héritage de Clotaire vont-ils s'éterniser ? Non, car le bon roi Dagobert fait assassiner le méchant Brodulf, ce qui met immédiatement un terme aux audacieuses revendications.

Mais enfin Caribert est de sang royal, il faut bien lui donner un lot de consolation. On lui concède le royaume d'Aquitaine, avec Toulouse pour capitale. Un titre de roi fictif, en fait, car le chétif Caribert se soumet entièrement à son frère. Et puis, au bout de trois ans, il meurt sagement. Il s'efface des belles pages de l'Histoire, mais laisse un fils, on n'en sort pas. Ce bébé pourrait, un jour, réclamer sa part du royaume… Gouverner, c'est prévoir, dit l'adage. Au nom de l'unité du royaume franc, le nourrisson est promptement étouffé dans ses polochons. Voilà cette affaire réglée. Dagobert n'est pas du genre à se laisser ennuyer par un bambin !

Désormais, Dagobert règne en maître absolu. Le palais de la Cité devient plus encore le centre du pouvoir. De Metz, Limoges, Rouen, Lyon ou Bordeaux, les nobles envoient certains de leurs enfants, garçons et filles, humer l'air de la cour parisienne. Ceux-ci viennent à Paris comme on va aujourd'hui en stage à New York ou à Londres : pour apprendre et se créer d'utiles relations. Où ailleurs peut-on se lier avec des jeunes gens venus de Neustrie, d'Austrasie, de Bourgogne ? Où ailleurs peut-on rencontrer de jeunes étrangers venus s'imprégner des bonnes manières de la capitale franque ? Ainsi, le roi Edwin, souverain de Northumbrie (au nord-est de l'Angleterre), fait éduquer ses deux fils à Paris, certain que ses héritiers trouveront auprès du roi Dagobert le modèle qui en fera des monarques puissants et respectés.

À Paris, les nobles provinciaux s'initient à toutes les disciplines indispensables. Un garçon bien né doit connaître le maniement des armes, la rhétorique et le droit. On prépare les jeunes nobles à devenir à la fois de bons soldats et de parfaits fonctionnaires.

Ici se nouent également des aventures sentimentales. Passades sans lendemain ou promesses échangées pour la vie, on franchit allégrement le pas qui va du plaisir d'une nuit à l'engagement définitif. Des jeunes filles et des jeunes gens découvrent l'amour sur l'île de la Cité, et l'on voit des couples se former, réalisant ainsi

l'improbable : l'union de familles de régions différentes, parfois en conflit, et qui trouvent soudain
l'avantage de la concorde pour s'élever en puissance
auprès du roi. Car on veut bien étudier, on veut bien
manier l'épée, on veut bien se marier s'il le faut, mais
seulement sur fond d'intrigues et d'intérêts. Les
familles veillent en effet sur leurs rejetons et comptent
bien tirer un bénéfice substantiel de leur fidélité à la
Cour. Ces avantages escomptés peuvent se manifester
en influence, en terres, en pièces d'or, en titres... Un
certain Siagrius quitte Paris avec le titre de comte, un
Radulf est envoyé comme duc dans des régions fron-
talières du Nord, un Desiderius noue les complicités
indispensables pour se faire nommer évêque de
Cahors...

Sensible aux symboles, Dagobert fait installer un
trône dans la grande salle du palais, un siège ciselé par
Eligius, son orfèvre personnel et son homme de
confiance. Confiance si grande d'ailleurs que cet Eligius deviendra argentier du royaume, puis évêque, et
sera même canonisé pour entrer finalement dans l'histoire sous le nom de saint Éloi.

Pour l'heure, le futur saint n'est encore qu'un artisan
soucieux de ciseler au mieux le trône du nouveau roi.
Un siège qui n'est peut-être pas très confortable avec
ses rudimentaires lanières de cuir en assise, mais dont
la structure étincelante de bronze doré est faite pour
impressionner, avec ses empattements qui montent vers
les accoudoirs, s'élargissent et se métamorphosent en
têtes de panthères à la gueule ouverte. Le trône de
Dagobert est aujourd'hui conservé au Cabinet des
médailles de la Bibliothèque nationale.

Pourquoi Dagobert a-t-il mis sa culotte à l'envers ?

Dans la chanson, le bon saint Éloi fait remarquer au bon roi Dagobert qu'il a mis sa culotte à l'envers… Anachronisme, car la culotte, cette sorte de short un peu bouffant s'arrêtant aux genoux, sera créée par des modélistes inspirés près de mille ans plus tard. La Révolution, qui se moquait bien de la vérité historique, a produit cette rengaine pour railler tous les rois et tous les saints. Les insurgés ridiculisaient-ils simplement la distraction royale ou, dans une interprétation plus égrillarde, ironisaient-ils sur les amours supposées entre le roi Dagobert et saint Éloi ? Des amours à l'envers, comme la culotte… Enfin, comme Sa Majesté s'empressait de « la remettre à l'endroit », la morale était sauve !

Pour marquer son pouvoir absolu, Dagobert a besoin de ces signes. Mais cela ne lui suffit pas : il lui faut aussi inscrire sa munificence dans la pierre. Paris possède déjà son abbaye, alors c'est vers Saint-Denis qu'il tourne son regard. Ce sera la grande œuvre de sa vie !

Profondément croyant et fortement superstitieux, Dagobert est persuadé que, du haut des Cieux, saint Denis veille sur lui. Il le sent, il le sait car, venu jadis sur le sépulcre du saint décapité, il a vu Denis en songe… Et la vision lui a promis sa protection, à la condition toutefois que, devenu roi, Dagobert lui offre la plus somptueuse des tombes.

L'église Saint-Denis avait été fondée autrefois par

sainte Geneviève, on s'en souvient, mais un siècle et demi plus tard les lieux se sont bien dégradés. Ce n'est qu'un petit sanctuaire décrépit perdu au nord de Paris, et qui n'attire plus grand nombre de pèlerins. Une dizaine d'années plus tôt, un monastère bénédictin est venu jouxter le lieu de culte, et un modeste hameau a pris forme tout autour, habité par quelques paysans et artisans qui survivent en servant la communauté des moines. Mais enfin, tout cela respire un peu trop la misère et le laisser-aller. Dagobert est bien décidé à satisfaire le saint et à embellir son tombeau.

Il faut à saint Denis un mausolée aussi grand et beau que sa légende : une basilique remplace bientôt la vétuste petite église. Éloi, l'orfèvre-ministre, reçoit l'ordre de concevoir une châsse propre à rendre au saint l'hommage qui lui est dû. Éloi obéit : il fabrique une œuvre superbe d'or et de pierres précieuses avec balustrades couvertes de dorures, portes en argent et toit de marbre. Les mânes de Denis peuvent être satisfaits : la dépouille repose enfin dans une sépulture digne d'un saint thaumaturge ! Mais le ministre va plus loin et dépasse le vœu royal : pour recevoir les dons des fidèles, il confectionne un tronc en argent ; pour exalter la foi des croyants, il cisèle une immense croix en or piquetée de grenats et de pierres fines.

Dagobert pense aussi au salut spirituel des dames. Sur l'île de la Cité, il crée un monastère féminin placé hors de la juridiction de l'évêque de Paris. Aure, la première abbesse, reçoit la règle des mains d'Éloi... ce sera donc le monastère Saint-Éloi ! Et bientôt trois cents moniales virevoltent entre ces murs. On construit pour elles deux églises : l'une dédiée à saint Martial, où elles vont chanter l'office, l'autre consacrée à saint Paul, où elles sont enterrées quand vient l'heure. Notons, pour la petite histoire – celle qui aime regarder par le trou de la serrure –, que les religieuses, affriolées par la garnison militaire chargée d'assurer la sécurité du palais royal tout proche, se laisseront si bien séduire par les beaux soldats que la communauté sera finalement dissoute sur ordre du pape... mais cinq siècles plus tard seulement ! Ce qui permettra à quelques générations de bonnes sœurs de faire fraterniser d'une manière bien particulière le sabre et le goupillon.

Et puis, Dagobert couvre de ses bienfaits l'abbaye Saint-Vincent-Sainte-Croix. Bien sûr, la pieuse générosité du bon roi pour les abbayes et les couvents n'est pas tout à fait dénuée d'arrière-pensées politiques. Le monarque sait parfaitement le bénéfice qu'il peut tirer du prestige des martyrs et des saints. La religion n'est-elle pas la garante de l'unité du royaume ? Ni la langue, ni l'ambition nationale, ni la cohésion des peuples ne suffisent à rapprocher les parties éparses des États de Dagobert. Le catholicisme, son cortège de saints, ses accumulations de reliques, ses opulentes églises et ses puissantes abbayes sont les seuls éléments susceptibles d'unifier en une même extase spirituelle les divers morceaux du royaume franc.

Pourtant, le roi a besoin, parfois, de marquer son autorité et de collecter quelques fonds. Dans ce cas, il n'hésite pas à malmener certains ordres religieux. Les richesses arrogantes de ces institutions agacent le pouvoir, car le palais a constamment besoin de garnir sa cassette pour aménager Paris dont la population ne cesse d'augmenter, mais aussi pour faire la guerre contre les Gascons et les Bretons, qui réclament leur indépendance, ou contre les Slaves, qui menacent les frontières. Alors, pour récupérer de belles poignées de sous d'or, Dagobert confisque au profit de l'État des terres que l'Église s'était arrogées. Les moines vont-ils entrer en dissidence ? Non, car le roi joue avec habileté : il reçoit les prélats et fait intervenir son fidèle Desiderius, évêque de Cahors.

— Quand on a eu l'honneur de travailler directement sous les ordres de Votre Sublimité, déclare celui-ci, on sait qu'elle est incapable de brimer l'Église et que seuls son goût de la justice et son appréciation de la nécessité peuvent la conduire à prendre de telles décisions.

Après cette déclaration épiscopale, le roi précise hautement qu'il ne s'agit pas d'enrichissement personnel, mais de soutenir la politique de sécurité et d'unification du royaume. Que répondre à cette volonté inébranlable ? Les évêques s'inclinent et se laissent déplumer sans trop récriminer.

À la fin de l'année 638, Dagobert qui n'a que trente-cinq ans ressemble à un vieillard. Ses pantalons bouffants et la toge dans laquelle il se drape ne dissimulent pas la vérité : le roi a terriblement maigri. De plus, sa barbe châtain a viré au gris, et sa belle chevelure n'est plus qu'une terne tignasse. Ses crises d'inflammation de l'intestin sont de plus en plus fréquentes, et il souffre d'hémorroïdes qui lui valent des hémorragies anales. Les médecins croient bon de pratiquer des saignées aux bras, mais elles ne sont d'aucun secours et ne font qu'affaiblir le malade.

Au mois d'octobre, Dagobert demande à se rendre à Saint-Denis. Supportera-t-il le voyage ? Il faut éviter au roi d'être trop secoué, aussi est-ce dans un char tiré par deux bœufs, qui avancent à petits pas, que le souverain rejoint sa chère abbaye. Après quelques prières, Dagobert se fait ramener dans sa villa d'Épinay, à l'endroit même où il est né. Il ne se trouve ainsi pas trop loin de Saint-Denis, où il a décidé de se faire inhumer. Oh, il a bien hésité : trois ans auparavant, dans un premier testament, il demandait à reposer à Paris, en l'église Saint-Vincent-Sainte-Croix, auprès de son père. Il a finalement modifié ses dispositions et veut maintenant gésir auprès de la tombe du saint martyr.

À Épinay, Dagobert règle encore les affaires du royaume. Mais quand on veut lui amener son fils Clovis (le futur Clovis II), qui n'a que quatre ans, le père se récrie :

— La vue d'un moribond n'est pas un spectacle pour un enfant, et je préfère qu'il garde de moi une belle image.

Le 19 janvier au matin, on découvre le roi mort dans son lit. L'abbé de Saint-Denis organise de somptueuses funérailles. On le lui reproche, car Dagobert a connu une vie privée dissolue : trois femmes, Gomatrude, Nanthilde et Wulfégonde, deux concubines connues, Ragnetrude et Berchilde, sans compter les aventures innombrables avec les servantes, les esclaves et les belles dames du palais… L'abbé fait la sourde oreille, il ne peut faire moins que d'enterrer avec faste l'homme à qui l'abbaye doit son existence et sa richesse.

À Épinay, les porteurs de sel font bouillir la dépouille et la salent fortement, rudimentaire méthode d'embaumement. Puis, suivant le droit de leur corporation, ils soulèvent le corps du roi et le transportent de son lit de mort jusqu'à sa tombe, à Saint-Denis. Dans l'église de l'abbaye sont réunis les Grands venus de toutes les régions du royaume… Arrive le palanquin sur lequel repose le roi. Le défunt est étendu, vêtu du manteau rouge de la royauté, les mains jointes dans une pieuse attitude.

Que lit-on sur la tombe de Dagobert ?

Au XIIIᵉ siècle, les moines de Saint-Denis voulurent rendre hommage au roi Dagobert en réalisant, pour sa dépouille, un tombeau exceptionnel. Mais la sulfureuse réputation du bon roi les fit trembler. Ils imaginèrent donc une sculpture un peu ambiguë et qui se lit dans la pierre comme une bande dessinée… L'âme du roi, figurée en enfant nu et couronné, est emportée en enfer par les griffes des démons. Heureusement saint Denis, saint Martin et saint Maurice délivrent cette âme, la présentent au Ciel et lui permettent d'accéder au paradis. Le message est clair : Dagobert aurait mérité l'enfer, mais l'intercession des saints lui a miraculeusement ouvert les portes de la bienheureuse éternité. Ce tombeau très particulier est encore visible à Saint-Denis, près du maître-autel.

Après la mort de Dagobert, le royaume franc est de nouveau divisé, partagé entre les deux enfants royaux : Sigebert III, dix ans, qui reçoit l'Austrasie, à l'est, et Clovis II, quatre ans, qui hérite de la Neustrie, au nord, et de la Bourgogne. Dès ce moment, et pour longtemps, le pouvoir réel est détenu par les maires du palais, qui émergent comme des super-Premiers ministres décidant de tout.

Clovis II va d'ailleurs déserter Paris et s'établir dans sa villa de Clichy. Le palais de la Cité se transforme en coquille vide, que l'on ranime à l'occasion, quand il faut recevoir un ambassadeur ou réunir une grande assemblée. Ce pauvre Clovis prend alors place sur le trône, couronne posée sur sa longue chevelure, comme un vrai Mérovingien. Ce grand benêt au visage empâté, qui porte un nom bien trop lourd pour lui, suit les événements sans mot dire et en ouvrant de grands yeux naïfs.

Et quand il entre dans sa capitale, les Parisiens sont bien étonnés : il ne traverse pas la ville à cheval, comme l'ont fait tous les souverains jusqu'ici : non, il se fait transporter dans une voiture tirée par quatre bœufs. En fait, le jeune roi, constamment malade, n'a pas la force de dominer une monture, alors il se résout à se faire traîner ainsi. Dans la population, on ricane, et les Parisiens, goguenards, ont tôt fait de lui trouver un surnom taillé sur mesure : le roi fainéant ! Un sobriquet qui lui collera à la peau et à celle de tous ses descendants.

Une fois pourtant, Clovis II fait montre d'une volonté royale : alors que la famine décime Paris, il décide de reprendre à l'abbaye de Saint-Denis une vaisselle d'argent que le roi son père avait, jadis, offerte aux moines. Il vend ce trésor et peut ainsi acheter du blé qu'il fait livrer à la ville. L'abbé de Saint-Denis en est scandalisé ! Pour lui, il y a péché à retirer des richesses à l'abbaye…

D'ailleurs, le roi semble en vouloir un peu à Saint-Denis. Un jour, décidant qu'il fallait pour son oratoire personnel de Clichy une sainte relique capable de le protéger des tentations du diable, il se rend à Saint-Denis, fait froidement ouvrir le tombeau du saint et, vlan ! d'un coup d'épée, tranche un bras du martyr. Puis s'en va, guilleret, avec son bras sous le bras.

Quelques mois plus tard, âgé de vingt-deux ans, Clovis II succombe après une mystérieuse langueur, et les moines de Saint-Denis, qui tiennent à récupérer le bras de leur saint, font savoir que, si le roi est mort fou et tellement jeune, c'est par châtiment de son terrible sacrilège... Le bras retrouve aussitôt la crypte de l'abbaye, et Clovis II peut être inhumé près de son père.

En cette seconde moitié du VIIe siècle, Saint-Denis voit ainsi son influence croître au point de devenir un concurrent de plus en plus sérieux pour Saint-Germain-des-Prés, qui reste la nécropole privilégiée des rois mérovingiens...

VIIIe siècle

BASILIQUE DE SAINT-DENIS

L'ultime faste des rois

Parfois, le métro prend des chemins de traverse. Il permet alors de s'éloigner du cœur de Paris et nous incite à tenter une incursion hors des limites de la ville, dans sa banlieue, nouveau faubourg, Paris de demain. Le projet du Grand Paris est en marche ; avec le métro, il est déjà concrétisé. C'est d'ailleurs dans le « neuf-trois » tout proche que se dresse un des piliers majeurs de l'histoire de France et donc de Paris : le Stade de France, avec les quatre-vingt mille supporters – dont moi – qui s'y sont déchaînés quand l'équipe de France a remporté la Coupe du monde de football en 1998.

Plus sérieusement, le vrai pilier de notre histoire se trouve un peu plus loin, dans la ville : c'est la basilique, qui était au cœur même de l'abbaye. Quand on approche de l'église, le style gothique de la façade peut paraître un peu massif, un peu lourd, presque de style roman : c'est tout simplement parce que vous avez devant vous la première église gothique de France, construite en 1136. Fortement restaurée au XIXe siècle, elle conserve néanmoins l'aspect voulu par son créateur, l'abbé Suger.

À l'intérieur, en revanche, c'est un enchantement, les colonnades se font aériennes et se dressent vers les voûtes avec une élégante légèreté. Les vitraux jettent des rais d'une lumière chatoyante qui vient jouer avec les formes et les habiller. Ici, le gothique prend de la hauteur, c'est sa phase rayonnante du XIIIe siècle. Là encore Saint-Denis est pionnière, l'appellation « rayonnante » étant due aux rosaces qui ornent le transept.

Dans une pénombre à peine trouée par cette lueur diffuse, l'histoire de France nous attend. Ils sont tous là, ou presque, nos anciens rois. Bien sûr, les restes mortels des souverains ont disparu depuis longtemps, mais nous avons sous les yeux les mausolées construits par les hommes pour célébrer, à travers les siècles, la grandeur de la monarchie. Comment ne pas être saisi par ce champ éperdu de gisants, par ces siècles de royauté immortalisés dans le calcaire ou le marbre ? On les voit, on leur parle, on les touche, couchés pour l'éternité, mais fiers encore. Voici Dagobert, qui a fondé la nécropole, mais aussi Pépin le Bref, Robert le Pieux, Louis X, Charles V, François Ier et les autres… Ils sont plus de soixante-dix à nous observer de leur regard fixe. Les tombeaux ont été profanés à la Révolution, mais la plupart des sculptures ont été miraculeusement protégées.

La crypte de la basilique aussi est un témoignage merveilleux des temps anciens. Le mausolée de saint Denis, premier pensionnaire des lieux, a été dégagé : on ne voit plus que l'emplacement vide de son tombeau. Autour de lui, des traces de la crypte du VIIIe siècle de Fulrad, abbé de Saint-Denis, avec ses petites niches pour poser pieusement les bougies du souvenir. Un peu plus loin, on trouve une crypte du IXᵉ siècle où ont été placés les cercueils de Louis XVI et de Marie-Antoinette après qu'ils eurent été rapportés de la fosse commune de la rue d'Anjou à Paris. La visite est émouvante, c'est pour moi le lieu le plus symbolique de l'Histoire.

Où ont disparu les dépouilles royales ?

En 1793, la Convention décida de « détruire les mausolées fastueux de la monarchie qui sont à Saint-Denis ». Sous la conduite d'un commissaire en frac noir et chapeau à cocarde tricolore, les ouvriers défoncèrent le caveau des Bourbons. Trois lourdes dalles en barraient l'entrée, et les pioches s'attaquèrent au mur épais qui résista plusieurs heures. Enfin, les pierres s'écroulèrent, et les ouvriers pénétrèrent dans une longue crypte où reposaient cinquante-quatre cercueils en bois de chêne. Ils furent ouverts systématiquement. La moustache de Louis XIII fit sensation, le visage de Louis XIV apparut étrangement noir, le corps en putréfaction de Louis XV dégageait une odeur atroce…

Bientôt, un face-à-face anachronique mit en présence l'incorruptible Robespierre et le bon roi Henri IV, assassiné cent quatre-vingt-trois ans auparavant. Le temps n'avait guère altéré les traits du monarque, mais la barbe carrée était devenue broussailleuse, grise, terne. Le corps entouré de bandelettes était appuyé, debout, raide, contre un pilier de l'église. Robespierre, sanglé dans sa veste au long col replié, les cheveux poudrés et ourlés en de parfaites boucles blanches, scruta la face royale dont les yeux restaient obstinément clos. Qu'était venu chercher l'instigateur de la terreur révolutionnaire dans cette rencontre défiant le temps ?

Soudain, mû par une impulsion irrésistible, Robespierre avança sa main vers la barbe du cadavre desséché et, d'un geste sec, en arracha deux poils. Avec application, il rangea ces reliques royales dans un petit portefeuille prestement enfoui dans le gousset de son habit.

Les quidams présents se déchaînèrent ensuite sur la dépouille. Une mégère souffleta le cadavre, un amateur de souvenirs arracha deux dents qu'il emporta, un soldat trancha d'un coup de sabre une belle touffe de la barbe. Finalement, le corps du Vert-Galant, comme tous les autres, fut jeté dans la fosse commune située au nord de l'église, au niveau de l'actuel jardin Pierre-de-Montreuil.

Exhumés sous la Restauration, les restes royaux rongés par la chaux vive ont été pieusement replacés dans un ossuaire de la crypte.

On a beau être un roi fainéant, cette journée de novembre 751 est de celles que l'on préférerait ne pas revivre. Dans l'après-midi, une délégation de nobles et d'évêques se présente respectueusement devant le roi franc Childéric III et lui tient avec révérence un discours stupéfiant...

— La nation franque met fin au règne de Votre Sublimité et à la continuité de votre dynastie.

Childéric ouvre de grands yeux étonnés mais il n'a pas vraiment le temps de réagir : de gros bras se saisissent de sa frêle personne, l'assoient de force sur une chaise basse tandis que d'autres rudes gaillards, armés de ciseaux, s'appliquent à tailler sa longue chevelure, signe de l'autorité royale. Les mèches de cheveux clairs qui tombent silencieusement sur les dalles marquent la fin du règne des Mérovingiens.

Tonsuré à la hâte, Childéric est hissé sur une pauvre litière tirée par deux chevaux. Et fouette cocher, on se dirige au galop vers le nord, jusqu'à l'abbaye Saint-Bertin érigée sur une petite île de l'Aa. Pour le dernier des Mérovingiens, le monastère représente une retraite dorée, car la communauté est riche, capable d'honorer comme il le faut un roi déchu. Malgré tout, de solides murailles sont là pour rappeler que l'invité est un prisonnier. Un prisonnier qui ne sortira jamais plus de sa geôle.

Ce coup de force, qui a abattu la lignée royale, ne doit rien à l'improvisation ni à l'inspiration : il a été préparé de longue date. Pour cela, Fulrad, abbé de Saint-Denis, s'est rendu à Rome auprès du pape Zacharie, homme doux, juste et bon, mais aussi fin politique que l'on consulte dans les situations difficiles. Il s'agissait de savoir qui devait être roi des Francs, le terne Childéric ou le duc Pépin, qui, dans les faits, dirigeait le royaume depuis dix ans.

À qui est-il plus juste de donner le nom de roi ? À celui qui n'a de l'autorité royale que le nom, ou à celui qui la possède complètement, mais sans le nom ? a interrogé Fulrad.

Sa Sainteté a consciencieusement lissé sa barbe grise

et, après un long silence, a répondu d'une voix grave et posée :

— Il est juste et raisonnable que celui qui exerce véritablement l'autorité royale porte le titre de roi.

En clair, le pape a donné son accord pour que Pépin monte sur le trône des Francs. Belle ingratitude envers les Mérovingiens, qui ont autrefois imposé le christianisme dans le royaume ! On a ainsi déposé le pauvre Childéric, qui s'est laissé faire.

*
* *

Une aube nouvelle se lève… Pépin, surnommé « le Bref » en raison de sa petite taille, est un hyperactif qui engloutit tout dans un appétit féroce de gloire, d'honneurs et de pouvoir.

L'accord de Rome favorise ses ambitions, encore lui faut-il obtenir une légitimité plus éclatante que ces quelques phrases prononcées en catimini par un pape vieillissant. L'évêque Boniface, habile conseiller diplomatique du nouveau roi, imagine et organise un sacre propre à frapper les imaginations. Il puise d'abord son inspiration dans la Bible. En effet, le livre de Samuel raconte l'onction des rois d'Israël : « Samuel prit une fiole d'huile, en fit couler sur la tête de Saül… » (I. X, 1.) Puis il regarde outre-Manche, chez les Bretons de la grande île : les rois des Scots sont bénits et ordonnés par la haute autorité ecclésiastique. Boniface fait un adroit méli-mélo de ces traditions pour concevoir une intronisation royale mêlant l'autorité de Dieu et la foi des hommes.

La cérémonie a lieu en la cathédrale de Soissons. Cheveux longs, barbe foisonnante et manteau pourpre sur les épaules, le roi répète les mots que lui souffle Boniface.

— Je jure de conserver en paix l'Église de Dieu et tout le peuple chrétien sous mon gouvernement, de réprimer l'injustice, d'où qu'elle vienne, de joindre dans tous mes jugements la justice à la miséricorde…

Alors, Boniface, en un geste solennel, verse sur le front de Pépin le saint chrême – un mélange d'huile d'olive et de parfum – qui doit lui insuffler l'Esprit-Saint, puis il dépose la couronne sur la tête du souverain et remet le sceptre entre ses mains, emblèmes de son autorité.

— Qu'il soit toujours victorieux et magnanime ! Que tous ses jugements soient équitables et sages ! Que son règne soit paisible…

Les nobles et les clercs réunis sous les voûtes de la cathédrale répondent en clamant par trois fois une formule latine :

— *Vivat Rex in aeternum !* Vive le roi éternellement !

Dès cet instant, le roi des Francs devient monarque de droit divin, unifiant en sa personne Dieu et la nation.

Trois siècles et demi plus tard, Hincmar, archevêque de Reims, plus imaginatif que rigoureux, imaginera que Clovis a bénéficié, lui aussi, d'un sacre solennel. Une colombe aurait même apporté dans son bec le saint chrême destiné à oindre le roi baptisé… En fait, Clovis n'a jamais reçu l'onction. D'abord, la cérémonie n'avait pas encore été instituée. Ensuite, le roi n'était pas chrétien au moment de son couronnement. Mais la pieuse légende a permis aux rois de France de s'ancrer dans une lignée et de s'imposer comme distingués par Dieu Lui-même.

Le sacre de Pépin le Bref n'est pas vraiment une bonne nouvelle pour Paris. Le nouveau roi ne manifeste guère l'intention de s'établir dans la capitale des Mérovingiens. Du reste, il ne songe pas vraiment à installer sa cour et son autorité dans une ville en particulier, il est un roi itinérant qui va de son palais de Cologne à celui de Thionville, de sa villa de Worms à celle de Compiègne. Et les nobles francs le suivent dans ce trajet qui ne doit rien à la nécessité, mais tout aux caprices royaux.

Peu après le sacre, alors que Pépin est à nouveau sur les routes, le bon pape Zacharie, qui a approuvé la destitution des Mérovingiens, s'envole pour le paradis des bienheureux. Étienne II monte sur le trône de saint Pierre. C'est lui maintenant qu'il faut amadouer si l'on veut demeurer brebis soumise dans le giron de l'Église. L'affaire se présente bien différemment que par le passé. Autant Zacharie était un subtil politique, autant Étienne est un prêtre de foi et de charité qui passe sa vie à visiter les pauvres et à faire bâtir des hospices pour les malades. Mais si le pontife n'entend rien encore aux arcanes de la diplomatie, les événements vont très vite se charger de lui imposer un cours de rattrapage.

En effet, Astolf, roi des Lombards, veut étendre son autorité à toute l'Italie. Il exige du pape un somptueux tribut et menace Rome. Le protecteur naturel de l'Église, Constantin V, empereur romain d'Orient qui règne à Constantinople, estime avoir des tâches plus urgentes à mener que de voler au secours de la Ville éternelle. Il s'efforce de consolider son empire, envahit la Syrie et entend reconquérir Chypre. Les dangers encourus par Rome, son pape et ses habitants le laissent totalement indifférent.

Étienne II ne sait plus à quel saint se vouer. Qui donc va le protéger des appétits lombards ? Et tout à coup, il y pense : Pépin ! C'est vrai, il est roi grâce au pape précédent, et il se montrerait bien ingrat s'il n'apportait pas son aide au successeur de son bienfaiteur… Aussitôt, Sa Sainteté confie une lettre à un noble franc en pèlerinage à Rome. Dans sa missive, le pape demande au roi de lui envoyer une ambassade qui le convierait à se rendre en Neustrie. Cette invitation, à laquelle les Lombards ne peuvent s'opposer, permettrait au pape de sortir du traquenard que Rome est devenue pour lui.

Pépin voit aussitôt l'avantage qu'il peut tirer de la situation. En agissant finement, il se ralliera à jamais le Saint-Siège. Une double ambassade est donc dépêchée à Rome, et le pape peut alors quitter la Ville aux sept collines, au grand affolement de la population qui se sent ainsi livrée aux armées ennemies. Sortir de Rome, quelle folie ! Jamais jusqu'ici on n'avait vu un pape déserter son palais de Latran pour entreprendre un aussi long voyage.

Au mois de décembre 753, Étienne II arrive dans le val d'Aoste, franchit les Alpes et s'arrête au monastère du Grand-Saint-Bernard, vaste bâtiment de pierres grises perdu dans l'immensité blanche du paysage. Bientôt, une délégation franque, conduite par l'abbé Fulrad, vient rejoindre le pape. Fulrad et les autres s'agenouillent respectueusement devant un Étienne tout ébloui de voir son autorité si bien reconnue et si pieusement célébrée.

Le pape et son escorte continuent leur route tandis que Pépin et la reine Berthe s'avancent dans sa direction... Ils se rencontrent au sud de la Champagne. Pépin galope vers le cortège pontifical, Pépin met pied à terre, Pépin se prosterne, Pépin implore la bénédiction apostolique. Cette opération de séduction atteint son objectif : le pape n'a que reconnaissance pour le roi des Francs.

Le lendemain, des discussions sont entamées entre les murs de la villa royale de Ponthion. Mais cette fois, le ton change : c'est Étienne qui s'agenouille devant le souverain, qui se tord les mains, qui pleure, qui supplie.

— Accorde-moi ton secours pour faire cesser l'oppression des Lombards, pour épargner aux Romains les tributs qu'Astolf veut leur imposer !

Pépin se montre plutôt flatté par le plaintif désarroi du pape. Ainsi donc, le pontife choisit de venir à lui plutôt que de s'en remettre à l'empereur de Byzance ! C'est lui maintenant, le roi des Francs, qui est garant de la pérennité de l'Église catholique romaine. Quelle promotion !

Alors oui, Pépin est prêt à négocier le retrait du roi des Lombards, il souhaite même que le Saint-Siège bénéficie désormais de territoires assez vastes pour se prémunir des attaques. La volonté royale et quelques habiles tractations suffiront-elles ? Sans doute pas, aussi le roi des Francs se déclare-t-il prêt à lever une armée afin de mener une expédition militaire.

Étienne, rasséréné, est aux anges, son trône pontifical et sa ville sont sauvés. Attention cependant, Pépin exige quelque chose en échange : un nouveau sacre conduit par Sa Sainteté en personne ! La cérémonie, qui imposerait définitivement le roi et ses fils devant toute la chrétienté, serait incontestable, inscrivant la lignée de Pépin dans un juste droit sanctifié par le Saint-Siège. Le pape accepte. De toute façon, il n'a pas vraiment le choix.

En attendant d'organiser ce couronnement seconde manière, Étienne II refuse de retourner à Rome, pas tant pour des motifs politiques que pour s'épargner les fatigues redoutables d'un nouveau déplacement en plein hiver.

Alors, accueilli avec déférence par Fulrad, le pape va s'établir quelques mois à Saint-Denis. L'abbaye voulue jadis par Dagobert est devenue riche et puissante. L'abbé Fulrad n'est d'ailleurs pas étranger à cette embellie : il s'est battu pour obtenir des privilèges fiscaux et des terres qui s'étendent maintenant jusqu'à Pantin et La Villette. Il faut dire que, par estime pour son cher Fulrad, Pépin n'a de cesse de favoriser Saint-Denis et de repousser plaideurs et grincheux qui tentent de limiter l'extension territoriale de l'abbaye.

Où est passé le trésor de Saint-Denis ?

L'abbaye fut éventrée à la Révolution, mais les pillards se montrèrent déçus par leurs trouvailles : à peine quelques onces d'or et d'argent. Pourtant, lors d'un inventaire dressé en 1634, quatre cent cinquante-cinq objets de grande valeur avaient été dénombrés. Armes des rois anciens, couronnes rehaussées de pierreries, reliques saintes conservées dans de précieuses châsses, évangiles richement enluminés constituaient selon les documents d'époque la plus grande part de ce trésor.

Des esprits aventureux ou cupides s'imaginèrent que les richesses de Saint-Denis avaient été enfouies quelque part... En 1939, un original obstiné, qui se faisait appeler le commandant Leclerc, acheta une propriété à La Dimeresse, près de Messy, à une trentaine de kilomètres de Saint-Denis. Le commandant découvrit dans les vieux papiers de la maison un acte de vente qui attestait que le terrain avait appartenu jadis aux moines de l'abbaye. Il n'en fallut pas plus à notre homme pour se persuader que le mythique trésor était caché sous ses pieds ! Radiesthésiste lui-même, le commandant appela des confrères à la rescousse. Tous jouèrent du pendule et déclarèrent que le sous-sol était creusé de souterrains, tous détectèrent la présence en profondeur de métaux précieux...

Le commandant n'hésita pas : il fit effectuer des fouilles. En 1954, les excavations permirent de découvrir des escaliers qui pénétraient dans le sol. Les journaux s'emparèrent de l'affaire et annoncèrent la découverte prochaine du trésor de Saint-Denis... Hélas, le petit couloir que l'on découvrit menaçait de s'écrouler et tout fut rebouché à la hâte. On dit qu'au moment de mourir, en 1961, le commandant demanda que l'on creusât un dernier trou dans son domaine, ultime espoir de voir se matérialiser un rêve pour lequel il avait investi sa fortune et son temps. Comme les précédentes, cette fouille se révéla infructueuse.

Tout naturellement, le nouveau sacre de Pépin doit se dérouler entre les murs de l'abbaye de Saint-Denis. Mais auparavant, le pape a un pieux devoir à accomplir : la translation solennelle des restes de saint Germain. Le bon évêque de Paris a été canonisé pour avoir miraculeusement guéri des malades et des infirmes, délivré des possédés, lutté contre l'esclavage et le paganisme, démontré toute sa vie une charité sans limites. Cependant, sa dépouille demeure depuis cent soixante-dix-sept ans dans une modeste chapelle à l'entrée de la basilique Saint-Vincent-Sainte-Croix. Emplacement indigne d'un saint vénéré. Il est temps de déposer le corps en un lieu plus approprié : dans le chœur de l'édifice, juste derrière le maître-autel.

Pour la cérémonie, ils sont tous là, réunis à Paris dans une même ferveur : le pape Étienne, le roi Pépin, la reine Berthe et leur fils le prince Charles, futur Charlemagne. À nouveau, la ville connaît les grandeurs qui l'ont animée si longtemps. Pour un instant, elle retrouve sa position, la première, dans l'histoire du royaume franc.

Devant une foule en prière, la crypte est ouverte et le cercueil de saint Germain porté dans le chœur de l'église. Durant la journée et toute la nuit suivante, il reste là, offert à la vénération des fidèles.

Le lendemain matin, devant Pépin et son fils Charles, on veut mettre le sarcophage à l'endroit choisi pour l'inhumation… Impossible de le déplacer, il paraît fixé au sol ! On se munit de leviers, on tente des cordes et des poulies, mais rien n'y fait. Est-ce une manifestation du saint qui refuse de quitter le chœur où on l'a déposé ? Les évêques présents tentent une explication :

— Glorieux roi, disent-ils à Pépin, Votre Sérénité n'ignore pas que le bienheureux Germain était évêque. Il nous semble donc opportun que ses précieuses reliques soient portées par des évêques. C'est peut-être ce que le saint veut nous dire.

Les prélats réunis essayent de soulever le cercueil en maniant les leviers. Rien ne bouge.

— Très pieux roi, nous supposons que le bienheureux réserve cet honneur aux moines du monastère qu'il a fondé…

Les moines succèdent aux évêques dans ce travail de force, mais ils ne parviennent pas à déplacer le cercueil d'un pouce. Pépin ne peut retenir les larmes qui coulent sur son visage. A-t-il commis un sacrilège en éloignant le saint du lieu que lui-même avait choisi et désigné pour attendre la sainte résurrection ?

C'est alors qu'un homme surgit de l'assemblée des fidèles, et cet inconnu, par une intuition vraiment remarquable, livre l'explication définitive du mystère :

— Si le très clément seigneur notre roi daigne écouter la parole du plus humble de ses serviteurs, je crois avoir trouvé la cause véritable de cette résistance importune. Non loin de la villa royale de Palaiseau, ce monastère possède plusieurs dépendances. Or les agents du fisc, enhardis par la puissance de Votre Grandeur, exercent en cet endroit une oppression et une tyrannie intolérables. Ils tuent les habitants, dévastent les vignes et les moissons, les prés et les bois, saisissent les troupeaux et se livrent sur tout ce territoire à un véritable brigandage. Voilà, comme je le crois, l'injustice que le vénérable Germain veut nous faire aujourd'hui réparer !

Tout ça pour ça... Le miracle ici ne se manifeste pas pour changer la nature de l'homme, il n'éclate pas pour apporter un peu de bonté sur terre, il ne se révèle pas pour soulager les misères de l'humanité souffrante, non, il s'agit simplement de faire taire quelques agents du fisc un peu trop zélés et d'adjoindre de nouvelles terres aux biens du monastère !

On se demande quelle mise en scène ont imaginée les moines de l'abbaye pour parvenir à se faire ainsi donner des domaines surnuméraires. En tout cas, l'astuce fonctionne à merveille, et Pépin consent à ce que demande le vénérable Germain par-delà la tombe : il offre aux moines sa belle villa de Palaiseau avec quelques fermes en plus !

— Je vous demande en retour la grâce de pouvoir transporter votre corps sacré, implore le roi à l'esprit du saint.

Effectivement, les mânes de monseigneur Germain semblent satisfaits, car le cercueil est soulevé maintenant avec une facilité déconcertante et descendu très aisément dans la nouvelle crypte. Chacun dit même sentir un doux parfum souffler sur la basilique, et les plus croyants voient les anges venus du Ciel pour porter le corps du saint. Le jeune prince Charles est si joyeux de l'heureux dénouement de l'affaire qu'il saute dans le caveau pour observer le miracle de plus près... Il ne rencontre pas les séraphins imaginés, mais perd dans la chute sa première dent de lait.

Un peu plus tard, une stèle ciselée vient confirmer les dons royaux. On n'est jamais trop prudent, et mieux vaut graver dans la pierre les largesses de Sa Sérénité : « En cet endroit où reposait saint Germain le jour de

sa translation, le roi Pépin lui donna le fisc de Palaiseau... »

Et pour marquer la grandeur de cet événement,
l'abbaye Saint-Vincent-Sainte-Croix est désormais
appelée Saint-Germain-des-Prés.

Il faut avoir le sens de la démesure pour imaginer
les proportions que prennent dès lors cette abbaye et
le bourg environnant. Ses terres attenantes s'étalent
loin à la ronde, et on doit y ajouter les fiefs d'Issy, de
Vaugirard, de Châtillon, de Thiais, sans oublier des
terrains allant jusqu'à Montereau et Saint-Cloud, et
Palaiseau bien sûr. L'équivalent d'un département ! Le
prestige de la congrégation s'étend, et des moines bénédictins érudits, amis des arts, des sciences et des lettres,
se réunissent en ces lieux pour réfléchir, travailler,
écrire. Le quartier est lancé. Ici, la mode des intellectuels ne cessera de croître... Aujourd'hui, quand un
écrivain vient s'attabler dans l'un ou l'autre des célèbres cafés du quartier, quand il compose des pages
fiévreuses en tapant sur le clavier de son ordinateur
portable, je veux croire qu'il est encore inspiré par cet
esprit de curiosité intellectuelle qui, si longtemps,
souffla ici.

Le pape Étienne songe maintenant au sacre de Pépin,
mais il a un doute : la reine Berthe a prévenu Sa Sainteté de l'état de péché dans lequel vit le roi des Francs.
Berthe, l'épouse légitime, est condamnée à la solitude
des palais tandis que son mari le roi court le guilledou
et passe ses nuits dans le lit d'une belle Saxonne.
Quelle horreur ! Cet adultère ne saurait se poursuivre

face au Ciel qui nous regarde ! Aussitôt, le pape convoque le roi à Saint-Denis.

— Nous ne pourrons procéder au sacre d'un roi qui vit dans le péché ! Car non seulement il n'est pas ainsi en état de grâce, mais il est pour son entourage un objet permanent de scandale et souille le trône des Francs sur lequel la chrétienté tient les yeux fixés.

Que de chicanes pour une billevesée, songe Pépin. On donne immédiatement satisfaction au pape : on enferme la belle Saxonne dans une abbaye du diocèse de Langres, en la priant fermement de ne jamais en sortir afin de faire pénitence tout le reste de sa vie.

En cette fin juillet 754, plus rien ne s'oppose au sacre du roi des Francs par le vicaire du Christ. On prépare la cérémonie quand soudain, deux jours avant la date fixée, le pape Étienne se trouve au plus mal, il se meurt… Le souverain pontife n'a plus qu'un seul souhait : qu'on le transporte au plus vite en l'église Saint-Denis, près de la tombe du bienheureux martyr… Et tandis que Sa Sainteté gît en accueillant la mort, lui apparaissent dans son sommeil comateux les apôtres Pierre et Paul accompagnés de saint Denis en personne.

— Voici que notre frère demande la santé, dit Pierre.

— Il va la recevoir dans l'instant, répond Paul.

Alors Denis, tenant en ses mains une palme et un encensoir, s'adresse au pape mourant :

— Paix à toi, frère. Lève-toi. Tu es guéri.

Et le malade, effectivement, ne ressent plus aucun des troubles qui le terrassaient. En reconnaissance, les bienfaits concédés par le pape fondent sur l'abbaye :

exemption de la juridiction épiscopale, établissements concédés au monastère, faveurs attribuées à l'abbé Fulrad.

Miracles et bontés s'étant justement succédé, Étienne II peut enfin procéder, le 28 juillet, à Saint-Denis, au sacre solennel de Pépin le Bref. Il n'est pas question de saint chrême ni d'huile à oindre, Étienne n'est guère du genre à s'étendre dans le grandiose et le superlatif, il est plutôt du style sobre et concis. Il fait donc ce que l'on attend de lui : au nom de la sainte Trinité, il sacre Pépin et ses deux fils, Charles et Carloman. Ensuite, la reine Berthe est revêtue des insignes royaux et bénite par le Saint-Père au nom des sept vertus de l'Esprit-Saint.

Enfin, le pape se tourne vers les princes et les nobles, les bénit avant de s'adresser à eux :

— Nous vous ordonnons, sous peine d'excommunication, de ne jamais choisir d'autres rois que ceux de la race de Pépin, de maintenir le sceptre dans cette famille que la miséricorde divine a daigné distinguer, et que les saints apôtres ont confirmée et consacrée par les mains du pontife, leur vicaire…

Pépin peut être comblé : Étienne a fait le maximum pour la grandeur du règne franc et de Saint-Denis. Dans les trois années à venir, jusqu'en 758, le roi paye majestueusement sa dette : il lance trois campagnes militaires victorieuses contre les Lombards et offre au pape les territoires conquis, c'est-à-dire vingt-deux villes, dont Ravenne et Pérouse. Et de ces provinces conquises vont émerger une notion nouvelle, celle des États pontificaux dont la force, la richesse et l'étendue préserveront le pape d'agressions inconsidérées.

*
* *

En 768, Pépin est un homme usé de cinquante-quatre ans. Au cours d'une visite dans le Poitou, il est brusquement victime d'une forte fièvre. Il va mourir et il le sait. Mais soit que périr à Poitiers ne lui semble pas un sort enviable, soit qu'il considère cette ville indigne de recevoir son dernier soupir, il veut la quitter précipitamment. Il se fait transporter à l'abbaye Saint-Martin de Tours, où il puise allégrement dans le trésor royal pour accomplir le pieux devoir de la charité. Cela fait, il demande qu'on le conduise promptement à Saint-Denis.

Sous les voûtes de l'abbaye, devant les Grands du royaume, il partage ses États entre ses deux fils et s'éteint le 24 septembre. Sur sa demande, sa dépouille est inhumée dans la partie la plus modeste de l'abbaye, sous le porche extérieur, face contre terre, en signe d'expiation de ses fautes.

Deux semaines plus tard, Charles est sacré roi des Francs à Noyon. Son jeune frère Carloman prend le titre de roi d'Austrasie, non loin de là, à Soissons, capitale de son royaume. Paris disparaît de la chronique royale. Et quand, trois ans plus tard, Carloman meurt prématurément, il est inhumé en l'église Saint-Remi de Reims. Charlemagne, lui, a entamé les lentes conquêtes territoriales qui le mèneront à ceindre la couronne d'empereur d'Occident. Finalement, il fixe sa capitale à Aix-la-Chapelle.

Pour Paris, le coup est rude : la ville n'est plus qu'un petit port sur la Seine, et sa population se réduit à quelques milliers d'habitants, peut-être cinq mille.

Charlemagne n'oublie pas tout à fait l'ancienne capitale. En 779, au retour d'un voyage à Rome, il a l'idée folle de fonder dans son empire des écoles destinées aux jeunes gens désireux de s'instruire dans les sciences humaines. Par son ordre, plusieurs centres d'études sont établis à Paris : dans le palais de l'évêque, dans l'abbaye Sainte-Geneviève et dans celle de Saint-Germain-des-Prés. On s'instruit à Paris, mais les grands courants de l'Histoire ne passent plus par le palais de la Cité, abandonné aux quatre vents.

Abandonnée aussi, l'idée de nécropole carolingienne initiée essentiellement avec Pépin le Bref. L'abandon ne sera pas éternel, il est vrai, puisque le héros de Paris du siècle suivant, le comte Eudes, bientôt roi des Francs, puis le premier des Capétiens, Hugues Capet, y seront enterrés, signes de la suprématie locale de l'abbaye. Mais ce ne sera véritablement que sous Saint Louis, au XIIIe siècle, que Saint-Denis deviendra officiellement le « cimetière aux rois », la nécropole royale où seront regroupés presque tous les régnants et hauts personnages du pouvoir royal.

L'heure des comtes

La gare Châtelet-Les Halles du RER forme avec les stations de métro Châtelet et Les Halles un immense réseau qui voit se déverser chaque jour un demi-million de Franciliens venus travailler dans la capitale. Bienvenue dans la plus grande gare souterraine du monde ! Si vous voulez éviter l'affreux Forum des Halles, qui se craquelle comme une vieille ruine trente ans après sa création, sortez à Châtelet. Vous longerez les couloirs interminables à coups de tapis roulants, vous aurez dans l'oreille les sons de la guitare grattée par les musiciens agréés RATP, vous dépasserez les vendeurs de souvenirs parisiens chics et tocs, vous émergerez enfin devant la fontaine de 1808 qui célèbre les campagnes de Napoléon en Italie et en Égypte.

Cette place du Châtelet, située au cœur de Paris, est devenue, avec les travaux du baron Haussmann sous le second Empire, le centre d'une croix traversant la ville de part en part et destinée à rendre Paris plus fluide, plus accessible. C'est pourquoi le boulevard Sébastopol fut percé rive droite vers le nord, et prolongé rive gauche vers le sud par le boulevard Saint-Michel, tandis que la rue de Rivoli file vers l'est et l'ouest.

Ce nouveau tracé entraîna le déplacement de la fontaine du Châtelet et de sa colonne. On poussa le tout de douze mètres vers l'ouest, travail achevé en trente minutes seulement grâce à des rails sur lesquels avaient été hissés les blocs de pierre.

Avec le cher baron et son nouveau Paris, les dernières ruelles tortueuses et incommodes du quartier disparurent au profit de voies plus larges, mais aussi au profit de deux grands théâtres : à ma gauche le Châtelet, où triompha longtemps l'opérette ; à ma droite le Sarah-Bernhardt, dont la grande tragédienne assura un temps la direction. Mais il ne reste aujourd'hui de l'immortelle interprète de *L'Aiglon* que le nom du café qui fait l'angle, car la salle elle-même, pour des raisons absconses, est devenue théâtre de la Ville. Pourtant, à l'intérieur, en empruntant l'escalier métallique niveau 3, côté impair, vous découvrirez, bien cachée, la loge de la Divine. Baignoire, lavabo, paravent, affiches, photos, tout est là comme si la tragédienne allait revenir dans un instant.

Petit clin d'œil mélancolique : au niveau de ce théâtre passait la rue de la Vieille-Lanterne, sinistre venelle dans laquelle, le 26 janvier 1855, le poète Gérard de Nerval se pendit aux barreaux d'une grille, « le coin le plus sordide qu'il ait pu trouver », dira son ami Charles Baudelaire. La légende veut que l'endroit où il accrocha la corde corresponde exactement au trou du souffleur sous la scène.

*
* *

Au début du IXe siècle, les civilisations et les empires ont oublié Paris. En l'an 820, on pourrait même croire que la ville agonise. Tous les malheurs du Ciel fondent sur les bords de la Seine : famine, inondations, épidémies ravagent la population. Le pain est rare en raison des mauvaises récoltes, le fleuve en crue, l'île de la Cité inondée ; on ne peut se déplacer qu'en bateau, et rien n'enraye la mort qui rôde. Les corps gonflés flottent sur les eaux ou s'entassent sur la rive gauche restée au sec… Ceux-là sont-ils morts noyés, victimes de la faim ou frappés par un mal inconnu ? Nul ne peut le dire, tous les cadavres se ressemblent. Paris est devenu un mouroir.

Mais bientôt une rumeur d'espoir court dans la ville : les eaux de la Seine ont épargné le lit dans lequel sainte Geneviève a rendu son âme pure au Seigneur, presque trois siècles auparavant. Cette relique adorée est conservée dans un monastère situé à proximité du baptistère Saint-Jean-Baptiste, sur l'île de la Cité. Arrêtant par son lit les eaux sorties de leur lit, la protectrice de Paris manifeste une fois encore son amour pour la ville et ses habitants. Les Parisiens, ayant confiance en la glorieuse Geneviève, se rendent en procession auprès de la couche vénérable pour implorer leur sainte. Et le miracle a lieu. Le fleuve, qui s'est avancé jusque-là, se retire du lit de la bienheureuse et retourne dans son propre lit…

La protection de la révérée Geneviève n'est pas inutile, car la bonne sainte semble bien être la seule à se pencher encore sur le destin de Paris. La seule ? Pas vraiment. Tout à fait au nord de l'Europe, un peuple prépare ses bateaux, s'apprête à descendre la mer

Baltique, à débouler sur la Manche et à remonter la Seine…

Les féroces appétits de la nation nordique sont aiguisés par le joli foutoir dans lequel sont plongés les États de Charlemagne. Après la mort de l'empereur à la barbe fleurie, son fils Louis le Pieux hérite de l'empire franc. C'est compter sans ses propres fils, trop pressés de régner. Les trois rejetons impétueux déposent leur empereur de père en novembre 833 et se partagent le gâteau. Mais les mesquineries et les jalousies déchirent le cœur des princes rebelles, l'empire se divise inexorablement.

C'est le signal qu'attendaient les guerriers de la péninsule scandinave pour venir opérer leurs terribles incursions. Dans un premier temps, ils ne descendent pas trop loin de chez eux, se contentent de piller l'île de Sheppey, au large de l'Angleterre, le port de Dorestad, à l'embouchure du Rhin, et Anvers, petit bourg sur l'Escaut. Les populations terrorisées appellent ces assaillants les « Normands », c'est-à-dire les gens du Nord. On apprend vite à leur donner le nom qu'ils se donnent eux-mêmes : les Vikings.

À la mort de Louis le Pieux, les trois fils du défunt dépècent l'empire. Un accord survient entre eux, signé près de Verdun en 843. Aux termes de ce traité, l'empire est partagé en trois lambeaux rebaptisés Francie pour l'occasion : la Francie orientale affectée à Louis II le Germanique, la Francie médiane donnée à Lothaire Ier avec le titre d'empereur, et la Francie occidentale attribuée à Charles II le Chauve. De la Francie orientale naîtra l'Allemagne, et de la Francie occidentale naîtra la France. Quant à la Francie médiane, allant des Flandres à l'Italie du nord, elle sera largement grignotée par ses deux puissants voisins, mais on peut en partie considérer l'Italie actuelle comme son héritière.

Charles le Chauve est un zélé serviteur de Dieu, il doit d'ailleurs son surnom à la large tonsure qu'il a taillée dans sa chevelure en signe de soumission à l'Église. Pieux, certes, mais pas très combatif. Quand il apprend que les Vikings remontent la Seine, il envoie quelques troupes à leur rencontre et court lui-même se réfugier à Saint-Denis. Derrière les hauts murs du monastère, le roi espère ne pas être trop ennuyé par ces hordes barbares.

Pendant ce temps, les soldats francs longent la Seine et sont atterrés par le spectacle qui s'offre à leurs yeux : sur les eaux, une longue file de bateaux avance lentement au rythme régulier des rames, et des gueules affreuses de dragons colorés marquent, à la proue, la détermination de ces guerriers impitoyables. Inutile d'atermoyer, il n'y a de salut que dans la débandade : les soldats de Charles le Chauve se hâtent de prendre la fuite.

Ce 29 mars 845, jour de Pâques, l'effroi gagne Paris. Aucune défense n'est prévue, rien n'est organisé, et ce ne sont pas les vieux remparts éboulés qui pourront empêcher les Vikings d'envahir la ville. Pour les Parisiens, c'est la déroute. Chacun prend ce qu'il peut, quelques têtes de bétail, des bijoux, un peu de farine, et l'on s'empresse de détaler loin à l'intérieur des terres. Les moines quittent leur monastère, traînant avec eux des ornements d'église et des vases sacrés, mais emportant surtout le plus précieux : les reliques de saint Germain et celles de sainte Geneviève. Précautions inutiles, les Vikings fièrement païens n'ont aucune intention de s'emparer de quelques ossements. Ce qu'ils convoitent avec frénésie, ce sont des richesses, n'importe lesquelles, pourvu qu'elles soient sonnantes et trébuchantes. Pièces d'or, joyaux, parures, tout leur est bon. Ils ne veulent pas occuper des terres, ils ne cherchent pas à imposer leur pouvoir, ils ne souhaitent pas étendre leur influence, ils désirent simplement s'enrichir. C'est leur obsession.

Ils accostent au petit port de l'île de la Cité, débarquent, tuent les habitants égarés, pillent systématiquement la ville en grande partie désertée. C'est évidemment dans les monastères et les abbayes qu'ils cherchent en priorité et trouvent des magots espérés. Ils n'éprouvent aucun scrupule à piller les trésors d'une chrétienté dont ils ne connaissent rien ! Le reste, les masures et les fermes, n'ayant aucun intérêt à leurs yeux, ils y mettent systématiquement le feu. Et quand ils rencontrent une belle vierge ou un vigoureux gaillard, ils l'emmènent en esclavage. On pourra toujours les négocier à bon prix.

Les Vikings se montrent insatiables. Ils veulent maintenant attaquer Saint-Denis, bien certains que l'abbaye renferme une incommensurable fortune. Charles le Chauve mobilise ses cavaliers...

— À vous, braves soldats, d'aller défendre la tombe de Denis, notre saint martyr !

Mais les combattants francs rechignent... La saison n'est pas au combat : l'herbe n'a pas encore repoussé en ce début de printemps, les chevaux sont affamés et l'on ne peut pas les nourrir... Vraiment, il faudrait renvoyer l'assaut à plus tard, quand l'herbe sera haute, quand le temps sera plus clément.

L'avantage, avec un ennemi assoiffé d'or, c'est qu'on peut toujours acheter la paix si l'on n'a pas les moyens de combattre. Sept mille livres d'argent ! Telle est la somme que Charles le Chauve propose à Ragnarr, le chef viking. Affaire conclue. Et les pillards repartent, leurs besaces bien remplies.

Mais à l'extrême nord de l'Europe, d'autres chefs de guerre songent à venir s'enrichir en Francie. On leur a dit tant de merveilles sur le royaume de Charles le Chauve ! Un certain Godfred surgit à son tour et menace Paris avec sa flottille. Quelques soldats massés sur la montagne Sainte-Geneviève et une nouvelle transaction financière suffisent à éloigner le danger. Puis arrive un dénommé Sidroc que l'on ne peut plus soudoyer, car les caisses commencent à se vider dangereusement. Alors le Viking se venge : il pille à Paris ce qu'il reste à piller, il brûle ce qu'il reste à brûler. « Quelle affliction ! écrit Aimoin, chroniqueur de Saint-Germain-des-Prés, les Francs furent mis en fuite sans combattre, ils lâchèrent pied avant que le premier trait de flèche fût lancé, avant que les boucliers eussent été choqués. Les Normands savaient que les seigneurs francs n'avaient plus de courage. »

Quelques années encore, et les Vikings trouvent un nouveau moyen de soutirer de l'argent à Charles le Chauve : ils enlèvent Louis, abbé de Saint-Denis, et son frère Gozlin, évêque de Paris, deux petits-fils de Charlemagne, illégitimes c'est vrai, mais tout de même ! Les ravisseurs exigent évidemment une époustouflante rançon pour rendre à leur église ces deux éminents chrétiens. Cette fois, le roi de Francie ne peut plus invoquer sa bourse plate, il faut payer. Cher. « Pour cette rançon, bien des trésors des églises du royaume de Charles furent vidés sur l'ordre de celui-ci », écrit Prudence, évêque de Troyes, dans ses *Annales de Saint-Bertin*.

Charles le Chauve, agacé par ces incursions sans fin, se met quand même en tête d'entreprendre des travaux. D'abord, il reconstruit les deux ponts détruits qui reliaient naguère l'île de la Cité aux berges du fleuve. Ensuite, pour mieux protéger le pont situé sur le grand bras de la Seine, à une centaine de mètres en aval, il jette des piles de pierres sur lesquelles repose un tablier de bois. Cette « chaussée Charles le Chauve » deviendra le Pont-au-Change et changera la physionomie de la ville.

Puis, pour assurer la défense de ce barrage sur la Seine, Charles le Chauve édifie à son extrémité, rive droite, une tour massive. Rive gauche, le Petit Pont aussi est également défendu par une massive tour de bois et de pierre entourée d'un fossé profond.

Sur chacune de ces rives, les deux ensembles se dressent comme des portes d'entrée de Paris, prêtes à sauvegarder son cœur : l'île de la Cité. Ce sont de véritables forteresses, des petits châteaux, des châtelets... Le Grand Châtelet au bout du nouveau pont de Charles le Chauve, le Petit Châtelet au bout du Petit Pont.

Quel fut le destin du Châtelet ?

Au XIIe siècle, une impressionnante muraille fut bâtie pour protéger la ville : l'enceinte Philippe-Auguste. Le Grand Châtelet, rendu inutile, devint alors le siège de la prévôté de Paris. L'édifice était traversé par un passage voûté : la ruelle Saint-l'Euffroy, ou Licuffroy... Nom bien trouvé : le Grand Châtelet était un lieu sinistre – prison, morgue et salles de torture –, le coin de Paris le plus redouté après le gibet de Montfaucon.

La place n'était pas aussi large qu'aujourd'hui mais encaissée, parcourue de dédales, de rues étroites et sinueuses, sombres et inquiétantes. Pour parfaire ce tableau, se tenait non loin la grande boucherie, haut lieu de l'abattage du bétail depuis le Xe siècle... Les cris des bêtes égorgées se mêlaient aux hurlements des torturés, aux plaintes des prisonniers, l'odeur âcre de la morgue se confondait avec les relents de sang caillé. Sur ce cloaque s'étendait la terrifiante silhouette du Châtelet... Bref, un des endroits les plus horribles qui soient ! La tour Saint-Jacques-de-la-Boucherie, qui date de 1509, et le tout proche quai de la Mégisserie – le quai du tannage des peaux – conservent le souvenir de ces temps anciens.

Le Grand Châtelet fut démoli en 1804. On comprend aisément pourquoi on voulut que rien ne subsistât de ce monument de triste mémoire. Si l'on cherche tout de même à se figurer à quoi ressemblaient les entrailles du Châtelet, il suffit de passer la Seine pour visiter, au 42, rue Galande, le Caveau des

173

Oubliettes. Descendez dans les caves, les graffitis des anciens suppliciés vous y attendent : « Je seroi pendu », « À mort Marat »… Là se trouvent conservés des cellules et autres culs-de-basse-fosse du Petit Châtelet, le pendant carcéral, rive gauche, du Grand Châtelet.

En 885, une dizaine d'années après la construction des deux Châtelets, rien n'a vraiment changé : les Vikings menacent toujours. Certes, Charles le Chauve s'est éteint et a été pieusement enterré à Saint-Denis… À ce propos, une statue dite de Charlemagne, conservée au Louvre et qui date du IXe siècle, représenterait plutôt Charles le Chauve. Pour le Parisien que je suis, ça ne fait aucun doute : n'est-ce pas à Charles que nous devons une partie de notre histoire ?

Après la mort du roi, la régence du royaume de Francie occidentale a été confiée à Charles III, dit le Gros, roi de Francie orientale, couronné empereur d'Occident. L'ancien empire de Charlemagne est momentanément reconstitué.

Face au danger viking, les Grands de Francie espèrent que leurs forces réunies sous un commandement unique permettront de repousser les Barbares du Nord. Ils se trompent. Charles le Gros préfère négocier. Il achète la paix pour deux mille huit cents livres d'argent. Pour conserver sa tranquillité, il est prêt à tous les sacrifices financiers. La somme ne suffit pas ? Pour flatter l'ennemi et lui permettre de toucher de beaux subsides, il nomme le Viking Godfred duc de Frise, autrement dit il lui offre toute une province située au nord des Pays-Bas. Mais Godfred veut encore plus.

Il réclame quelques territoires au bord du Rhin. À trop demander, le cupide Viking va tout perdre, car il est même parvenu à exaspérer le débonnaire Charles le Gros…

L'empereur ne cède pas, mais fait mine de consentir à des négociations. Rendez-vous est pris sur une petite île, au lieu nommé Herispich, là où le Waal se jette dans le Rhin. Le Viking, à la fois confiant et avide, arrive avec une petite escorte. C'est un piège : les hommes de Charles le Gros, terrés en embuscade, surgissent et massacrent en quelques instants Godfred et ses sbires.

*
* *

— On a tué Godfred ! Aux armes !

Ce cri retentit à travers toute la Scandinavie.

Les flottes venues du Nord fondent sur la Francie. En cette fin d'automne 885, les Vikings s'en vont gaillardement attaquer Paris, qui leur ouvrirait la porte de la Bourgogne puis de tout le pays.

La Seine est couverte d'une infinité de bateaux ennemis, coque contre coque. Sept cents embarcations progressent sans hâte, grande voile rectangulaire accrochée au mât, figures de la mythologie scandinave sculptées sur la proue relevée en pointe… C'est comme une forêt de bisons, de béliers, de rapaces et de chimères rehaussés de couleurs criardes qui avance sans bruit. On ne distingue plus l'eau du fleuve, elle est entièrement dissimulée par l'escadre, long ruban souple qui s'enroule dans les méandres, s'étire dans les chenaux et s'allonge jusqu'à Paris.

En ville, on sait qu'il n'y a rien à attendre de Charles le Gros : le pusillanime souverain compte ses sous et prépare méticuleusement les nouvelles cassettes qu'il livrera aux Vikings... Les Parisiens se détournent de l'empereur à l'honneur perdu. Désormais, les habitants, les soldats et les chefs ne comptent que sur eux-mêmes. Paris ne tremble pas, la population ne fuit pas, chacun s'organise pour la bataille. Cet assaut, les Parisiens l'attendent depuis longtemps. Ils se sont préparés à affronter les pillards.

Le 25 novembre, l'immense flotte venue du Nord s'arrête devant l'île de la Cité. Sans coup férir, les Vikings occupent la rive gauche, investissent la riche abbaye Saint-Germain-des-Prés, obligeant l'abbé Ebles et plusieurs de ses moines à fuir pour se réfugier sur l'île.

Sigefroi, le chef des Vikings, rendu gourmand par la couardise de Charles le Gros, demande à parler au premier des Parisiens... Il espère entamer une négociation qui évitera le combat et le couvrira d'or.

On lui envoie Gozlin, l'évêque de Paris. Le chrétien a abandonné sa mitre et son aube claire, il a posé un casque sur sa tête et se tient raide dans sa cuirasse de métal gris. Face à lui, le païen à la longue barbe soigneusement tressée, revêtu d'une fourrure aux longs poils, glaive à double tranchant glissé dans la ceinture. Sigefroi se fait rassurant. Il ne veut que franchir l'île de la Cité, assure-t-il, engager sa flotte sous les ponts pour aller plus loin ravager la Francie.

— L'empereur Charles, qui après Dieu tient sous ses lois le monde presque entier, nous a confié cette ville non pas pour provoquer la perte du royaume, mais au contraire pour le protéger et lui assurer une

176

inaltérable tranquillité, s'indigne Gozlin. Si la défense de ces murs vous avait été confiée, feriez-vous ce que vous prétendez juste de vous accorder ?

L'honneur viking est touché.

— Si j'agissais ainsi, s'exclame Sigefroi, que ma tête tombe et soit jetée aux chiens !

On ne lui en demande pas tant…

— Vous me refusez l'entrée dans votre ville, continue le Viking, mon épée me frayera le chemin. Nous verrons si vos tours sont à l'épreuve de mes machines et de la vaillance de mes soldats. Demain à l'aurore, les flèches de mes guerriers vont pleuvoir, et il en sera ainsi jusqu'au coucher du soleil. La bataille recommencera tous les jours, nous continuerons pendant des années s'il le faut…

Effectivement, le matin suivant, des vagues de Vikings débarquent des bateaux et viennent occuper l'espace qui s'étend devant le fossé autour du Grand Châtelet. Des nuées de flèches tirées par les Vikings s'abattent au hasard et frappent certains défenseurs. L'évêque Gozlin lui-même est touché : on lui arrache le carreau fiché dans son bras, on improvise un pansement, et le blessé reprend le combat. Toute la population parisienne participe à la bataille, les femmes préparent les charpies qui serviront à bander les plaies, les hommes luttent pied à pied ou apportent les pierres que l'on lancera sur l'assaillant. Des vocations se réveillent : l'abbé Ebles, qui a fui Saint-Germain-des-Prés, vient de jeter sa soutane aux orties pour se munir d'une solide cuirasse. Face aux Vikings qui évoluent en rangs serrés, l'abbé se révèle un archer de première force : on le voit percer six hommes d'une seule flèche !

Mais l'ennemi n'est pas à bout de ressources. Il sort de ses embarcations des machines faites de planches, de roues, de cordes, et bientôt ces engins au profil de monstre accroupi lâchent sur le Grand Châtelet une pluie de lourdes pierres. La tour tient bon. Mais un bateau s'approche du Grand Pont, il porte dans ses flancs une tour roulante qui vient se coller au Grand Châtelet et abat brusquement un pont-levis. Les soldats francs comprennent le danger, ils se ruent, sabre en avant, et se battent au corps à corps. Les attaquants fléchissent et reculent... Le Viking Sigefroi, abasourdi par la furie franque, stupéfait de cette résistance imprévue, ordonne la retraite, abandonnant sur place un grand nombre de tués.

La nuit tombe. Paris se prépare à soutenir, demain, de nouveaux assauts. Au cours de cette première journée de lutte, un homme a émergé, plus résolu et plus téméraire que tous les autres : Eudes, comte de Paris, va désormais mener le combat. Car, depuis le VIIIᵉ siècle, Paris est devenu un comté dont le premier titulaire fut Griffon, fils de Charles Martel. Le titre a ensuite échu à différentes dynasties au gré des influences et des coalitions.

Pour l'heure, le plus urgent est de relever la tour du Grand Châtelet : trop basse, elle met les défenseurs à portée des flèches de l'ennemi. Comment réaliser l'ouvrage ? Le construire en pierre et en brique prendrait trop de temps, mais un rapide agencement de bois semble possible... On s'affaire à Paris, cette nuit-là. Chacun veut apporter sa contribution à l'aménagement, on cherche le bois, on scie, on cloue, on assemble poutres et soliveaux. On s'agite si bien que, lorsque point l'aube, Sigefroi en reste pantois : la tour a grandi dans la nuit !

Pour détruire le Grand Châtelet, une troupe de Vikings traverse à la nage le fossé qui l'entoure. Armés de pics et de haches, les soldats du Nord tentent d'en ébranler les bases. Tout en haut, sur l'étage de bois, le comte Eudes fait jeter de l'huile bouillante, de la poix fondue et des flèches enflammées sur l'ennemi. Un spectacle d'horreur : les hommes prennent feu comme de l'étoupe et se transforment en torches vivantes. Ils cherchent vainement leur salut en replongeant dans la Seine, mais l'huile embrasée continue de brûler, et des corps incandescents flottent sur le fleuve.

On croit bien pourtant, à un moment, que la tour va céder. Dans Paris, les cloches de toutes les églises sonnent le tocsin. Les Vikings sont si nombreux que des vagues nouvelles viennent remplacer les assaillants mis hors de combat. Il en arrive encore et encore… Le travail de sape mené à la base du Grand Châtelet finit par creuser une brèche dans laquelle s'engouffrent les agresseurs. Face à eux se dressent Eudes et ses intrépides soldats, tous l'épée à la main. Dans une mêlée sanglante, les troupes s'affrontent. Les Parisiens savent que, s'ils reculent en cet instant, c'est toute la ville qui tombera, et au-delà de la ville tout le royaume. Alors ils tiennent. Finalement, les Vikings battent en retraite, abandonnent le combat et vont établir leur camp sur la rive droite, près de l'abbaye Saint-Germain-l'Auxerrois.

De là, ils préparent méticuleusement de nouvelles attaques. Ils prennent leur temps, pillent les campagnes avoisinantes pour se nourrir, construisent d'autres tours roulantes, imaginent des plans d'invasion. À Paris, on renforce le Grand Châtelet et l'on installe à son sommet une machine capable de lancer des pierres impressionnantes.

Après deux mois de cette drôle de guerre, deux mois à s'observer et à imaginer des manœuvres et des armes plus performantes, l'assaut reprend le 31 janvier 886. Dans Paris, le cor sonne pour appeler à la mobilisation de tous.

De nombreuses tactiques sont tentées par les Vikings. Désormais ils avancent protégés par des mantelets couverts de peaux de bête : ces boucliers énormes sous lesquels se groupent plusieurs hommes prennent l'aspect mythique et monstrueux de dragons improbables qui glisseraient sur le pont pour venir se lover sous la tour. L'ennemi essaye aussi de combler le fossé du Châtelet en y jetant des cadavres, ceux de troupeaux occis pour l'occasion, ceux des prisonniers francs passés par les armes… Et, franchissant cette putréfaction, foulant de leurs pieds hommes et bêtes confondus dans le sang, ils tentent un assaut, encore repoussé. Les Barbares imaginent alors d'employer le feu : ils approchent de la tour des bateaux enflammés, qui s'écrasent mollement contre les piles du Grand Pont et s'enfoncent dans les eaux.

Mais un drame se déroule du côté du Petit Châtelet. Les eaux gonflées par les pluies hivernales ont emporté une partie du Petit Pont menant à la rive gauche. Sur cette rive, la tour se retrouve donc isolée et facilement assiégée. Pourtant douze braves résistent encore, et les Vikings, malgré leur nombre, n'arrivent pas à les déloger. Enragés, ils mettent le feu à la tour, et les douze valeureux, épuisés par les combats, étouffés par la fumée, tentent une sortie et se réfugient sur la partie non écroulée du Petit Pont. Dans une lutte au corps à corps, ils se battent sans espoir. Onze meurent sous les coups. Le douzième, un joli garçon vêtu d'atours élégants, est pris pour un grand seigneur. Les Vikings, éblouis par une rançon possible, veulent le faire prisonnier, mais non, il échappe à ses ravisseurs, se saisit d'une épée et défie ses ennemis jusqu'à la mort. La tour subit alors la colère des hommes du Nord, elle est rasée jusqu'à la dernière pierre.

La résistance inutile et héroïque des douze Parisiens du Petit Châtelet restera pour Paris le symbole de sa force morale et de sa bravoure. Ardrade, Arnold, Eriland, Ermenfride, Erwig, Eynard, Goswin Gozbert, Guy, Odoacre, Soties et Hervé, celui que les Vikings voulaient prendre vivant, entrent glorieusement dans l'histoire de la ville.

*
* *

Le printemps approche, et les combattants s'épuisent. Les Vikings comptent leurs morts et se demandent si Paris vaut un tel prix… Il est urgent de trouver une issue honorable. Alors, le comte Eudes, aussi fin politique qu'habile militaire, envoie un messager pour proposer de rencontrer son ennemi Sigefroi. Les deux chefs s'entretiennent sur le Grand Pont, et le Franc propose au Viking une somme de soixante livres d'argent. Qu'il la prenne et s'en aille au diable ! La somme est ridicule, mais Eudes ne peut pas et ne veut pas faire mieux. D'abord, Paris a été terriblement appauvri par une bataille de plusieurs mois. Ensuite, en offrant un tribut plus important, Eudes verrait se dresser contre lui tous les Francs, très chatouilleux sur le plan de l'honneur et du courage.

Soixante livres d'argent, c'est juste assez pour permettre à Sigefroi de lever le siège en gardant la tête haute. Mais, sur le Grand Pont, les seigneurs vikings qui entourent leur chef contestent la transaction. Ils veulent poursuivre le combat, eux, ou alors toucher une plus importante gratification ! Vexés dans leurs ambitions pécuniaires, ils attaquent Eudes et tentent de le faire prisonnier, promesse d'une belle rançon… Mais le Franc brandit son épée, menace, perce quelques ventres et retourne sain et sauf sur l'île de la Cité. Les petits chefs vikings essayent ensuite de s'emparer du Grand Châtelet pour leur propre compte, mais ce sont maintenant des forces amoindries et divisées qui font l'assaut de Paris. Elle sont aisément repoussées.

Enfin, les Vikings renoncent. Mais ne sachant trop où se diriger, ils quittent leur camp de la rive droite et vont s'installer sur la rive gauche, près de Saint-Germain-des-Prés.

À Paris, on n'a pas le temps de se réjouir de cet armistice. Une nouvelle calamité s'est abattue sur la ville : les dépouilles entassées dans le fossé du Grand Châtelet ont provoqué une épidémie de peste. Les cadavres rongés par la maladie s'ajoutent aux morts tombés les armes à la main. Et quand le mal recule, la disette se répand sur une ville qui a soutenu un trop long siège. Alors, dans la nuit, on voit des ombres s'échapper de l'île de la Cité et se glisser dans le camp des Vikings… À la faveur de l'obscurité, quelques Parisiens audacieux viennent voler des bœufs, et le bétail traverse silencieusement le Grand Pont pour venir se faire rôtir par les habitants affamés.

La situation est plutôt étrange : les Parisiens n'osent sortir de l'île, les Vikings campent aux abords... Le siège est-il levé, oui ou non ? Il faut brusquer un peu les choses et pousser les assaillants à déguerpir. Pour cela, l'empereur Charles le Gros doit entrer dans la bataille. Eudes et quelques braves sortent de Paris et galopent jusqu'à Metz pour tenter de fléchir le cœur du souverain et obtenir de lui quelques troupes assez puissantes pour chasser les Vikings loin de Paris. Mais le gros Charles est fatigué de tous ces problèmes, qu'on le laisse un peu tranquille, qu'on l'abandonne à son autosatisfaction et qu'on ne vienne plus le déranger avec ces réclamations qui ne finissent jamais...

Bon, puisque Eudes insiste, Charles consent à envoyer vers Paris quelques troupes conduites par le duc Henri de Saxe. L'empereur lui-même viendra plus tard, peut-être, sûrement, on verra...

Eudes se hâte de retourner à Paris pour annoncer la bonne nouvelle à ses concitoyens. Bientôt, dans le soleil du mois de juin, le comte apparaît sur les hauteurs de Montmartre, et toute la ville retient son souffle. Quant aux Vikings, bien certains que toute cette agitation n'augure rien de bon pour eux, ils tentent d'empêcher Eudes de rentrer dans la cité assiégée... Mais que peuvent des rangées de soldats bien armés contre un héros ? Eudes au grand galop, sabre en avant, perce les rangs des Vikings, file comme un boulet et entre dans la place, reçu en brave, acclamé de tous.

Les troupes d'Henri de Saxe arrivent peu après et affrontent les Vikings qui reculent. Les nobles francs voient dans cette confrontation l'occasion d'infliger à l'ennemi une défaite aussi marquante que définitive. Pour cela il faut des renforts, et l'empereur doit les conduire, il est annoncé, il est à la tête d'une puissante armée, il est là près de Montmartre, il va vaincre, c'est sûr...

Seulement voilà, Charles tergiverse. L'arrière-petit-fils de Charlemagne est un négociateur sans doute, un rusé peut-être, mais un foudre de guerre certainement pas. Les Vikings veulent passer sur la Seine ? Eh bien, qu'ils passent ! Et pour contenir un peu la voracité des pirates scandinaves, l'empereur leur octroie une gratification de sept cents livres d'argent. Les nobles francs crient à la trahison ! En fait, il ne s'agit plus seulement de poltronnerie : l'empereur se soucie surtout de la Germanie, autrement dit de la Francie orientale, et préfère risquer une alliance éphémère avec les chefs nordiques plutôt que de se préoccuper du sort du cœur de ses États : la Francie occidentale. L'aristocratie franque ne pardonnera jamais cette perfidie.

Dès lors, Paris ne se sent plus lié par les accords pris par l'empereur. Et quand Sigefroi veut faire passer sa flotte sous le Grand Pont pour aller plus loin incendier la Francie, comme Charles le lui permet, on fait tout pour arrêter le convoi. Du haut de la tour du Grand Châtelet, Ebles, l'abbé-archer, vise le pilote du premier bateau et lui décoche une flèche dans le cœur ! Les Vikings ont la sagesse de ne pas insister. Et, chose extraordinaire, spectacle incroyable, ces marins intrépides tirent leurs embarcations sur la terre ferme et contournent Paris par les champs et les bois ! Toute honte bue, ils se remettent à l'eau plus loin, suivent ensuite le cours de l'Yonne, attaquent Sens, qu'ils ne parviennent pas à prendre, se rabattent sur Meaux, moins bien défendue, pillent la ville et emmènent l'évêque, espérant l'échanger contre quelques pièces d'or.

*

* *

Un an plus tard, en novembre 887, le mécontentement est général dans l'empire. Pour apaiser la noblesse, Charles le Gros se voit contraint de convoquer une diète à Trebur, près de Mayence. L'empereur voudrait se justifier, mais qui a envie d'écouter ses pitoyables explications ? Il est aussitôt destitué de tous ses titres. En quelques secondes, Charles n'est plus ni empereur d'Occident, ni roi d'Italie, ni roi de Francie orientale, ni roi de Francie occidentale… Il n'est plus rien. Son neveu le duc Arnulf est proclamé roi en Germanie, mais le trône de Francie reste vacant…

Au mois de février suivant, les seigneurs francs réunis à Compiègne acclament Eudes : le comte de Paris est nommé roi de Francie occidentale. Pour ne pas perdre de temps, et par crainte de voir se lever d'autres candidats au trône, on procède au couronnement à Compiègne même. On bâcle un peu la messe, on procède à une rapide onction, et vive le roi !

— Vous, hommes d'Église et seigneurs séculiers, déclare le nouveau monarque, vous me serez fidèles en m'aidant de vos conseils et de votre puissance… Avec l'aide de Dieu et de votre concours, je réformerai tout ce qui a besoin de réformes, et remettrai toutes choses

dans l'état de droiture et de justice qui existait anciennement.

Belles promesses électorales. En attendant, le roi
Eudes doit poursuivre son combat contre les Vikings,
qui reviennent avec des forces toujours plus importantes pour s'emparer de la Francie.

L'ennemi a définitivement renoncé à Paris, mais la
ville panse ses plaies. Les invasions des Vikings ont
ruiné ses édifices : de la basilique Saint-Germain-des-
Prés, il ne reste que la partie inférieure d'une tour
carrée ; Sainte-Geneviève, Saint-Julien-le-Pauvre, Saint-
Marcel, Saint-Germain-l'Auxerrois et de nombreuses
autres églises ont été mises à sac et incendiées.

Pourtant, de cette désolation Paris sort grandi. Par
leur acharnement, les pillards de Scandinavie ont
démontré que celui qui voulait tenir la Francie devait
tenir Paris. Par leur défense obstinée, les Parisiens se
sont imposés au reste du royaume, et même si, à sa
mort, le comte de Paris Eudes redonnera la couronne
de Francie occidentale aux descendants directs de
Charlemagne, ce sont eux, les Parisiens, qui désormais
font l'Histoire, ce sont eux qui font les rois.

LA CHAPELLE

Le triomphe des Capétiens

« Miracle sans nom à la station Chapelle, on voit le métro qui sort de son tunnel », aurait pu chanter Charles Trenet. En effet, le métro se fait ici aérien, sans doute pour venir un peu respirer à l'air libre. Surprise, du bout du quai on aperçoit le dôme blanc du Sacré-Cœur de Montmartre. Mais la ligne et la station ont été construites sur des vestiges bien plus anciens : l'enceinte des fermiers généraux qui remonte à la fin du XVIIIᵉ siècle.

Je flâne dans ce quartier qui sent bon les épices venues d'Inde ou du Pakistan, sorte d'Indiantown propice à toutes les découvertes. En quelques pas, voici le vieux théâtre des Bouffes du Nord, un peu excentré par rapport à nos grandes scènes parisiennes, mais qui a échappé à une mort annoncée grâce au talent du Britannique Peter Brook. Ce metteur en scène en a fait le laboratoire vivant d'un théâtre novateur, parfois étrange, souvent audacieux, toujours passionnant. Mais revenons à l'Histoire…

D'ou vient ce nom : La Chapelle ?

De Charlemagne ! On sait que l'empereur était un exalté de reliques en tout genre. Pour assouvir sa toquade, il dépêchait régulièrement en Palestine des chevaliers ayant pour mission d'en rapporter les ultimes fragments de la Passion du Christ ou les restes des premiers martyrs chrétiens. Ses envoyés revenaient de ces longs voyages au bout de la foi chargés de débris de bois, d'étoffes, d'ossements qui, enchâssés dans de superbes orfèvreries, se métamorphosaient par la magie du dogme en pieuses reliques admirées par des foules éperdues de vénération.

L'une des plus belles pièces de sa collection était la cape de saint Martin, la moitié de cape plus exactement, puisque le jeune homme inspiré l'avait coupée en deux pour en offrir une partie à un mendiant. Pour ce tissu glorifié, Charlemagne fit construire dans l'enceinte de son palais d'Aix un lieu de culte et de dévotion : une chapelle, terme tiré du latin *cappa*, la cape.

Le mot entra dans le langage courant. À Paris, on l'attribua notamment à un petit oratoire où, dit-on, sainte Geneviève se serait autrefois arrêtée pour prier sur la route qui la conduisait au sépulcre de saint Denis.

Entre Montmartre et Belleville, le village de La Chapelle se groupa donc autour de l'oratoire, la chapelle où pria sainte Geneviève, et puis, comme il fit partie des terres de l'abbaye de Saint-Denis, on l'appela aussi La Chapelle-Saint-Denis, avant son annexion à Paris en 1860 où il s'intégra dans le XVIIIe arrondissement.

L'église située au 16, rue de la Chapelle se trouve sur l'emplacement de l'ancien oratoire, que certains jadis pensaient même être la tombe de saint Denis.

Après sainte Geneviève, une autre célèbre pénitente fréquenta ces lieux : Jeanne d'Arc. Une statue rappelle que la Pucelle vint prier ici le 7 septembre 1429, espérant libérer Paris du joug anglais et bourguignon. Cette fois, elle échoua dans sa tentative et fut blessée à la cuisse au cours des combats.

L'église actuelle date en grande partie du XVIIIe siècle, les seuls vestiges de l'église primitive de 1204 – qui ont donc vu prier Jeanne – sont les quatre premières travées de la nef, séparées du reste par des piliers ronds.

Le village ancien se situait derrière la station de métro, au niveau de la place Paul-Éluard, au bout de l'avenue Marx-Dormoy. Petit endroit, car le village était un village-rue, peu étendu, très modeste, mais si prestigieux.

*
* *

En ce Xe siècle, l'importante foire du Lendit déménage : elle quitte le bourg de Saint-Denis, où elle se déroulait jusque-là, pour se rapprocher de Paris. Elle s'établit quasiment à mi-chemin de l'abbaye et de la ville : au village de La Chapelle, sur l'emplacement de l'actuel rond-point de La Chapelle.

Lendit... ce terme nébuleux serait tiré du latin *indictus*, qui signifie fixer, notifier. Chaque mois de juin, durant quinze jours, des milliers de marchands arrivés de toute la Francie, mais aussi de Provence, de Lombardie, d'Espagne ou de Constantinople, se donnent rendez-vous pour proposer étoffes, moutons, herbes, épices, parfums et – ce qui est plus rare – feuilles de parchemin ! Du coup se précipitent à La Chapelle les maîtres en toges noires, qui exercent leur art dans les écoles ouvertes à l'intérieur des monastères, mais aussi dans les institutions établies sur la montagne Sainte-Geneviève en dépit de l'indignation de l'évêque de Paris. Enseignement libre ou religieux ? Déjà le débat est entamé, mais tous ont besoin du précieux support des parchemins importés d'Orient, tous se retrouvent côte à côte au Lendit pour faire leurs emplettes.

La foire de La Chapelle attire également une foule mêlée venue acheter quelques provisions ou simplement admirer les boutiques temporaires, à la fois proprettes et élégantes, si différentes des tristes ouvroirs de Paris. On se presse ici comme au spectacle, pour voir se déployer la grande scène du monde… C'est un peu l'air d'ailleurs que l'on respire à travers ces couleurs et ces odeurs. On s'étonne devant la richesse des soies, on admire les funambules, les cracheurs de feu, les danseurs et les joueurs de fifres, ils sont si joyeux ! Et puis, au milieu des boutiques, dans une baraque de bois, se tient l'abbé de Saint-Denis, raide, grave, le sourcil froncé. Il est là pour juger, trancher et apaiser les controverses qui ne manquent pas d'opposer commerçants et clients.

Chaussures dorées, les jambes enveloppées dans des tissus colorés, veste de laine ou de lin joliment tissée, glaive sur le côté et canne à la main, manteau court bleu ou vert, les riches messieurs sont accompagnés de leurs dames. Celles-ci ont chaussé des bottines qui les protègent de la boue et de la poussière des rues, elles ont revêtu deux tuniques, une courte et une plus longue, mauves, violettes ou rebrodées d'or, et la mode veut que les cheveux soient couverts d'une petite écharpe. Face à ces couleurs déployées par les Parisiennes et les Parisiens aisés, les paysans et les artisans portent des habits plus ternes, gris, beiges, marron, car ils ne sauraient rivaliser avec le bon goût luxueux des belles dames et des gentilshommes.

Qui a hérité de la foire du Lendit ?

Avec le développement de l'université parisienne, au XIIIe siècle, la foire du Lendit – et sa vente de parchemins – devint une fête pour les maîtres et leurs élèves. Le matin de l'ouverture, dès l'aube, on voyait les étudiants se réunir sur la montagne Sainte-Geneviève. Ils se formaient en compagnies pour se mettre en marche au son des fifres, des trompettes et des tambours, puis se dirigeaient joyeusement vers La Chapelle. Une belle fresque de ce joyeux défilé est visible dans la cour de la Sorbonne.

En 1444, la foire retourna à Saint-Denis en raison des désordres commis par les étudiants. Plus tard, le Lendit se mua en foire aux bestiaux, puis au XIXe siècle en fête foraine dite « fête d'été ». À La Chapelle, seul le marché de l'Olive (rue de l'Olive), ouvert en 1885, offre un vague écho de ce qui a disparu.

En 978, le comte de Paris s'appelle Hugues Capet. Capet, pour le distinguer de son père Hugues le Grand, qui avait été comte de Paris avant lui. Mais, en réalité, on ignore ce qui lui vaut ce surnom de Capet. Est-ce en raison de sa grosse tête plantée sur un corps chétif (du latin *caput*, la tête) ? Est-ce parce qu'il porte en permanence un capuchon ? Est-ce parce qu'il possède plusieurs abbayes et devient ainsi un chappet, « celui qui porte la cape » ? Est-ce parce qu'il est abbé laïque de l'abbaye Saint-Martin de Tours et que le surnom est une fine allusion à la cape du saint coupée en deux ? Est-ce parce qu'il brandit au-devant de ses troupes, dit-on, la sainte relique de Martin en protection mystique ?

En tant que comte de Paris, Hugues Capet détient la responsabilité de la défense et de l'organisation de la ville. Il gouverne Paris, mais quel Paris ? Sur les rives, les alentours ont été ravagés par les Vikings, et rien n'a été tenté pour relever ce qui a été abattu. Les abbayes sont dévastées, on prend l'habitude de vivre et de prier entre des murs éboulés, des églises calcinées, des monastères saccagés.

Sur l'île de la Cité, le tableau est à peine plus réjouissant. La plupart des maisons sont en bois, elles ont brûlé ou elles ont été atteintes par des projectiles, on les a rafistolées à la hâte, mais les masures de guingois semblent se pencher, s'effondrer presque les unes sur les autres. Au rez-de-chaussée de ces bicoques, on trouve généralement des boutiques obscures ouvertes sur la rue… Mais elles sont sinistres, sentent le moisi et le rance, alors le gros des échanges se fait dans la rue avec les marchands ambulants. Les bottiers font leur tournée en tenant une grande perche sur laquelle les souliers à vendre sont enfilés, les débiteurs de vin promènent leur charrette, les marchands de fruits portent une hotte, et les colporteurs de colifichets traînent un gros sac. Et tout ce petit monde crie à s'en époumoner, pour couvrir la voix de l'autre et pour attirer le chaland.

Si la ville a perdu ses plus beaux atours, si Lothaire, petit-fils de Charlemagne et roi de Francie, lui préfère sa résidence de Laon, Paris reste animé et convoité. Convoité par qui ? Par Othon II, l'empereur germanique.

En cette année 978, en effet, la tension est extrême entre la Francie et la Germanie. Lothaire estime que l'empereur lui a volé la Lorraine, ancienne partie de la Francie médiane que s'arracheront les futurs Français et les futurs Allemands jusqu'au XXe siècle !

Du coup, Lothaire décide de châtier Othon, cet arrogant. Il convoque à Laon les hauts seigneurs du royaume pour leur demander de le soutenir dans une expédition punitive. Hugues Capet et les autres féodaux approuvent, prompts à jeter dans l'opération leurs finances et leurs soldats.

Et c'est ainsi qu'au début de l'été une armée franque de vingt mille hommes marche sur Aix-la-Chapelle. Tout le monde est content, les chefs qui espèrent par leur fidélité aveugle obtenir quelques avantages au retour, les hommes d'armes réjouis à l'idée de piller de nouvelles terres. Les seuls qui font un peu grise mine sont les paysans, consternés de voir les champs ravagés ; mais enfin, s'il fallait s'inquiéter de l'humeur acariâtre d'une bande de vilains, où irait-on ?

L'armée de Lothaire avance, franchit la Meuse, parvient à Aix, et les troupes les plus affermies, glaive à la main, pénètrent dans le palais… désert. L'empereur et sa famille ont quitté leur résidence au dernier moment : sur les tables les plats sont posés et les viandes encore chaudes ! On fait un peu ripaille, mais surtout on dérobe les riches étoffes rangées dans les armoires, on embarque la vaisselle d'or, on emporte les bijoux impériaux. Et puis, satisfaits du travail accompli, les soldats et leur chef s'en retournent tranquillement en Francie. Lothaire retrouve avec volupté la tranquillité de Laon et congédie son armée. C'est fini, on continuera la guerre une autre fois.

Entre-temps, Othon est revenu à Aix. Effaré, il a constaté les dégâts causés à sa résidence… Ce saccage exige des représailles ! L'empereur lève aussitôt une armée de trente mille cavaliers, sans compter la piétaille. Au mois d'octobre, les soldats germains entrent en Francie. Ils sont venus pour détruire et dévaster, ils ne s'en privent pas : les palais royaux d'Attigny et de Compiègne sont ravagés, les champs du Soissonnais et du Laonnais brûlent. Mais cela ne suffit pas, Othon veut Paris. Paris mis à sac lavera l'humiliation subie à Aix-la-Chapelle !

Lothaire s'est enfui de Laon pour aller piteusement se réfugier à Étampes, et n'a d'espoir qu'en Hugues Capet : le comte de Paris doit défendre sa ville… Plus le temps de mobiliser une armée : Paris va devoir se battre tout seul, une fois de plus. Les Germains arrivent déjà, on distingue la grouillante nuée de leurs cavaliers sur les hauteurs de Montmartre… L'armée ennemie est là, elle dresse ses tentes, mais elle demeure prudemment au loin. Othon hésite à attaquer. Il sait que la ville a jadis soutenu victorieusement le siège des Vikings. Pourra-t-il faire mieux que les pillards du Nord ?

Un neveu de l'empereur, téméraire et orgueilleux, réclame le droit d'ouvrir une brèche avec ses hommes. Othon consent : que cette tête brûlée aille se mesurer aux Parisiens ! Mais à peine la petite cohorte est-elle à portée des murailles que les hommes de Capet sortent de la ville, encerclent cette avant-garde intrépide et l'exterminent jusqu'au dernier. Même le neveu de l'empereur n'est pas épargné.

Ce sévère avertissement n'incite guère Othon à se mesurer plus avant à la colère parisienne. Pourtant, il faut bien faire quelque chose… Pour marquer la présence germanique et mettre à l'épreuve les nerfs des Parisiens, un soldat d'une force et d'une taille prodigieuses se présente chaque matin devant le Grand Châtelet, symbole de la résistance parisienne. De sa voix de basse, il lance plusieurs heures durant des chapelets d'insultes contre Paris et toute la Francie.

Pour Hugues, cette insupportable provocation doit cesser. Mais faut-il pour cela accepter le choc entre les deux armées ? Non, à un homme seul doit répondre un homme seul !

On choisit un chevalier nommé Ives pour défendre l'honneur franc. Les portes de la ville s'ouvrent : fièrement juché sur son cheval, le champion vient affronter le géant. Chacun combat sous les clameurs enflammées de ses partisans et les vociférations venimeuses de ses ennemis. La lance du Germain fait voler en éclats le bouclier d'Ives et se fiche dans sa poitrine. Le champion de Paris glisse de sa monture et s'effondre. Le Germain a-t-il remporté le duel ? Il se précipite pour achever son adversaire, c'est la consternation dans le camp des Parisiens, on tremble, on se lamente déjà. Mais alors que le Germain triomphant se rue sur sa proie blessée, Ives ouvre les yeux, bouge, dresse brusquement sa lance… et la pointe s'enfonce mollement dans le défaut de la cuirasse du géant, juste dans cet espace sous le ventre où le cuir rejoint les pièces métalliques. Le vaincu s'écroule dans un grand bruit de fer froissé, et les Parisiens laissent éclater leur joie. Une seconde a suffi et ils ont, en quelque sorte, gagné la guerre !

Le 30 novembre, après deux mois environ d'un siège qui a finalement pris les allures d'un voisinage de bon aloi, Othon plie bagage. Il fait froid, on patauge dans la boue, l'hiver approche, rien ne sert d'insister. Les tentes sont démontées, et la belle armée germaine quitte les hauteurs de Montmartre. Elle va se faire harceler un peu plus loin, près de Soissons, par les troupes bien aguerries de Lothaire.

Cette victoire obtenue aux portes de Paris sans presque coup férir permet à Hugues Capet de s'imposer comme le premier seigneur du royaume franc après le roi. L'Auvergnat Gerbert d'Aurillac, qui deviendra pape sous le nom de Sylvestre II, peut alors écrire : « Le roi Lothaire n'est le premier en Francie que par son titre. Hugues l'est, non par le titre, mais par ses faits et gestes. »

Quelle légende pour le Germain ?

De la mémorable joute entre Ives le Franc et le colossal Germain va naître la légende du géant Isoré… Elle sera reprise à partir du XIIe siècle dans des chansons de geste destinées à galvaniser l'héroïsme français face aux invasions étrangères. Le géant deviendra un Sarrasin, et le héros prendra l'identité et les traits de Guillaume d'Orange, chevalier de Charlemagne, défenseur de la chrétienté. Et dans Paris, la rue de la Tombe Issoire garde par son nom la mémoire du lieu de sépulture présumé de l'ennemi tombé.

Durant les huit années qui suivent, Hugues Capet paraît songer davantage à ses ambitions personnelles qu'à sa ville de Paris. Dans une politique complexe et tout en finesse, il prépare son avènement, s'oppose parfois au roi, mais reste pourtant son fidèle vassal. Il va à Rome voir le pape, guerroie contre les ducs de Lorraine, cherche une alliance avec les Germains, revient vers Lothaire… Pendant ce temps, trop occupé, il ne fait rien pour Paris. Dommage, car la ville aurait bien besoin d'être relevée. L'avoir sauvée des griffes d'Othon suffit pour l'heure à la gloire d'Hugues Capet.

Et puis, les circonstances vont favoriser une gloire plus éclatante encore. En 986 meurt Lothaire, qui transmet la couronne à son jeune fils Louis V, âgé tout juste de vingt ans. Mais l'année suivante, coup de pouce du destin, le jeune roi se tue en tombant de cheval. Après les funérailles, une assemblée de la haute noblesse se réunit à Senlis et offre par acclamations le trône à Hugues Capet, jugé le plus digne de régner. L'affaire est rondement menée, on se rend en vitesse à Noyon où, le 3 juillet 987, Hugues reçoit les insignes de la dignité royale. À genoux, le souverain des Francs prononce son serment solennel.

— Hugues, près de devenir, par la grâce de Dieu, roi des Francs, je promets devant Dieu et devant ses saints, en ce jour de mon couronnement, de conserver à chacun de vous ses privilèges canoniques, la loi qui le régit, la juridiction qu'il exerce ou dont il relève. Je jure avec l'aide de Dieu, et pour autant qu'il me sera possible, de vous assurer une parfaite sécurité comme un roi le doit dans son royaume à chaque évêque et à chaque église. Enfin, je jure de gouverner le peuple qui va m'être confié sur ses lois et son droit.

Hugues reçoit l'onction sainte et le voilà « roi des Francs, des Bretons, des Danois, des Aquitains, des Goths, des Espagnols et des Vascons ». Titre ronflant, qui cache une réalité moins plaisante. Les Danois ne sont que les Normands de Neustrie, les Goths, les Espagnols et les Vascons ne représentent que quelques habitants du Sud. De plus, les possessions directes du roi se trouvent limitées à un modeste domaine de l'Île-de-France, entre Compiègne et Orléans, mais comprenant Paris il est vrai, dont il fait sa capitale.

Sur le reste du territoire de la Francie, l'autorité royale, plus lointaine, se diffuse dans le flou et l'hypothétique. Bien sûr, le roi est le maître, seulement, comment peut-il s'imposer face à ses puissants vassaux ? Il ne dispose, en fait, que d'une force militaire limitée et de ressources financières médiocres. Heureusement pour son trésor, il bénéficie quand même d'un réseau d'abbayes, qui représentent de puissants appuis économiques et stratégiques, et en particulier, parmi celles-ci, Saint-Germain-des-Prés et Saint-Denis.

Hugues Capet compte sur ce réseau. Un diplôme accordant des terres à l'abbaye Saint-Maur-des-Fossés, conservé aux Archives nationales, nous offre un magnifique témoignage de l'an 989 et de l'habile stratégie du roi vis-à-vis de l'Église. En effet, il a besoin de la force ecclésiastique, car d'un point de vue purement politique, Hugues apparaît aussi faible que prudent : il n'est pas le souverain des grands changements, il n'est pas l'homme des projets grandioses et des bouleversements définitifs. La seule préoccupation du roi Hugues est de durer, de s'inventer une lignée qui viendrait remplacer les Carolingiens évincés. Et bientôt, son énergie se voit récompensée : six mois seulement après son couronnement, il obtient le droit d'associer au trône son fils unique Robert, très vite sacré à Orléans.

Si Hugues Capet a travaillé pour l'avenir, il a triomphé. La dynastie des Capétiens régnera de 987 à 1328, puis par branches collatérales de 1328 à 1848, avec les interruptions de la Révolution et de l'Empire. C'est vrai, Hugues n'a pas vraiment transformé Paris, mais ses successeurs vont en faire la Ville lumière.

Où est apparue la première Bourse de Paris ?

Pour le découvrir, il faut se demander comment on traversait Paris au Moyen Âge. C'est sans doute au fils d'Hugues Capet, Robert le Pieux, qu'on doit la reconstruction, à la fin du Xe siècle, de la « chaussée de Charles le Chauve ». Un pont fut alors inauguré pour remplacer l'antique ouvrage romain, bien délabré, qui sera progressivement abandonné. Ainsi, et pour cinq cents ans, l'axe unique pour traverser Paris ne serait plus en ligne droite mais prendrait la forme d'un arc brisé.

L'axe principal de la rive droite se trouva transféré de la rue Saint-Martin à la rue Saint-Denis, en face de ce nouveau passage pour se rendre du palais de la Cité à la prestigieuse abbaye des rois.

Ce grand pont prit le nom de Pont-au-Change à partir du XIIe siècle quand des « courratiers » vinrent s'y installer afin de s'échanger les dettes et créances des différentes communautés agricoles du royaume pour le compte de financiers privés… C'est donc sur ce Pont-au-Change qu'est apparue la première Bourse de Paris !

Quant à la « traversée de Paris », lorsque vous remontez la rue Saint-Denis, vous observez à hauteur des grands boulevards la magnifique porte Saint-Denis voulue par Louis XIV en 1672, sur l'emplacement des anciens remparts de la ville. La comparaison avec la modeste porte Saint-Martin à la même hauteur, deux cents mètres plus à l'est, montre la prédominance de cet axe médiéval sur l'ancien axe antique.

Il est amusant de s'imaginer que, pendant cinq cents ans, Paris ne posséda que deux ponts, un pour chaque rive, et qu'ils n'étaient pas dans le prolongement l'un de l'autre. Il fallut attendre le XVe siècle pour créer un franchissement supplémentaire de la Seine *via* l'île de la Cité.

Nos quatre ponts actuels sont des reconstructions du XIXe siècle, et sachez que le Pont-Neuf, achevé en 1607, n'est pas le neuvième pont de Paris mais le cinquième, et ce n'est pas le plus neuf mais le plus ancien, vous suivez ?

ARTS ET MÉTIERS

Le mythe de l'an 1000

Elle est bien jolie, la station Arts et Métiers, avec ses allures de sous-marin à la Jules Verne. Toute de cuivre rutilant, elle semble un improbable véhicule surgi du délire d'un savant excentrique. On voudrait s'y embarquer pour un long voyage qui nous emporterait non pas ailleurs, mais ici même, dans un autre temps.

Rêve déçu, le vaisseau souterrain reste immobile. Il faut s'en extraire, l'abandonner, emprunter le vieil Escalator aux lattes de bois pour venir tournoyer autour du Conservatoire national des arts et métiers, rue Saint-Martin.

Jusqu'à la Révolution, se dressait ici le prieuré Saint-Martin-des-Champs… Le petit oratoire élevé à l'endroit où saint Martin avait embrassé et guéri un lépreux avait été transformé en chapelle puis déplacé ici pour devenir un important monastère au XIe siècle. Il se trouvait à l'emplacement actuel des rues Saint-Martin, Vertbois, Montgolfier et Bailly.

Mais revenons à l'an 1000… Date rondelette, mais qui n'a pas ému plus que cela les paroissiens du royaume. Il est vrai que, dans certaines églises de Paris, de sombres abbés annonçaient pour tout de suite l'apparition de l'Antéchrist... Les Paco Rabanne de l'époque, en quelque sorte. Mais les théologiens éclairés opposaient à ces naïves croyances la vérité des textes et l'assurance que nul ne pouvait connaître ni le jour ni l'heure de la fin du monde.

Au fond, l'an 1000 n'a pas été une période enflammée et effrayante digne des Écritures et du Jugement dernier. Le mythe de l'an 1000 a été popularisé en France au XIXe siècle par les romantiques et des historiens comme Jules Michelet, qui voulaient voir dans le christianisme médiéval un temps de ferveur et de passion, une période bouillonnante où l'homme se montrait incapable de contrôler ses émotions.

Avec ou sans la terreur de l'Apocalypse, l'an 1000 fut pourtant une ère de ferveur religieuse éclairée par un renouveau de l'Église. Renforcé par la foi de ses fidèles, le siège pontifical se sentait pousser des ailes pour réformer des pratiques qu'elle condamnait. Jusqu'alors, il faut bien le dire, l'Église était complètement intégrée dans le système féodal : religieux et profane se mêlaient intimement, les préoccupations de l'évêque coïncidaient avec celles de l'aristocratie pour la gestion des terres, le privilège des bénéfices, le partage des impôts... Bref, le spirituel se confondait avec le temporel. Plus grave encore, les charges ecclésiastiques étaient accaparées par de hauts seigneurs qui n'avaient pas forcément la vocation religieuse, mais considéraient les titres religieux comme un bien héréditaire destiné au cadet de la lignée.

Pour Rome et les vrais chrétiens, le temps était venu de purger l'Église de ces abus et de retrouver le chemin de Dieu. Rome ne voulait plus être le jouet des barons et des Grands… Rendez au Seigneur ce qui appartient au Seigneur !

Ce renouveau se matérialisa à Cluny, abbaye bénédictine de Bourgogne, qui voulait se soustraire à toute domination temporelle et se plaçait sous l'autorité unique du pape. Les deux moines les plus connus de ce combat pour la spiritualité pure et dure se nommaient Raoul Glaber et Adémar de Chabannes. Ces personnalités clunisiennes ont surfé sur des années de guerres et d'invasions afin de convaincre le peuple de Francie de s'en remettre à Dieu pour la paix et le salut du monde.

Le Saint-Père, de son côté, n'hésitait jamais à inciter les fidèles à enrichir ces nouveaux monastères, ces refuges de la vraie foi qui fleurissaient un peu partout en Francie et ailleurs en Europe.

La règle instituée à Cluny et dans ses dépendances était celle de saint Benoît, sauf que le travail manuel, indispensable pour cultiver l'humilité, était relégué au second plan derrière le spirituel, c'est-à-dire la prière, l'écriture, le chant, la copie de manuscrits. Cluny se voulait le temple du savoir et de l'intelligence.

Cette puissante congrégation, qui cherchait à prendre en main les destinées de l'esprit et de la conscience humaine, s'installera plus tard à Paris. Le monastère Saint-Martin-des-Champs sera intégré à l'ordre clunisien en 1079.

Ici, dans la gloire de Dieu, les lumières de Cluny éclaireront Paris et les pieux paroissiens.

Mais avant cette « reprise en main » de l'Église, de sérieux contentieux avaient opposé celle-ci à la Couronne. Ainsi, le fils et successeur d'Hugues Capet,

Robert II, s'était attiré les foudres du Saint-Siège à cause d'une vie privée un peu agitée.

Tout commence quand, pour des raisons purement politiques, et sur ordre de son père Hugues, le prince Robert épouse, à l'âge de seize ans, la « vieille » Rozala, âgée de trente-trois ans, veuve du comte de Flandre et fille du roi d'Italie. Tout ça pour obtenir en dot le comté de Ponthieu, qui vient ainsi s'ajouter aux propriétés royales.

Après une vie conjugale assez terne, qui dure tout de même une dizaine d'années, Robert rencontre enfin la femme idéale : elle s'appelle Berthe, elle a trente-deux ans, elle est veuve d'un comte de Blois et flanquée d'une ribambelle d'enfants… Cette femme qui éblouit tant le jeune homme de vingt-six ans est la fille du roi de Bourgogne et de Provence, détail qui complique un peu la situation, car sa mère est la sœur du roi Lothaire, le dernier des Carolingiens. Par le jeu des unions, elle est donc l'arrière-petite-cousine du frétillant Robert… Et l'Église ne badine pas avec les liens de consanguinité, même s'ils sont un peu éloignés et tortueux. Tant pis, à peine monté sur le trône, Robert répudie Rozala et trouve un archevêque complaisant pour bénir son union avec la chère Berthe.

Le jeune pape Grégoire V ne décolère pas : le roi des Francs défie par son mariage l'autorité papale et les saintes lois de l'Église ! Pour montrer sa soumission et calmer le jeu, Robert envoie un ambassadeur au souverain pontife avec un ordre du jour sans ambiguïté :

— Nous avons certaines affaires en litige avec le Saint-Siège, assurez Grégoire V que je lui donnerai satisfaction sur tous les points s'il me laisse ma femme.

Le pape s'en étrangle : Robert consent à tout, sauf à ce qu'on lui demande ! Grégoire V ne bouge pas d'un iota et exige que les deux tourtereaux se séparent. L'ambassadeur revient penaud à Paris, porteur d'un message d'intransigeance...

— Jamais je ne me séparerai de ma femme ! hurle le roi. Elle m'est plus chère que tout au monde et je veux que l'univers entier le sache.

En rétorsion, le pape réunit un synode à Pavie, et de cette réunion de prélats sort une décision : « Le roi Robert, qui malgré l'interdiction apostolique, a épousé sa parente, doit se rendre auprès de Nous pour Nous donner satisfaction... S'il refuse de venir, qu'il soit privé de communion. » C'est la menace suprême, celle de l'excommunication !

Mais Robert, trop heureux de filer le parfait amour, ne répond pas à la convocation papale, ce qui évidemment n'arrange pas ses relations avec le Saint-Siège. Alors le pape réunit un nouveau synode, cette fois à Rome. Une règle sort des débats, une loi canonique rigide et menaçante : « Le roi Robert quittera Berthe, sa parente, qu'il a épousée contre les lois. Il fera une pénitence de sept années, selon la discipline de l'Église sur les mariages incestueux. S'il refuse de se soumettre, qu'il soit excommunié. »

Tout d'abord, il n'obéit pas. Le voilà donc rejeté par l'Église, retranché de la communauté des fidèles. Aussitôt, le palais de la Cité se vide. En un ballet désespérant, les vassaux, les conseillers, les clercs s'en vont les uns après les autres. Entre le pape qui promet le paradis et le roi qui n'a que des biens terrestres à offrir, leur choix est vite fait. Les derniers serviteurs demeurés sur place purifient la vaisselle du roi par le feu et la prière après chaque usage, de peur d'être contaminés par la terrible sentence, imaginant que le simple contact avec le condamné les vouerait à la damnation éternelle.

Et c'est ainsi, dans le péché, que le roi et la reine franchissent l'an 1000. Sur l'île de la Cité perdure la situation absurde qui transforme les souverains en prisonniers de leur propre palais. En définitive, c'est la bonne Berthe qui craque. Au fond, elle ne tient pas tellement à être reine des Francs ; et puis l'idée de devoir rester recluse entre ses murs lui fait horreur.

En 1001, après quatre ans de vie commune, Berthe et Robert consentent à se quitter, séparation qui se fait dans les pleurs et la contrition, mais aussi dans un étalage un peu bruyant de bons sentiments et de déchirants regrets. Berthe monte sur un char léger tiré par quatre chevaux, traverse le Grand Pont, passe sur la rive gauche, remonte la longue voie Saint-Jacques, franchit la montagne Sainte-Geneviève et poursuit sa route vers le sud, direction Vienne, au bord du Rhône, où elle va retrouver la cour royale de son père.

Quant à Robert, sa dévote repentance s'affiche avec démesure. Il pleure, il se lamente, il fréquente chaque jour les églises parisiennes, chante plus fort que les autres durant les offices, passe les nuits de grandes fêtes en oraison, couche par terre en marque de pénitence.

Il s'agite beaucoup, mais cela ne lui suffit pas. Il fonde des monastères un peu partout. À Paris, il fait reconstruire l'église Saint-Germain-l'Auxerrois et l'abbaye Saint-Germain-des-Prés, qui avaient été si malmenées par les Vikings. Pour tenir le bon Dieu à sa disposition, il fait élever dans son palais une chapelle dédiée à saint Nicolas, et qui deviendra un siècle et demi plus tard la Sainte-Chapelle.

Robert pense à son âme, certes, mais aussi un peu à son confort personnel : il restaure le palais de la Cité, l'agrandit par la Conciergerie, bâtiment affecté à la résidence du concierge du palais... Concierge ! Un terme bien commun pour une haute fonction : celle de faire exercer par les baillis la justice basse et moyenne, avec des privilèges exorbitants, parmi lesquels le droit de prélever une taxe sur chaque tonneau de vin et sur chaque quantité d'avoine.

Au passage, tordons le cou à une croyance bien ancrée : « concierge » ne vient pas de « comte des cierges », celui qui surveillerait les cierges du palais ! Le mot est tiré du latin *conservius*, compagnon d'esclavage, et désigne celui qui est au service du palais.

En rétablissant le palais de la Cité, le roi Robert redonne à Paris son rôle de capitale, rôle que les rois carolingiens avaient un peu négligé. Mais il est vrai que le statut et la géographie de l'agglomération sont encore un peu flous. Le comté de Paris est finalement rattaché à la Couronne. Mais elle est où, cette ville ? Dans l'île de la Cité enserrée derrière ses murs ? Sur la rive droite qui se peuple de belles demeures, mais dont l'expansion est limitée par les marais ? Sur la rive gauche essentiellement occupée par les abbayes, les églises et leurs vergers ?

Quel sort pour la Conciergerie ?

Avec les quatre tours du quai de l'Horloge et la Sainte-Chapelle, les cuisines, la salle des gardes et celle des gendarmes de la Conciergerie sont les uniques vestiges du palais médiéval. Le reste relève des travaux d'Haussmann et d'un aménagement digne du musée Grévin. Haussmann pour le palais, Grévin pour la Conciergerie. Ce monument, qui se visite de nos jours, s'efforce de restituer l'ambiance carcérale de la prison qui occupa les lieux de 1392, après l'abandon du palais par Charles V et ses successeurs, jusqu'à sa fermeture en 1914. Les cellules occupaient le rez-de-chaussée du bâtiment bordant le quai de l'Horloge.

Les vestiges authentiques n'y sont pas nombreux, ils nous ramènent au XVIIIe siècle et à la période extrêmement riche en détenus que fut la Révolution.

Tout d'abord, la cour aux femmes avec sa fontaine où les prisonnières lavaient leur linge, et sa grille les séparant des hommes. Puis voici la chapelle des Girondins où ceux-ci vécurent leur dernière nuit du 29 au 30 octobre 1793, et la chapelle Marie-Antoinette construite sous Louis XVIII en souvenir de la cellule où la reine passa ses derniers moments en 1793.

Le local disposé entre les deux chapelles fut celui où Robespierre, blessé à la tête, attendit le supplice suprême.

Devant la façade XVIIIe siècle du Palais de justice, regardez le petit escalier à droite qui conduit à la buvette. C'est l'escalier par lequel tous ces condamnés sortirent pour se rendre à l'échafaud… Voilà le témoin le plus émouvant et le plus discret de la terrible prison.

En l'an 1003, la dévotion de Robert est récompensée : sa femme, la première, la vieille Rozala, est morte en Flandre où elle s'était retirée. Canoniquement, Robert est libre et peut se remarier… Ce qu'il fait immédiatement, car il lui faut un héritier. Il épouse Constance d'Arles, qui a la particularité d'avoir à peine dix-sept ans et de n'être ni veuve ni matrone.

Le roi a trente et un ans et, pour sa femme, fait figure de barbon. Alors, de Provence, celle-ci amène au palais des grappes de jeunes gens qui font souffler un air frais, mais qui horrifient les vieilles barbes ! Car ces nobliaux ont les cheveux courts, le visage imberbe et s'habillent d'une manière extravagante, de vrais bouffons ! Pensez, ils portent des bottines absolument ridicules, terminées par un bec recourbé. Si l'on n'y prend pas garde, c'est toute la jeunesse de Francie qui risque de se laisser tenter par ces accoutrements grotesques ! Les pieux abbés qui entourent le roi branlent du chef en répétant que la Cour n'est plus ce qu'elle était, que la jeunesse actuelle, mon Dieu, ne songe qu'aux plaisirs et à la débauche. Bref, à Paris, tout fout le camp !

Robert, lui, s'inquiète bien peu des bottines des amis de sa femme. Il accomplit son devoir conjugal pour donner un héritier au royaume, il s'applique même à la tâche puisqu'il fera sept enfants à la belle Constance… Mais son bonheur est ailleurs : sa chère Berthe est revenue au palais ! Oh, bien discrètement.

Et heureusement, la résidence royale est assez vaste pour éviter des confrontations gênantes.

De toute façon, Constance n'a pas vraiment envie de rester à Paris. Les clercs et les seigneurs la regardent de travers, lui reprochent sa jeunesse arrogante, ses frasques et sans doute sa joie de vivre. Mais il n'y a pas que cela : elle doit croiser dans les allées du palais des foules de mendiants que son pieux mari fait quérir pour les nourrir et leur distribuer quelques pièces. Elle qui voudrait tant s'oublier dans le luxe et l'insouciance se trouve sans cesse confrontée au malheur et à la misère. Certains jours, il vient au palais jusqu'à mille indigents, tous plus gueux les uns que les autres, crasseux, puants, envahissants.

Et le plus terrible se déroule juste avant Pâques. Le jeudi saint, trois cents pauvres pénètrent, ensemble, dans le palais. Ils s'attablent bruyamment, et le roi se retrouve parmi les valets à servir le repas à ces miséreux. Après le dîner, en une cérémonie bien réglée, Sa Sublimité décrasse les pieds de quelques-uns tandis qu'un diacre chante le récit de l'Évangile selon saint Jean où le Christ lui-même lavait les pieds de ses disciples : « Pendant le souper, Jésus se leva de table, ôta ses vêtements, et prit un linge, dont il se ceignit. Ensuite il versa de l'eau dans un bassin, et se mit à laver les pieds des disciples, et à les essuyer avec le linge dont il était ceint... »

S'il n'y avait que les mendiants, peut-être Constance pourrait-elle se résigner, mais non, il y a aussi les lépreux ! Robert adore les lépreux, ils permettent au roi de se montrer si dévoué et si charitable... Il les reçoit en son palais et s'empresse d'embrasser leurs mains rongées par la maladie. Quelque seigneur s'étonne de cette belle mais excessive bonté...

— Jésus-Christ a pris la forme d'un lépreux, rappelle le roi sur un ton sentencieux.

Selon les Écritures, le Christ aurait plutôt guéri un lépreux... Et bientôt le roi, dans son humilité tapageuse, va faire de même. En tout cas, on lui attribue des guérisons miraculeuses : il lui suffirait de faire le signe de la croix sur un malade, et la lèpre disparaîtrait... Le peuple ingénu y croit ou fait semblant d'y croire. À partir de Robert, et jusqu'à Louis XVI, on prêtera aux rois le pouvoir de guérir les écrouelles, c'est-à-dire toutes sortes de fistules purulentes.

Avec ses mendiants et ses scrofuleux, Robert est au comble du bonheur. En fait, plus il vit dans le péché avec Berthe, plus il se fait bon chrétien, modeste et bienveillant. Finalement, Constance abandonne la place. Elle quitte Paris, laisse Robert à ses mendiants, à ses lépreux et à sa maîtresse pour passer le plus clair de son temps à Étampes où le château accueille sa cour personnelle et ses enfants.

En 1031, Robert le Pieux – car on ne saurait l'appeler autrement désormais – a cinquante-neuf ans. Un âge raisonnable pour l'époque, mais enfin il se porte bien. Tout va pour le mieux jusqu'au 29 juin. Ce jour-là, une éclipse de soleil vient perturber sa ferveur religieuse. C'est sûr, cette éclipse est un présage de mort, d'ailleurs tout le monde le dit.

Effectivement, le roi est aussitôt terrassé par une fièvre qui le fait suffoquer... et il met seulement trois semaines à mourir. De Melun, où le mal a frappé le roi, on transporte la dépouille jusqu'à Saint-Denis où elle est inhumée à côté de celle de son père, Hugues Capet.

Les moines de Saint-Denis sont si redevables de tant de bontés au roi défunt que, dans leurs écrits hagiographiques, ils imaginent cette mort accompagnée de phénomènes extraordinaires et de cataclysmes : une comète serait passée au firmament, les rivières auraient débordé, renversant des maisons et noyant des petits enfants… Manière de montrer que même le Ciel pleure la disparition du pieux Robert.

Cette piété a profité à Paris. Pour la première fois depuis les invasions vikings, un souverain s'est mis en tête de rebâtir la ville. Il est vrai que seuls les monastères, les abbayes, les églises et son propre palais ont profité de ses largesses, mais l'élan est donné.

*
* *

La montée sur le trône d'Henri Ier, fils de Robert le Pieux, marque l'aube d'une période difficile : disettes, épidémies et incendies vont se succéder. Et puis, les Parisiens sont divisés, certains acclament le nouveau roi Henri, d'autres réclament la couronne pour son frère cadet Robert. Inquiet de voir une partie de la population de sa ville contester son autorité, Henri juge prudent de prendre la fuite et de courir se réfugier à Fécamp, chez son allié le duc de Normandie.

Il a raison de partir : à Paris, il n'y a plus rien à manger. Sur les marchés, on vend de la viande de chien ou de souris, et même, dit-on, des cadavres déterrés à la hâte, qu'il faut bien cuisiner si l'on ne veut pas mourir soi-même. Dans les églises, les malheureux affamés s'entassent, espérant trouver un secours ou alors la mort, enfin un événement qui viendrait à bout de cette souffrance. Tout va mal. En 1034, un incendie plus violent que les autres détruit les masures dans lesquelles s'abritait un petit peuple. En 1035, la famine s'accompagne d'une sorte de peste qui fait périr plus sûrement encore que la faim.

Pendant ce temps, Henri Ier pourchasse les rebelles qui contestent son trône. C'est dire qu'il a peu l'occasion de s'occuper de Paris.

Le moment est venu pour l'Église de se servir de tous ces désordres pour asseoir son autorité. En 1049, le pape alsacien Léon IX, à peine élu, se met en tête d'éradiquer la simonie qui ronge le clergé. C'est vrai, en Francie en tout cas, et singulièrement à Paris, les titulaires des évêchés et des abbayes ne sont pas toujours les plus croyants et les plus méritants, ce sont avant tout ceux qui ont pu acheter leur charge au souverain. Cette pratique bien instaurée satisfait les riches ambitieux, bien sûr, mais aussi le roi qui tire de la vente des dignités ecclésiastiques une part non négligeable de ses revenus. De plus, le haut clergé, devenu l'obligé du monarque, ne peut lui refuser de lever quelques bataillons quand le climat est à la guerre.

De quoi ce pape vient-il se mêler ? doit s'interroger Henri Ier. En cherchant à supprimer certaines mauvaises habitudes, le Saint-Siège tente aussi d'imposer son influence sur tous les pays de la chrétienté. C'est intolérable ! Pour commencer, et pour montrer la mauvaise humeur du royaume, aucun évêque de Francie ne répond à l'invitation lancée par Léon IX qui réunit un concile sur le thème délicat des clercs simoniaques.

D'ailleurs, ce pape ne cesse de chercher des noises au roi des Francs. Au cours d'un séjour à Ratisbonne, Sa Sainteté visite l'abbaye de Saint-Emmeran dans laquelle se trouve une châsse censée contenir le corps de… saint Denis ! Mais saint Denis repose près de Paris, tout le monde le sait. Eh bien non, le souverain pontife déclare que la seule dépouille véritable est celle détenue par l'Empire germanique.

Le roi Henri refuse cette vérité révélée. Solennellement, devant les Parisiens venus en foule, il fait ouvrir le sarcophage de l'abbaye Saint-Denis. L'odeur qui s'en échappe apparaît si douce et si suave que tous conviennent qu'elle ne peut provenir que des restes d'un saint ! Et l'on continue allégrement de prier Denis en son église des faubourgs de Paris.

Mais le roi Henri veut faire mieux, frapper plus fort et plus haut, pour amoindrir l'influence et la mainmise papales. Pour cela, il va créer à Paris une somptueuse abbaye dont il restera le maître, en dépit de toutes les vociférations romaines.

À l'emplacement de la chapelle dédiée à saint Martin, Henri Ier fonde le monastère Saint-Martin-des-Champs, l'enclot de murailles, lui offre richesses et terres, lui octroie revenus, droits, privilèges, exemptions de taxe…

La tâche est immense et ne sera achevée que par le fils d'Henri, le roi Philippe Ier. Au moment de la dédicace, en 1067, Saint-Martin-des-Champs constitue une vaste enceinte entourée de murs crénelés munis de dix-huit échauguettes et de quatre solides tours de garde.

Et c'est ce fameux monastère qui, en 1079, est donné à l'ordre de Cluny. Les chanoines qui occupent les lieux sont aussitôt remplacés par soixante-dix moines bénédictins. Saint-Martin-des-Champs devient prieuré, « quatrième fille de Cluny » selon le vocabulaire de l'époque. Car l'abbaye en possède d'autres en Francie, mais aussi en Suisse, en Espagne en Angleterre.

Par ce geste, Philippe Ier veut sans doute faire quelques concessions au Saint-Siège, caresser le pape dans le sens du poil, se résigner à des compromis entre deux interdits lourdement affichés…

Car le siècle s'achève comme il a commencé : dans les amours prohibées. En 1092, Philippe tombe éperdument amoureux de la jeune Bertrade, fiancée au vieux comte d'Anjou. Pour trouver la félicité, le roi répudie son épouse et la fait enfermer au château de Montreuil-sur-Mer. Entre-temps, hélas, la douce Bertrade a épousé son vieillard. Si l'on devait s'arrêter à ces contingences, à quoi servirait-il d'être roi ? Bertrade est enlevée, opération qui ne se révèle pas trop compliquée puisque la victime est consentante ! La jeune fille de vingt-deux ans se donne avec fougue au roi de presque trente ans son aîné, satisfaite et heureuse de parader au palais de la Cité comme une vraie reine des Francs.

Une reine que la population parisienne accepte et ovationne lorsqu'elle sort de sa résidence. Gens de bon sens, les habitants de la ville estiment que leur roi a droit au bonheur. Ailleurs, pourtant, l'opinion n'est pas toujours la même…

Le pape Urbain II est abasourdi : « Un pareil attentat montre évidemment la décadence de tout le royaume et annonce la ruine prochaine de vos églises… », écrit-il. Et puis, comme il ne peut faire entendre raison aux amoureux, il les excommunie tout de bon. Désormais, le roi et sa belle dame ne pourront plus être reçus dans les églises, les portes des monastères se fermeront devant eux. En principe. Car nombreux sont ceux qui conservent pour le roi une estime mêlée d'amicale complicité.

Et cela dure douze ans ! Douze ans de conciles, de négociations, de promesses non tenues, douze ans durant lesquels le palais de la Cité abrite cette passion scandaleuse. Enfin, en 1104, Bertrade est soudainement frappée par la foi ! Son état de péché lui devient insupportable, elle veut faire pénitence et ne songe plus qu'à se vêtir de haillons pour se retirer dans une cabane du Poitou.

Le roi Philippe, on le comprend, est plutôt ahuri. Mais rien ne résiste à la volonté de Bertrade ! Et c'est ainsi que, dans un concile réuni à Paris, le roi se présente pieds nus, en robe de bure, afin de jurer qu'il renonce à celle qu'il a déjà perdue… Philippe retourne seul en son palais, Bertrade vole vers sa bicoque poitevine, l'excommunication est levée, le monde tourne rond à nouveau.

Et les Arts et Métiers dans tout ça ?

Les rois de France qui se succédèrent firent des donations considérables au prieuré Saint-Martin-des-Champs. Et le poste de prieur était fort recherché : il rapportait quarante-cinq mille livres de rente.

Le prieuré possédait aussi des geôles, qui devinrent

au XVIe siècle la prison royale Saint-Martin. On y enferma essentiellement les filles de joie arrêtées sur la voie publique, et l'on imagine en frémissant la cohabitation difficile entre les dames de petite vertu et les moines austères !

À partir de 1702, le vieux cloître fut abattu et reconstruit. Le principal corps de bâtiment avait trente et une croisées de face, et le vestibule mesurait trente pieds de roi (presque dix mètres) sur trente-six (un peu moins de douze mètres). Pourtant, il apparut vite que tout cela avait été bâti avec de mauvais matériaux : les constructeurs avaient sans scrupule volé les moines. Un entrepreneur n'avait employé que de la terre et des gravois recouverts de pierres, le charpentier n'avait fourni que du vieux bois… Ce dernier éprouva des remords, ou il eut peur pour son âme. En tout cas, il confessa sa faute et offrit un petit rabais de vingt-cinq mille livres sur la facture globale.

Par ailleurs, profitant de ces embellissements, les moines firent construire de vastes et belles maisons sur la rue Saint-Martin, élevèrent une fontaine au coin de la rue du Vertbois et ouvrirent un marché public.

Situé alors hors Paris, le prieuré était doté de ses propres enceintes, nous l'avons dit ; celles que nous pouvons voir aujourd'hui datent de 1273. Le bourg qui se développa fut finalement annexé à la ville au XIVe siècle et intégré dans la nouvelle muraille voulue par Charles V.

La Révolution transforma le prieuré en Conservatoire national des arts et métiers, que l'on peut toujours visiter au 292, rue Saint-Martin. Le musée des Arts et Techniques qu'il contient est, comme au temps des moines de Cluny, un refuge de la mémoire du progrès humain.

L'extérieur du Conservatoire vaut également le détour : n'oublions pas que l'architecture de l'an 1000 verra, avec Cluny, la diffusion de l'art roman, art majeur uniformisé et soumis à Rome. La base du clocher sud, avec son petit toit de tuiles bicolores, et les absides du chevet en forme d'alvéoles de ruches sont de beaux restes romans du XIe siècle. Dans l'église, on voit toujours le chœur aux fondations de 1067, et dont l'aspect actuel date du début du XIIe siècle, époque durant laquelle le gothique commence à pointer à l'horizon : les arcs en plein cintre de l'art roman sont mêlés d'ogives, symboles de l'art gothique.

La grandeur passée du prieuré se retrouve dans le réfectoire des moines, devenu bibliothèque, sublime témoignage de l'art gothique du XIIe siècle. De l'enceinte de cette époque demeurent, dans la rue du Vertbois, une courtine et une tourelle en partie restaurée.

Le coude de la rue Bailly rappelle la limite sud-est de l'enceinte dont la tour d'angle est visible dans la cage d'escalier du n° 7.

Enfin, au niveau du croisement des rues du Vertbois et Saint-Martin, se dresse la tour du Vertbois à propos de laquelle Victor Hugo, s'opposant à un architecte qui suggérait de la détruire, eut ce mot cruel :

– Démolir la tour ? Non. Démolir l'architecte ? Oui.

PHILIPPE AUGUSTE

Paris, capitale de la France

Descendre à la station Philippe Auguste, à deux pas de la Nation, c'est se retrouver bien loin hors les murs du Paris du XIIe siècle. Le quartier conserve pourtant quelques évocations du temps de ce roi : l'avenue à son nom, l'avenue de Bouvines, souvenir de sa victoire sur l'empereur germanique, et surtout sa statue de quatre mètres de haut placée sur l'une des colonnes du Trône, élevée en 1843 en bordure de la place de la Nation. Mais ce petit détour excentré n'est-il pas l'occasion de s'interroger sur les limites que le souverain voulait donner à sa capitale ?

La ville tout entière a été marquée de l'empreinte de Philippe Auguste, un roi conquérant, combattant, qui livra bataille sur bataille pour asseoir sa souveraineté.

Mais il fallut tout d'abord défendre Paris, sa capitale, avec une puissante enceinte. La muraille de Philippe Auguste mesurait près de trois mètres de large sur neuf de haut et était ponctuée de tours dont certaines s'élevaient à vingt-cinq mètres. Ces formidables remparts allaient fixer les limites de Paris pour près de deux siècles, et de nombreux fragments de ces ouvrages sont encore visibles aujourd'hui.

Si l'on veut retrouver ces témoignages, il faut s'éloigner, démarrer son périple sur la rive droite, là où la muraille a été commencée, car les menaces d'invasion se faisaient plus pressantes de ce côté-là.

À l'ouest, la Seine fut barrée par de lourdes chaînes et bordée par la forteresse du Louvre. Il existait déjà, on l'a vu, une citadelle le long du fleuve. Mais Philippe Auguste va en faire un point d'ancrage autour duquel se nouera bientôt la défense de la ville, place forte protégeant tout le royaume.

D'abord, pièce maîtresse de l'édifice, il fait ériger un fort donjon de trente-deux mètres de haut. Bouleversement dans l'architecture militaire : ce donjon n'est pas de forme rectangulaire, comme c'est le cas d'ordinaire, mais circulaire, ce qui complique l'agression – en offrant moins de prises pour les projectiles – et simplifie le guet, en facilitant la surveillance et les tirs des archers.

Le château lui-même se développe tout autour : il forme un énorme rectangle fait de puissantes murailles. Au milieu de chaque mur se dresse une tour, et à chaque angle une autre tour. La dérivation des ruisseaux de Belleville et Ménilmontant alimente en eau les larges fossés qui ceinturent l'édifice. La porte d'entrée, située à l'est, est relativement étroite, encadrée de deux nouvelles tours. Pour accéder à l'intérieur, et permettre aux troupes comme aux voitures de franchir le fossé, un pont-levis s'abaisse quelques instants et se relève bien vite, faisant du Louvre un château fort quasiment inexpugnable. Il défend Paris contre une éventuelle invasion tout en offrant un refuge au roi si une colère populaire devait éclater. D'ailleurs, les appartements destinés à recevoir Philippe Auguste et sa famille en cas d'urgence se trouvent dans le donjon même, au cœur du dispositif, dans la partie la plus retranchée.

Où sont les vestiges de la forteresse du Louvre ?

En définitive, le donjon, appelé la Grosse Tour, ne servit jamais de résidence royale, mais de prison et de dépôt pour le Trésor royal à partir de 1295. En 1527, François Ier le fit démolir : la forteresse médiévale fut remplacée par un château Renaissance.

Lors des travaux d'aménagement du Carrousel du Louvre, entrepris entre 1984 et 1989, les archéologues mirent au jour, sous la cour Carrée, des vestiges de la forteresse construite par Philippe Auguste. Ces impressionnantes fondations de tours et de murailles sont visibles dans la crypte archéologique du musée. Devant ces pierres massives, on perçoit le rôle défensif du Louvre de l'époque.

La splendide salle Saint-Louis reste le dernier témoignage de l'intérieur médiéval du château de Philippe Auguste. À l'endroit où se trouvait le donjon, on voit encore les restes d'un puits et d'une fosse, traces de l'ancienne forteresse.

Il fallut attendre Charles V et l'an 1360 pour que le Louvre devienne résidence royale. Dès lors chaque roi, ou presque, aménagea le palais à sa façon. Jusqu'à Napoléon III, qui entreprit de grands travaux à partir de 1854, ordonnant notamment la destruction des bicoques qui encombraient les abords du palais depuis plusieurs siècles. L'aspect du Louvre tel que nous le connaissons est dû en grande partie à cet empereur. Enfin, dernière transformation : la pyramide de verre voulue par François Mitterrand, œuvre de l'architecte Ming Pei, qui offre au plus grand musée du monde une entrée digne de lui.

La muraille démarrait au niveau de l'actuel pont des Arts par la tour du Coin, traversait le Louvre pour passer rue de l'Oratoire où l'on peut encore voir un fragment de tour dans la sacristie du temple réformé. Continuons. Franchissons la rue Saint-Honoré dont les cheminées des numéros 148 et 150 montrent que les bâtiments ont été appuyés sur l'enceinte (d'ailleurs la construction du 148 a la même largeur que celle-ci.)

Ici se trouvait la porte Saint-Honoré. Nous arrivons rue du Louvre, où le n° 11 conserve la base d'une autre tour : la forme arrondie des édifices mitoyens la fait comme surgir de ce moule de pierre. Passé la Bourse du commerce, la muraille suivait l'orientation donnée à la rue du Jour située sur le chemin de ronde intérieur : au 9, un morceau de tour est parfaitement visible. Nous poursuivons par l'ancienne porte Montmartre, dont une plaque rappelle le souvenir au 30, rue Montmartre, et nous pénétrons dans la rue Étienne-Marcel qui, elle aussi, suit l'orientation intérieure de l'enceinte. Nous cheminons ainsi jusqu'à un vestige important, la tour Jean-sans-Peur, un donjon, reste du palais parisien des ducs de Bourgogne construit dès 1409 contre la muraille côté campagne. Au rez-de-chaussée de la tour, vous découvrirez le vestige arrondi d'une tour de

Philippe Auguste : il y a donc deux tours l'une dans l'autre !

Avançons jusqu'à la porte Saint-Denis, au 135, rue Saint-Denis. La muraille longeait ensuite la droite de l'impasse des Peintres, un chemin de ronde extérieur… Nous allons jusqu'à la porte Saint-Martin, au 199, rue Saint-Martin. À partir de cet endroit, la muraille se refermait, obliquait en direction du sud-est, suivant l'angle de l'impasse Beaubourg vers le passage Sainte-Avoie. Ce passage nous conduit rue des Archives puis rue des Francs-Bourgeois, laquelle épouse en grande partie le chemin de ronde extérieur de l'enceinte. Au niveau des 55-57, rue des Francs-Bourgeois, se trouve la base d'une tour rehaussée grossièrement d'une construction plus moderne. Un pavage au sol nous montre le tracé de la courtine. Nous empruntons celui de la muraille au 10, rue des Hospitalières-Saint-Gervais, puis celui de la rue des Rosiers où, dans la cour du 8, on voit encore une tour. L'enceinte s'élevait sur cet axe jusqu'à la rue de Sévigné où elle s'infléchissait au sud, passait la porte Baudet, à l'intersection de la rue Saint-Antoine, longeait à droite l'église dont la double épaisseur demeure bien visible dans le passage Charlemagne. Nous parvenons ensuite au plus beau morceau encore debout : celui qui longe le lycée Charlemagne, rue des Jardins-Saint-Paul, plus de soixante mètres de muraille, dont la tour Montgomery – du nom du capitaine de la garde écossaise qui y aurait été enfermé après avoir blessé le roi Henri II au cours d'un tournoi en 1559. Sur une autre tour, dans les jardins de l'hôtel des Tournelles, nous découvrons des « marques de tâcherons », c'est-à-dire les signatures des artisans qui travaillaient sur les pierres. La muraille se finissait sur la Seine à hauteur des 30-32, quai des Célestins.

Pour passer sur la rive gauche, nous poursuivons dans l'orientation de la rue Poulletier sur l'île Saint-Louis, à l'époque déserte et formée de deux îlots séparés à cet endroit. Au temps de la muraille, une lourde chaîne était tendue ici la nuit pour empêcher toute circulation sur la Seine.

Sur cette rive gauche, l'enceinte démarrait à hauteur du n° 1, quai de la Tournelle, du nom de la tour d'angle. Le petit immeuble étroit du 7 bis, boulevard Saint-Germain est en fait l'emprise du mur, qui passait ici. Nous trouvons également des vestiges dans la cour du 7, rue des Chantiers : le foyer des maçons a conservé des traces des corbeaux de tourelles de l'enceinte. Nous suivons le tracé de l'ancienne muraille jusqu'à la rue des Écoles où, sous la poste, nous pouvons voir une arche percée dans ce rempart pour laisser passer le canal de dérivation de la Bièvre, la rivière qui serpentait ici.

Rejoignons maintenant la rue du Cardinal-Lemoine qui suit, à partir de la rue des Écoles, le tracé du fossé extérieur de l'enceinte : on en voit un morceau jouxtant la caserne des pompiers aux 48-50 et un autre dans le jardin des 9-11, rue d'Arras. De beaux fragments sont également visibles en plusieurs endroits : 60-64 et 68, rue du Cardinal-Lemoine ; 4 et 6, rue Thouin ; 1 et 7, rue Clovis ; et surtout au 47, rue Descartes où l'on peut, en s'armant de patience et en franchissant trois Digicodes, monter sur le faîtage du rempart. Ce boyau charmant, jalousement protégé, est pour moi la plus belle récompense de mes recherches : un endroit magique.

Au nº 50 de cette même rue Descartes, nous voyons un plan de la porte Bordelle ou Saint-Marcel. Nous sommes dans la rue des Fossés-Saint-Jacques, toujours située sur le fossé extérieur de l'enceinte, et nous arrivons au 151, rue Saint-Jacques, emplacement de la porte Saint-Jacques, la plus importante de la rive gauche. L'enceinte descendait ensuite la rue Soufflot jusqu'à la rue Victor-Cousin.

La porte Saint-Michel se trouvait à la hauteur du 56, boulevard Saint-Michel puis la muraille longeait la droite de la rue Monsieur-le-Prince avec un souvenir au 40, une plaque : « Ancienne rue des Fossés ». Dans cette rue, le restaurant chinois La Grande Muraille est un clin d'œil, sans doute involontaire, aux travaux de Philippe Auguste. Les murs du fond de ce restaurant, et de tous ceux qui se prolongent jusqu'à la rue Racine, sont en fait l'enceinte elle-même.

La muraille est ensuite coupée par le boulevard Saint-Germain, puis reprend sa progression : une tour subsiste dans la maison de Catalogne, à l'angle des rues Saint-André-des-Arts et de l'Ancienne-Comédie.

La rue Mazarine représente, jusqu'à la Seine, le tracé du fossé extérieur de l'enceinte dont nous découvrons quelques traces dans le parking du 27 et dans le jardinet du 35. Au 13, passage Dauphine, montons au premier étage de l'institut des langues : une terrasse offre une belle vue extérieure sur le sommet d'une tour.

Plus loin, la rue Mazarine devrait communiquer avec la rue de Nevers, mais un mur transforme cette voie en impasse : ce mur, c'est l'enceinte. De retour rue Mazarine, prenez la rue Guénégaud et, au 29, rentrez un instant dans l'immeuble des éditions du Seuil, au fond de la cour vous verrez une tour de l'enceinte...

Et la protection de pierres s'achevait à la Seine par la célèbre tour de Nesle, qui s'élevait à l'emplacement de l'actuel Institut de France, quai de Conti (une plaque nous le rappelle sur l'aile gauche de l'Institut).

Des morceaux de muraille restent sans doute à découvrir chez des particuliers ou dans les fondations de certains immeubles... Cette recherche constitue pour nombre de passionnés une véritable chasse au trésor.

Retrouver les traces de cette muraille Philippe-Auguste fut ma première jubilation de chasseur de vestiges ! Si je vous ai invités à suivre ce jeu de piste un peu long et compliqué, c'est pour que vous compreniez mieux la passion qui m'anime et les défis que je me plais encore aujourd'hui à résoudre. Paris est une énigme captivante. Si le cœur vous en dit...

*
* *

Comme sa muraille, Philippe Auguste est fascinant ! Il a tout fait, tout imaginé, tout réinventé. Il a imposé l'autorité royale, agrandi le pays, renouvelé Paris.

Quand il monte sur le trône, en 1179, celui que l'on nomme Philippe II n'a que quinze ans, il n'est rien encore. Ou pas grand-chose. Un trop jeune roi des Francs qui règne essentiellement sur l'Île-de-France... Son destin, il va le transformer. Il fait des conquêtes et s'impose comme roi de France, montrant ainsi la cohérence de ses territoires à qui il donne une histoire, une langue et un projet communs. Avec lui, Paris prend les allures d'une capitale digne du nouveau royaume qui émerge. Philippe II devient de son vivant Philippe Auguste, dignité impériale romaine que lui confèrent les prêtres dans leurs homélies et les scribes dans leurs écrits.

Bien sûr, les méthodes du roi sont rudes et expéditives. Bien dans le ton de l'époque et, disons-le tout net, parfois abominables. Par exemple, pressé par les besoins d'argent dès son arrivée sur le trône, il décide de rançonner la communauté juive. Un samedi matin de l'an 1181, les juifs de Paris sont jetés en prison. Pour obtenir leur libération, les captifs doivent faire don de leurs biens au roi. Mais cela ne suffit pas, l'année suivante, Philippe supprime purement et simplement les créances des juifs envers les chrétiens. Bonne affaire pour les finances publiques : les débiteurs sont contraints de reverser au trésor royal le cinquième des sommes dues !

Le 24 juin 1182, un édit d'expulsion est pris. Pour la première fois dans l'Histoire, un royaume chrétien chasse la totalité de ses juifs par un décret officiel. Les synagogues de Paris, celle qui s'abrite à l'ombre de la cathédrale sur l'île de la Cité, celle de la rue de l'Attacherie (actuelle rue de la Tacherie) sur la rive droite, sont transformées en églises, et les immeubles des juifs vendus par l'autorité royale. Avec les sommes réunies, le roi fait notamment édifier un marché sur l'ancien quartier juif des Champeaux, désormais vide de ses habitants. Il ordonne de construire deux bâtiments couverts entourés de murs dont les portes sont désormais fermées la nuit. Ces halles aménagées constituent une avantageuse nouveauté : elles permettent aux négociants d'entreposer leurs marchandises en toute sécurité, à l'abri de la pluie et des détrousseurs. Très vite, le marché des Champeaux devient le plus couru de la capitale. Il est vaste et propose un peu de tout : des denrées alimentaires jusqu'aux étoffes. Le roi jette ainsi les bases de ce qui deviendra sur cet emplacement même, et durant presque huit siècles, les Halles de Paris…

Comment les Halles disparurent-elles ?

Face à la multiplicité de l'offre, le marché s'étendit et, au XVIe siècle, François Ier entreprit la réorganisation de l'endroit. Des maisons bien particulières s'élevèrent alors, les « piliers des Halles » : au rez-de-chaussée, des galeries couvertes abritaient les échoppes, et au centre de ces galeries à arcades se trouvait le « carreau », où l'on venait se ravitailler en pain et crèmerie.

Au XIXe siècle, les Halles posaient de graves problèmes d'organisation et d'hygiène : il fallait à nouveau tout restructurer. Le concours d'architecture lancé en 1848 fut remporté par Victor Baltard, qui édifia, en 1852 et 1870, dix pavillons couverts de vitrages avec des parois en verre et des colonnes en fonte. Deux autres pavillons furent ajoutés en 1936.

Avec le XXe siècle triomphant, les vieilles Halles allaient être sacrifiées. L'augmentation de la population parisienne et les normes d'hygiène obligèrent à transformer le quartier et à porter le marché ailleurs. En 1969, effectivement, les Halles plièrent bagage pour s'installer à Rungis, dans la région parisienne.

Dans les années suivantes, entre 1971 et 1973, la bêtise, l'ignorance, le modernisme arrogant et le principe de rentabilité abattaient les pavillons Baltard. Triste époque pour Paris : on détruisait les Halles et on construisait la tour Montparnasse ! Un des pavillons de Baltard subsiste, mais déplacé à Nogent-sur-Marne.

Nouvelle transformation : prochainement, l'actuel Forum des Halles sera rénové et coiffé par La Canopée, une structure de verdure et de verre réalisée par les architectes Patrick Berger et Jacques Anziutti.

Philippe Auguste veille à tout ce qui fait Paris, il sait que la ville doit évoluer et grandir. Près des Halles, le vieux et vaste cimetière des Innocents offre une image désespérante : entre les tombes et devant la fosse commune ouverte, les immondices s'accumulent, des porcs s'ébrouent et de jolies dames font sans vergogne commerce de leur corps. Un mur, là aussi, va mettre fin à ce chaos. Les péripatéticiennes sont priées d'aller exercer leur rentable activité ailleurs, les cochons retournent à la porcherie, et les détritus sont évacués. Désormais, on n'entre ici que de jour, pour prier sur une tombe ou pour enterrer un défunt. La nuit, les portes sont closes, tout est sous clé.

Le roi veut de l'ordre et de la propreté, sa ville ne doit pas ressembler à un cloaque ouvert aux quatre vents. Un jour, alors qu'il est à une fenêtre du palais de la Cité pour regarder le mouvement des bateaux sur la Seine et les allées et venues des charretons, il voit des voitures s'enliser dans la boue… Les chevaux piaffent, les roues patinent et font gicler des jets crottés. Ce remuement exhale une odeur fétide de purin et de pourriture.

Comment, à l'avenir, empêcher ces insupportables effluves de déjections ? s'interroge le roi. Jadis, les Romains avaient soigneusement recouvert les rues de dalles, mais avec le temps des couches successives d'ordures et de terre ont enfoui ce revêtement si profondément qu'il en reste à peine un vague souvenir. Philippe convoque les bourgeois et le prévôt de la ville : en dépit des frais que cela entraînera, les voies principales de tous les quartiers devront au plus vite être pavées de « pierres dures et fortes » sur lesquelles les chariots pourront circuler sans soulever une vase nauséabonde.

*
* *

En 1185, Héraclius, patriarche latin de Jérusalem, arrive dans ce Paris en pleine mutation. Le prélat est porteur d'une dramatique nouvelle qui déchire le cœur de la chrétienté et fait se répandre des torrents de larmes : Saladin, le sultan d'Égypte, menace Jérusalem ! La ville de la Révélation est en passe de tomber aux mains des Sarrasins… Elle tombera deux ans plus tard, en 1187, et le pape Urbain III, saisi d'effroi, en mourra sur le coup. Mais pour Héraclius, il existe une autre façon de donner sa vie pour la Ville sainte : partir à la conquête de la Palestine, lever des troupes partout, en France, en Angleterre, en Germanie. Le patriarche vient prêcher la troisième croisade, avec cet objectif dit, redit, répété, martelé : il faut libérer Jérusalem !

Cette exhortation, il la prononce dans la cathédrale Notre-Dame en construction. En effet, la vieille église épiscopale Saint-Étienne, passablement délabrée et trop exiguë pour une population parisienne en constante augmentation, a été jetée à bas par la volonté de l'évêque Maurice de Sully. Sur cet emplacement, l'ecclésiastique fait construire depuis plus de vingt-cinq ans une nouvelle basilique.

Les travaux sont très loin d'être terminés, aussi Héraclius prêche-t-il davantage dans un chantier que dans un lieu de culte. C'est une étendue de pierres taillées, de cordes, de poulies, d'échelles, de poutres de bois, et tout au bout s'élève ce qui est encore une demi-cathédrale : le chœur de l'édifice, splendide et impressionnant déjà. Quatre niveaux s'envolent vers les voûtes dont les nervures descendent des hauteurs et se prolongent sur des piliers arrondis ; tout autour, un double déambulatoire s'ouvre sur de petites chapelles.

Les tailleurs de pierre, les charpentiers, les couvreurs, les forgerons, les maçons, les charretiers œuvrent sous l'ordre d'un magister qui, sur de grands parchemins, trace des plans et esquisse la plus vaste église qu'il puisse imaginer. Malgré toute la rage impatiente mise par l'évêque pour hâter la besogne, la construction progresse avec une lenteur désespérante. En ce mois d'octobre, comme chaque année à pareille saison, le travail s'engourdit et entre dans une période de léthargie. Le gel à venir risque de gâcher le mortier, alors les maçons posent la truelle, couvrent de paille l'ouvrage commencé, désertent les lieux et attendent paisiblement le printemps pour revenir exercer leur office. Quant aux tailleurs de pierre, ils poursuivent bien leur tâche dans la froidure, mais au ralenti, réfugiés dans des baraques de bois dressées sur le chantier.

C'est dans ce chantier sublime que Héraclius sanglote, crie, menace, annonce le feu de l'Apocalypse si

Jérusalem ne se trouve pas libérée, ouvre les portes du Ciel, et les mots terribles semblent monter, s'amplifier, rouler en écho sous les voûtes du chœur. L'auditoire tremble, les paroles du vénérable patriarche inquiètent les puissants et font frémir les humbles.

Philippe Auguste ne peut faire moins que de participer à cette cause sacrée : la délivrance de la Terre sainte et du tombeau du Christ. D'ailleurs, l'atmosphère est extraordinairement belliqueuse en Europe. À Paris, comme dans tout le royaume et comme en Angleterre, aristocrates et vilains réclament ce périple au bout de la foi. Le roi de France n'a pas trop le choix, il doit partir. Mais pas tout de suite. D'abord, il faut conclure un accord de paix avec Richard Cœur de Lion, le monarque anglais, qui sera de l'expédition. Les deux souverains signent un traité de fidélité : « Nous accomplirons ensemble le voyage de Jérusalem, sous la conduite du Seigneur. Chacun de nous promet à l'autre de lui garder bonne foi et bonne amitié… »

Et puis, le 15 mars 1190, la reine Isabelle, épouse de Philippe Auguste, succombe en accouchant de jumeaux mort-nés, elle n'avait pas vingt ans. Dix années auparavant, Isabelle de Hainaut, encore enfant, avait été mariée au roi pour des raisons territoriales : elle apportait en dot l'Artois. Philippe n'a jamais beaucoup aimé cette frêle jeune fille larmoyante, mais sa disparition efface tous les ressentiments. Pour la reine, Philippe exige des funérailles grandioses. Elles se déroulent dans le chœur de la cathédrale Notre-Dame, et la dépouille est inhumée dans un caveau creusé à cette occasion.

Avant de partir pour la croisade, le roi de France a encore d'autres tâches à accomplir. Il sait que Paris est quasiment une ville sans défense. Il y a bien les vieilles murailles de l'île de la Cité, mais l'agglomération s'est beaucoup développée sur les deux rives. En cas d'invasion, rien de vraiment dissuasif ne la protégerait. Et le risque n'est pas négligeable, Normands et Anglais menacent périodiquement le royaume de France. C'est à ce moment-là qu'est née l'idée d'une muraille vers le nord, sur la rive droite.

Philippe Auguste voit grand pour sa capitale. Il espère que la sécurité des nouveaux remparts attirera bientôt sur les bords de la Seine une population nombreuse, alors il trace pour cette ville réinventée un véritable plan d'urbanisme. À l'intérieur de la future enceinte, il imagine des espaces verts, des jardins dispersés entre les habitations à construire.

*
* *

Après avoir désigné six bourgeois parisiens pour exécuter ses ordres durant son absence, le roi se rend à Saint-Denis où il reçoit avec solennité la bénédiction « du saint clou et de la sainte épine » et prend possession de la bannière semée de croix d'or, son signe de ralliement. Ainsi paré, Philippe peut s'en aller conquérir la Terre sainte.

Le 4 juillet 1190, le roi de France et le roi d'Angleterre se retrouvent à Vézelay. Ils cheminent ensemble le long de la vallée du Rhône où des foules enthousiastes saluent les deux grands monarques qui vont défaire le Sarrasin arrogant. Philippe embarque à Marseille, Richard continue vers Gênes…

Philippe Auguste reste loin de Paris et de son royaume durant près d'un an et demi ! Et pour quoi ? Pour rien. Pour lui, la croisade se résume à six mois d'attente en Sicile, dans l'espoir chaque jour déçu de voir se calmer les tempêtes méditerranéennes, puis à un siège calamiteux de la ville de Saint-Jean-d'Acre, qui ne fait pas bouger d'un pouce les soldats de Saladin. Pour parfaire le tout, Philippe tombe malade. Gravement. Une forte fièvre le secoue, lui fait perdre ses cheveux et ses ongles, l'inflammation remonte à un œil, le ronge, éteint sa lumière... Philippe n'a plus qu'une hâte : quitter cette terre inhospitalière, rentrer à Paris, oublier ses rêves pieux. Il envoie des émissaires auprès de Richard Cœur de Lion pour lui demander de le défaire de ses engagements et de lui permettre de repartir au plus vite vers la France.

— Si le roi s'en va sans avoir accompli son vœu, déclare avec mépris le roi d'Angleterre, le déshonneur sera pour lui et la honte pour le royaume de France. Ce ne sera pas sur mon conseil qu'il agira de la sorte. S'il doit choisir entre mourir ou s'en retourner dans son pays, qu'il décide !

Pour Philippe, c'est tout décidé : il embarque à Tyr, laissant les croisés français sur place, à la disposition de Richard. Le roi qui arrive à Paris le 27 décembre 1191 n'est plus le fringant cavalier parti dix-huit mois plus tôt... À vingt-six ans, c'est un égrotant chauve et borgne, qui a approché la mort de près, qui a conscience du temps qui passe et qui veut agir pour construire quelque chose de durable.

Lorsqu'il rentre de sa navrante expédition, la construction de l'enceinte de la rive droite est sans doute fortement avancée, le roi poursuit dans cette voie et trace le pourtour de l'enceinte destinée à enserrer la rive gauche.

Pendant ce temps, Richard Cœur de Lion persiste dans sa croisade. Il occupe le port de Jaffa, rétablit le royaume latin de Jérusalem, mais échoue dans sa tentative de prendre la Ville sainte. Finalement, pour mettre un terme à une aventure qui n'a que trop duré, il négocie une trêve avec Saladin et quitte la Palestine au mois d'octobre 1192. Les tempêtes le surprennent, et son bateau vient s'échouer dans le port de l'île de Corfou. Capturé comme un vulgaire mercenaire, le roi d'Angleterre devient le prisonnier d'Henri VI, empereur germanique.

Cette situation fait le délice de Philippe Auguste : il tient en sa main Jean sans Terre, jeune frère du roi séquestré. Pour ceindre la couronne d'Angleterre à la place de son grand frère, Jean est prêt à toutes les compromissions. En effet, il aide le roi de France à faire le siège des places fortes de Normandie, possessions anglaises, et lui permet d'enlever Gisors et d'autres châteaux tenus par les Plantagenêts, la famille royale d'Angleterre.

Mais les meilleures choses ont une fin, et Richard est finalement libéré le 2 février 1194. Comme une brindille prête à s'embraser, la guerre entre Philippe et Richard enflamme immédiatement la France. Il y a des raisons politiques à cela : le roi de France veut agrandir son royaume dans ses frontières naturelles, le roi d'Angleterre veut conserver ses territoires continentaux. Mais au-delà de cette argumentation logique, il y a deux hommes qui se détestent. Ils sont si différents !

Richard est une force de la nature, un homme de guerre prompt à manier la hachette. Philippe, en revanche, se bat parce que l'époque l'exige, mais il est fait pour administrer ses États, améliorer le sort de ses contemporains, travailler pour le progrès.

D'ailleurs, les armées françaises n'offrent pas une grande résistance devant les troupes anglaises, elles reculent partout. En réalité, il n'y a pas vraiment d'affrontement, mais seulement des fuites, des retraites, des percées, des villages brûlés, des châteaux pris et abandonnés…

Le 3 juillet 1194 pourtant, sans doute par mégarde, les deux armées se retrouvent face à face dans la forêt de Fréteval, près de Vendôme. Richard charge à la tête de ses escadrons, et les Français s'empressent de prendre la fuite. Ils détalent si vite que Philippe abandonne sur place sa belle vaisselle et ses cassettes d'argent. Plus grave peut-être, il laisse sur le champ de bataille ce qu'il appelle ses « archives », ses comptes qu'il emporte partout avec lui, selon l'usage. Au fond, songe-t-il, est-ce vraiment très judicieux d'emporter toute cette paperasse à la guerre ?

Désormais, les archives royales ne voyageront plus. Elles resteront à Paris, derrière les murs épais et sûrs du Louvre. Ainsi, forcé par la nécessité, éclairé par l'expérience, Philippe Auguste crée l'ancêtre des Archives nationales !

À force de jouer les fiers-à-bras, Richard Cœur de Lion finit comme il devait finir : en combattant. Le 26 mars 1199, en assiégeant le château de Châlus, dans le

Limousin, il est grièvement touché par une flèche. La gangrène se déclare, il meurt onze jours plus tard.

Les hostilités continuent, contre Jean sans Terre cette fois. Philippe vole maintenant de victoire en victoire, dépèce le royaume des Plantagenêts sur la terre de France et conquiert la Normandie, le Maine, la Touraine et bientôt le berceau Plantagenêt : l'Anjou et le Poitou.

Finalement, Jean sans Terre est définitivement vaincu par le fils de Philippe, le futur Louis VIII, à La Roche-aux-Moines le 2 juillet 1214. Pendant ce temps, papa terrasse l'empereur germanique Othon IV à la fameuse bataille de Bouvines, le 27 juillet 1214, et arrache ainsi la souveraineté capétienne à l'empire affaibli.

Si Philippe Auguste a réussi son pari en battant militairement ses principaux rivaux, anglais, allemands mais aussi espagnols (vaincus à Muret en 1213), il a aussi réussi son Paris ! Dans les dernières années du XIIᵉ siècle, la ville a pris son essor. En quelques décennies, la population a doublé, atteignant maintenant cinquante mille habitants ; les voies de communication se sont améliorées, le commerce est florissant, les foires et halles se sont développées. Paris est désormais l'une des plus grandes villes d'Europe, et surtout la capitale du plus puissant royaume de l'Occident.

XIIIᵉ siècle

MAUBERT-MUTUALITÉ

L'Université prend son envol

Lettres blanches sur fond de céramique bleue, la station Maubert-Mutualité fait dans le genre classique *made in* RATP. Si ce n'était les sièges orange au design poussif des années 1980, tout serait parfait.

En sortant, on peut se diriger vers le palais de la Mutualité, qui cache derrière sa façade discrètement Art déco les meetings contestataires de tout bord. On peut aussi aller dans l'autre sens pour découvrir la place Maubert, son marché, ses petites rues chargées d'histoire.

Avant les transformations du second Empire, cette place était moins grande que celle d'aujourd'hui, plus allongée, encaissée et difficile d'accès. Le modeste terre-plein de la fontaine rappelle sa forme initiale, une espèce de triangle qui partait au nord jusqu'à la rue des Carmes et revenait dans le coude de la rue Lagrange.

L'Université de Paris a connu ses prémices ici même… en plein air ! Sur cette place Maubert, et aussi rue du Fouarre, les étudiants venaient écouter la parole des maîtres.

Rue du Fouarre, place Maubert : pourquoi ?

Fouarre... mot du vieux français qui signifiait « fourrage », parce que les jeunes gens à la curiosité intellectuelle en éveil venaient s'asseoir sur des bottes de foin à peine débarquées des bateaux qui naviguaient sur la Seine.

Et pourquoi Maubert ? Ce nom est une contraction plaisante de Magister Maubus, le nom latin d'Albert von Bollstädt, dit Maître Albert, un dominicain allemand institué maître en théologie à l'Université de Paris en 1245. On trouve d'ailleurs, tout près, la rue Maître-Albert, venelle coudée, qui existait déjà au XIᵉ siècle sous le nom de rue Perdue... Finalement, cette rue n'a pas été perdue du tout : elle existe depuis mille ans et a traversé sans changement tous les travaux, toutes les modifications du site, tous les plans d'urbanisme !

Maître Albert était un dominicain, mais il tenait à s'éloigner des leçons prédigérées de l'Église, éloignement au sens propre comme au sens figuré : il quitta la majestueuse autorité de Notre-Dame pour donner d'abord ses cours au couvent dominicain de la rue Saint-Jacques, entre les murs duquel on se trouva bientôt un peu à l'étroit, tant les foules d'« escholiers » s'y pressaient. Alors, il vint professer dans la boue de la rive gauche ! Il fallait en avoir, de la foi et de la santé, pour enseigner ainsi en plein vent, sous le soleil ou sous la pluie, juché sur une caisse en bois, devant des étudiants passionnés assis sur leur ballot de foin. Aujourd'hui, les étudiants manifestent pour avoir des locaux, et ils ont raison. Mais à l'époque, alors qu'on pouvait mourir d'un mauvais rhume, les écoliers prenaient le risque d'attraper une méchante fluxion… pour le seul bonheur de l'étude !

L'habitude se poursuivit longtemps, car on vit plus tard prendre place sur les ballots de paille un jeune Florentin au visage émacié, c'était Dante Alighieri, qui n'avait pas encore écrit sa *Divine Comédie*… Et voilà pourquoi on trouve, à deux pas, la rue Dante. Le célèbre poète a connu une rue du Fouarre ouverte, fréquentée et animée jour et nuit par des étudiants. Bien plus tard, en 1358, tout a changé : afin d'empêcher les jeunes exubérants de venir y faire leurs frasques avec des prostituées du quartier, la rue fut fermée par deux portes de bois dès la nuit tombée.

La place Maubert était située sur un important axe de communication : la voie romaine reliant Paris, Lyon et Rome *via* la rue Galande et la rue de la Montagne-Sainte-Geneviève, mais aussi sur le chemin qui menait à Saint-Jacques-de-Compostelle. On éleva donc, au XIIᵉ siècle, une église dédiée à Saint-Julien-le-Pauvre, patron des pèlerins et des voyageurs, petit édifice qui demeure un bel exemple de la transition de l'art roman à l'art gothique. La façade actuelle date du XVIIᵉ siècle, mais on voit encore, à l'extérieur, de beaux contreforts du XIIᵉ, ainsi que des restes de chapiteaux et de colonnes. À l'intérieur, les deux travées de la nef sont aussi du XIIᵉ. Lorsque l'Université fut reconnue et organisée, le recteur siégea dans cette église et délaissa rues et places au profit des collèges et des écoles qui pullulèrent au point que l'ensemble de la rive gauche fut appelée l'Université.

Abandonnée par ses étudiants après la création de cette université, la place Maubert devint un lieu sinistre, dangereux et redouté. D'anciennes gravures la représentent hérissée de gibets et d'échelles de justice, sortes de carcans où l'on exposait publiquement les blasphémateurs, les parjures et les bigames que l'on voulait marquer du sceau de l'infamie. La place s'était muée en un lieu de pendaisons et de souffrances. De plus, les berges de la Seine n'étant pas très hautes et assez mal remblayées, l'endroit se trouvait livré à de constantes inondations. Au 29, place Maubert, une plaque gravée de lettres gothiques à demi effacées rappelle à quel niveau l'eau monta lors de la crue de 1711.

La menace de perpétuelles inondations et l'atmosphère lugubre de la place disparurent au XIXe siècle sous les coups de pioche de l'inévitable baron Haussmann, lorsqu'il se mit en tête de créer le boulevard Saint-Germain et la rue Monge.

*
* *

Au XIIe siècle, la connaissance et l'enseignement sont encore aux mains d'une Église dogmatique et figée. La théologie mais aussi la science, la grammaire, la rhétorique et la dialectique ne s'exercent que dans les monastères. Il faut obéir à l'école épiscopale, se soumettre au droit canon enseigné à l'école Notre-Dame, sur l'île de la Cité. Face à tant d'interdits et de rigidité, des dissidents émergent… Oh, ce ne sont pas de dangereux rebelles, ce ne sont pas même encore des humanistes : religieux et laïcs rêvent seulement d'un peu d'indépendance. Pour se ménager une relative autonomie face au pape et à l'école épiscopale – seule habilitée à délivrer les diplômes –, ils s'installent sur la rive gauche où les communautés de maîtres et d'élèves gagnent de la hauteur en gravissant les pentes de la montagne Sainte-Geneviève.

Tout cela se fait dans la confusion, chaque maître prétend pouvoir enseigner, chaque disciple entend choisir son professeur, et l'évêque de Paris proteste avec véhémence contre les atteintes portées à ses privilèges.

En 1200, le roi Philippe Auguste estime qu'il faut mettre un peu d'ordre dans cette cacophonie. Il régularise la liberté relative des écoles en leur conférant des lettres patentes : elles sont désormais appelées collectivement *Universitas parisiensis magistrorum et scholarum*. Encore le mot « *universitas* » est-il à prendre ici dans son sens strictement latin, c'est-à-dire « société » ou « compagnie » ; bref, une réunion de personnes exerçant la même activité. N'empêche, le roi crée le cadre dans lequel l'enseignement peut se pratiquer librement, désormais affranchi de la tutelle ecclésiastique. Le XIIIe siècle sera donc celui de l'Université…

Les maîtres les plus célèbres ouvrent des cours libres sur la montagne Sainte-Geneviève, et les étudiants les suivent en masse. Les enseignants cherchent à s'éloigner de l'orthodoxie, c'est-à-dire de la « juste opinion » imposée. Ils veulent notamment enseigner la médecine, tâche difficile car le pape Honorius III, en 1219, en interdit l'instruction aux moines, par crainte de voir ces balivernes scientifiques détourner les serviteurs de Dieu de la théologie, unique véritable érudition. Du coup, les travaux d'Hippocrate et de Galien s'étudient plus ou moins clandestinement, en tout cas en marge de l'Église, transmis par des professeurs de différents ordres religieux, pressés de marquer ainsi une certaine indépendance.

La rive gauche de la Seine se couvre rapidement de collèges et d'écoles qui accueillent non seulement les étudiants du royaume, mais attirent des écoliers de toute l'Europe.

Dans son *Histoire occidentale*, l'évêque Jacques de Vitry nous donne un tableau effarant de ce Quartier latin en gestation. Il faut y voir, bien sûr, la part de l'ecclésiastique horrifié par des mœurs qui se libéralisent, tant sur le plan intellectuel que dans la vie privée, mais son témoignage nous offre quand même un aperçu de ce Paris médiéval...

Pour Jacques de Vitry, la ville est « une chèvre galeuse », et le bon évêque voit des prostituées partout ! En tout cas, il nous décrit des maisons de la rive gauche dans lesquelles se trouvent une école en étage et une fille de joie au rez-de-chaussée... Les étudiants passent ainsi allégrement du bonheur de la connaissance aux plaisirs des sens. Et tout ce petit monde, qui regroupe des Français, des Normands, des Bretons, des Bourguignons, des Allemands, des Flamands, des Siciliens, des Romains, s'écharpe sous le moindre prétexte, tandis que les maîtres, plus préoccupés de monnaie sonnante et trébuchante que de science pure, essayent de se voler entre eux les élèves. Et tout cela s'agite en de vaines arguties qui ont le tort, aux yeux de l'évêque, de se préoccuper d'autres choses que de l'âme éternelle et de l'omnipotence divine.

N'en déplaise au rigoureux contempteur du Quartier latin, les écoles se multiplient. De riches aristocrates et de nombreux ordres religieux, comme les Dominicains ou les Franciscains, financent et ouvrent des fondations où les étudiants, logés et nourris, peuvent s'instruire. Entre la place Maubert et la montagne Sainte-Geneviève, des collèges poussent partout. Certains, il est vrai, n'ouvrent que pour une poignée d'élèves, et il y en a tant qu'ils s'absorbent, fusionnent, se dévorent. Le collège des Irlandais mange le collège des Lombards, le collège du Danemark est vendu au couvent des Carmes, le collège de Presles fait partie du collège de Dormans-Beauvais, le célèbre collège Coqueret est éclipsé par le collège Sainte-Barbe… Quarante-deux mille étudiants de tous âges, entre quinze et cinquante ans, suivent les cours dans près de soixante-quinze collèges. Au même moment, dans les autres capitales européennes, on trouve seulement quelques rares écoles. Paris fait vraiment figure de cœur vibrant du monde intellectuel.

Mais où sont les collèges disparus ?

Un des collèges les plus anciens – dont tout pousse à croire qu'il n'en reste rien – porta le nom de son fondateur, le cardinal Lemoine. Ce collège aurait été entièrement rasé à la fin du XVIIᵉ siècle, tous les écrits l'assurent. Vraiment ? C'est compter sans mon vilain défaut d'aller fouiner dans tous les coins qui sentent la vieille pierre… Les historiens de Paris, comme Jacques Hillairet, mentionnent bien la salle de spectacles Le Paradis Latin, construite sur les ruines du collège, et évoquent aussi une mystérieuse voie privée… mais apparemment n'y ont pas eu accès. En vous y embusquant, vous serez surpris de trouver tout un pan de bâtiment en vieilles et larges pierres datant sans doute du XVIIᵉ siècle : c'est une partie du collège du cardinal Lemoine ! Approchez-vous encore, tout près du renfoncement qui rappelle l'ancienne entrée vers les escaliers, et vous déchiffrerez dans la pierre grège les sillons creusés de la main d'« escholiers » : « 3 C », des lettres d'une écriture XVIIᵉ typique… Inscription qui indiquait que tel étudiant logeait à l'escalier 3C. Émouvant, non ?

Le plus beau d'entre tous ces collèges encore visibles aujourd'hui reste celui des Bernardins, fondé en 1224. Agrandi au XIVᵉ siècle, c'est un impressionnant témoignage de l'architecture médiévale civile de Paris, souvent méconnu, avec ses fenêtres gothiques à rosaces. Au 24, rue de Poissy, le sous-sol voûté – un ancien cellier – est toujours là et le rez-de-chaussée aussi, qui fut le réfectoire du couvent. Le dernier bâtiment encore debout est la plus longue salle gothique de Paris : plus de trente-cinq mètres de long. Cinq années de travaux ont permis de restaurer cet immense espace médiéval dédié à l'étude et à la recherche, mais qui a l'avantage d'être également ouvert au public, pour notre ravissement.

Le 14, rue des Carmes abrite, lui, les restes du collège de Presles fondé en 1314. Derrière de longues fenêtres ornées de rideaux, des gens habitent aujourd'hui dans ce qui était une chapelle au XVIᵉ siècle !

Au 17 de cette rue des Carmes subsistent des vestiges de la chapelle du collège des Lombards, fondé en 1334. Le portail date de 1760, et les restes de la chapelle sont assez étranges, comme lavés, érodés par l'eau d'une ancienne fontaine.

Le collège de Cornouailles, fondé en 1321, se cache dans un petit passage du vieux Paris qui mène de la rue Galande au 12 bis, rue Domat. Dans la première cour intérieure, retournez-vous : vous avez sous les yeux le bâtiment d'entrée de ce collège âgé de presque sept siècles !

Le collège des Écossais s'installa 65, rue du Cardinal-Lemoine. Transformé en prison sous la Terreur, il a été rendu à l'Église anglicane en 1806. On retrouve un escalier et une cour d'honneur, mais surtout le bâtiment sur rue avec son inscription : « Collège des Écossois » et le blason « FCE » (Fief du collège d'Écosse). Toutes ces marques bien visibles montrent qu'il était important pour chaque pays de signaler sa présence au sein d'une université qui se voulait internationale.

Au 9 bis de la rue Jean-de-Beauvais, voici une chapelle du XVIIe siècle encastrée dans des immeubles modernes, souvenir du collège de Dormans créé en 1365.

Suivez-moi jusqu'au 21, rue Valette, pour découvrir un escalier témoin et vestige. Entrez dans la cour de l'ancien collège de Fortet, fondé en 1394. Silence et luminosité pour cette brèche historique à ciel ouvert au cœur de Paris. Et les volées de cet escalier qui s'élancent, n'en finissent pas, vous donnent des envies d'échapper au monde... C'est justement ce qu'a fait l'élève Jean Calvin, un jour qu'il était poursuivi pour hérésie. Le plus célèbre étudiant de ce collège a gagné les toits pour s'enfuir vers Genève, où il a élaboré sa théorie réformée. Ironie du sort, ce collège de Fortet devint le lieu de naissance funeste d'un mouvement contre-réformiste : la fameuse Sainte Ligue catholique du duc de Guise, créée en 1572, instigatrice de la Saint-Barthélemy.

À l'opposé de ce radicalisme, le collège Sainte-Barbe, connu pour son ouverture d'esprit, enseigna une discipline aujourd'hui un peu oubliée : la logique. Ce collège se trouve dans la rue Valette et a absorbé l'ancien collège de Coqueret, célèbre pour avoir formé les poètes de la Renaissance Joachim Du Bellay et Pierre de Ronsard.

En 1229, alors que Philippe Auguste est mort depuis six ans, que Louis VIII est mort depuis trois ans et que la France vit sous la régence de Blanche de Castille en attendant la majorité de Louis IX, l'Université se révolte. Les écoliers de ce temps-là ont fort mauvaise réputation : ces jeunes gens, censés représenter l'élite de la nation, font si peur aux bourgeois de Paris que, le soir, les rues sont désertes… On accuse, parfois à raison, les étudiants de voler pour survivre, d'enlever des femmes à travers la ville pour assouvir leurs bas instincts et même de tuer à l'occasion. Pour tenter d'imposer le calme, l'évêque de Paris, Guillaume de Seignelay, menace d'excommunier ceux qui se promè-neraient armés. Mais les gaillards se fichent pas mal d'un tel anathème et poursuivent allégrement leurs exactions. L'évêque se fâche, il ordonne l'arrestation des plus violents et en fait bannir d'autres, qu'il aillent se faire pendre ailleurs.

Au mois de février de cette année 1229, le jour du lundi gras, après le carnaval, une bande d'écoliers vient s'abreuver de vin chez un cabaretier du faubourg Saint-Marcel. En fin de soirée, passablement éméchés, ils entament une discussion animée sur le prix de la boisson, un peu trop élevé pour leur bourse. Bien vite, le débat pécuniaire s'envenime, le ton monte, aux mots succèdent les coups… Le tavernier gueule, il gueule si fort que des hommes costauds accourent de tout le quartier. Une bataille rangée entre étudiants et Parisiens se déroule dans la nuit, et finalement les mauvais garçons se voient plutôt rudement chassés.

Le lendemain, les écoliers humiliés viennent investir la fameuse taverne du faubourg Saint-Marcel. Armés de bâtons, ils mettent à sac la boutique et s'en vont de rue en rue à l'assaut d'autres boutiques. Sur leur chemin, ils passent à tabac bourgeois et bourgeoises rencontrés, blessant et tuant au hasard de leur rage.

Le scandale soulevé par ces excès traverse Paris, et parvient jusqu'à la régente. Celle-ci déclare sans ambages donner raison aux bourgeois contre les étudiants et charge sergents et archers de « châtier les écoliers de l'Université ».

Rien ne ressemble plus à un étudiant qu'un autre étudiant, alors les gens d'armes ne se préoccupent guère de retrouver les véritables coupables : ils s'en vont gaiement vers les remparts attaquer quelques écoliers qui traînent par là. Armés et casqués, les envoyés de la régente tombent sur ce petit groupe, tuent plusieurs jeunes gens, blessent quelques autres et détroussent tout le monde.

L'Université de Paris s'estime aussitôt bafouée. Ses privilèges sont mis à bas, son indépendance est contestée, ses étudiants sont menacés. Bref, le savoir universel semble vaciller ! Pour faire pression sur les autorités, maîtres et élèves usent d'un moyen nouveau : ils cessent de travailler ! Aussitôt, l'enseignement est suspendu, et les écoles se vident. Le mot « grève » n'apparaîtra que six siècles plus tard, mais déjà il s'agit d'un conflit dur et sans concession. Maîtres et élèves quittent Paris pour aller enseigner ou étudier ailleurs. Angers, Orléans, Toulouse, Poitiers se réjouissent de récupérer à leur profit la splendide réputation de l'université parisienne. Même le roi d'Angleterre, Henri III, se frotte les mains, heureux de recevoir à Oxford quelques étudiants en délicatesse avec la capitale française.

Chacun s'entête, personne ne veut céder. En fait, la mésentente n'a rien d'anecdotique. L'université lutte pour ses privilèges et son indépendance. L'autorité royale veut démontrer sa capacité à faire régner l'ordre. Les mois passent, l'Université de Paris demeure une coquille vide.

« Il faut savoir arrêter une grève », dira Maurice Thorez. Eh bien, le problème se pose déjà au Moyen Âge. Heureusement, le pape Grégoire IX fait un peu bouger une situation figée. Il tient, lui, à ce que Paris reste un haut lieu d'enseignement, notamment religieux. Alors il pousse à la négociation et insiste. De son côté, Louis IX, jeune roi de seize ans, intervient auprès de sa mère…

Finalement, Blanche de Castille arrête de bouder et consent à indemniser les écoliers victimes de la violence des archers, renouvelle les privilèges de l'Université et s'engage à obtenir des propriétaires parisiens des prix de location raisonnables pour les chambres estudiantines. De leur côté, l'évêque de Paris, les abbés de Sainte-Geneviève et de Saint-Germain-des-Prés comme les chanoines du chapitre de Saint-Marcel font serment de respecter à l'avenir maîtres et étudiants de l'Université. Cette lutte ancienne « privé contre public » pour le savoir entre l'Église et les maîtres laïques trouve pour un temps un compromis, mais la rivalité existe encore de nos jours.

Le pape Grégoire IX, quant à lui, accepte de valider les diplômes obtenus par les étudiants réfugiés à Angers et à Orléans, à condition qu'ils reviennent immédiatement à Paris. Par ailleurs, le Saint-Père confirme à la corporation estudiantine le droit de voter des statuts, l'autorise même à utiliser l'arme de la « cessation » – la grève – dans le cas où un étudiant serait tué et son assassin impuni. Mieux encore, par la bulle *Parens scientiarum universitas* du 13 avril 1231, le pontife reconnaît définitivement l'indépendance juridictionnelle et intellectuelle de l'Université de Paris.

Les étudiants et les maîtres peuvent revenir à Paris : la grève a duré deux ans ! Les cours reprennent, et la population se montre plutôt satisfaite de voir le Quartier latin retrouver vie après un si long sommeil.

*
* *

Sous le règne de Louis IX, plus connu sous le nom de Saint Louis, l'université se développe encore. Le siège de l'institution quitte la petite église de Saint-Julien-le-Pauvre, devenue trop exiguë, et vient s'établir à la Sorbonne, où on le trouve encore aujourd'hui.

Cette Sorbonne, dont dépendent maintenant toutes les facultés de la région parisienne, est tout simplement, à l'origine, l'un des collèges du quartier, fondé en 1257 par le confesseur du roi, Robert de Sorbon.

Pourquoi ce succès fulgurant ? Parce que son fondateur est un authentique pédagogue. D'autres maîtres ouvrent des collèges pour héberger des étudiants pauvres dans le but unique de recruter parmi eux de futurs religieux ou, tout au moins, de les rendre débiteurs de l'ordre ou du puissant qui les a accueillis. Robert de Sorbon, lui, ne veut pas façonner des valets dévoués à sa propre gloire. Il a le souci constant de former l'esprit des jeunes à la rigueur, au sens de l'étude, au goût de l'exigence intellectuelle.

Au moment où les collèges se font la guerre à coups de débats théologiques et philosophiques, les « sorbonnards », armés d'arguments jusqu'aux dents, font passer leur établissement à la postérité : aujourd'hui encore, qui dit « Sorbonne » dit « université » ! Voilà comment un collège parmi d'autres, mais pas comme les autres, a éclipsé tous ses rivaux.

Que reste-t-il de la Sorbonne d'antan ?

La renommée de la Sorbonne s'étendit vite à l'Europe entière. Au XVe siècle cependant, l'institution retomba dans les mains de l'Église qui n'avait, finalement, reconnu l'université que pour mieux la récupérer. Avec la naissance de l'humanisme, de nouveaux collèges dissidents se créèrent. La Sorbonne perdit de son influence, devenant aussi réfractaire aux nouvelles idées que l'avait été jadis la vieille école Notre-Dame.

Un événement qui marqua à la fois l'ampleur de sa renommée et le début de son déclin fut la création dans ses murs, en 1470, de la première imprimerie française. La Sorbonne s'était muée en institution des pouvoirs royal et papal.

Au XVIIe siècle, le cardinal de Richelieu, assez fidèle au pape, réagit en tentant de sauver sur ses fonds propres la Sorbonne. Il investit des sommes importantes pour redorer le blason de la vieille école. Les constructions que l'on peut voir aujourd'hui ne datent donc pas de l'époque de sa création, mais de l'intervention de Richelieu et de celles du XIXe siècle. Mais à l'intérieur de la chapelle, on peut admirer le tombeau de Richelieu sculpté par Girardon. Autour de cette chapelle dont le cardinal a fait ériger le dôme qu'on aperçoit de l'extérieur, avec sa coupole typique de l'âge classique et ses trois étages, il n'y a que des bâtiments modernes. Du Moyen Âge, il ne subsiste rien ! Sur le pavage irrégulier de la cour d'honneur, on trouve pourtant des pointillés blancs qui rappellent l'emplacement de la première construction. Les restes de la Sorbonne originelle, eux, sont enfouis sous les pierres. De grandes cheminées XIXe siècle au style prétendument néo-Renaissance veulent rappeler les anciennes cheminées médiévales. Hélas, à l'époque, restauration ne rimait pas avec réhabilitation.

Pour Paris, Saint Louis ne fait pas que garantir l'indépendance de l'Université. Il acquiert à grands frais auprès de Baudouin II, empereur de Constantinople pressé par les besoins d'argent, un morceau de la vraie Croix, la sainte éponge avec laquelle les bourreaux romains avaient donné à boire du vinaigre au Christ et le fer de la sainte lance qui avait servi à percer le flanc du Fils. Avec la couronne d'épines, le bâton de Moïse, du sang du Christ et du lait de la Vierge, la collection de reliques du roi de France est vraiment impressionnante ! Pour abriter un tel ensemble, la petite chapelle Saint-Nicolas du palais de la Cité semble dérisoire. Il faut faire mieux, plus grand, plus beau, plus riche.

Pierre de Montreuil, l'architecte présumé, transforme ce bâtiment-châsse en chef-d'œuvre de l'art gothique rayonnant. Celui-ci est consacré solennellement le 26 avril 1248, deux mois avant le départ de Saint Louis pour la croisade. Si les reliques, dispersées ou détruites à la Révolution, sont aujourd'hui rassemblées dans la salle du trésor de Notre-Dame de Paris, la Sainte-Chapelle, elle, est toujours là, presque intacte, même si elle est étrangement insérée dans les bâtiments du Palais de justice.

Durant cinq ans, Louis IX ferraille sous la citadelle du Caire, il rétablit les murailles de Césarée et de Jaffa, puis revient enfin en son royaume quand il apprend la mort de sa mère, Blanche de Castille.

À son retour, le roi s'inquiète de l'administration parisienne. Dans une ville qui atteint maintenant cent soixante mille habitants, les problèmes de sécurité sont récurrents. À Paris, on détrousse le quidam et on occit le gêneur avec une facilité déconcertante. Il faut dire que l'autorité municipale se dilue, car le statut de la capitale est un peu flou : au contraire des autres cités du royaume, il n'y a pas de bailli à Paris, car le souverain n'a pas à être représenté dans sa propre capitale.

Oui, mais qu'advient-il quand Sa Sublimité s'en va guerroyer au bout du monde pendant des années ?

Saint Louis incite les bourgeois à s'organiser et leur demande de choisir, parmi eux, un prévôt des marchands chargé d'assumer la direction des affaires de la cité. Exerçant son autorité depuis le « parloir aux bourgeois », sorte de tribunal de la ville, ce prévôt juge les affaires commerciales et fluviales.

Par ailleurs, le roi nomme un prévôt de Paris installé dans la forteresse du Grand Châtelet. C'est lui qui rend la justice, perçoit les impôts, statue sur les différents corps de métiers, commande aux sergents royaux et garantit les privilèges de l'Université. Dès 1261, Étienne Boileau assume cette importante fonction. Parfait organisateur, homme de bonté et de justice, il parvient à rétablir une certaine sérénité dans les rues de Paris.

En 1270, Saint Louis peut tranquillement partir pour une nouvelle croisade. Il a donné à sa bonne ville des structures qui ne bougeront quasiment plus et que l'on retrouve aujourd'hui. Le prévôt des marchands, c'est le maire ; le prévôt de Paris, c'est le préfet de police. Rien n'a changé sous le soleil.

HÔTEL DE VILLE

La naissance du tiers état

Quand on s'appelle « Hôtel de Ville », on ne peut pas être tout à fait une station de métro comme les autres. Sur le quai de la ligne n° 1, une exposition permanente présente l'histoire des principales institutions politiques de la capitale. Un bon cours de rattrapage destiné à tous ceux pour qui les mots de préfecture, mairie ou conseil régional restent obscurs.

Nous sommes place de l'Hôtel-de-Ville, le plus ancien bourg de la rive droite. L'église Saint-Gervais, cachée derrière la masse de l'actuelle mairie de Paris, fut certainement le premier lieu de culte chrétien de ce côté-ci de la Seine.

À partir du xiie siècle, la puissante corporation des marchands de l'eau, héritière des Nautes parisiens, patrons du trafic fluvial, fit ici l'acquisition de terrains pour créer un port : le port de la Grève. Dès la fin du xiiie siècle, cette corporation de l'eau était la représentante du peuple parisien auprès du roi. Lorsque Saint Louis créa la première institution municipale de Paris, le prévôt des marchands était donc tout naturellement issu de cette corporation, d'où l'emblème de la ville : une nef sur le fleuve.

C'est sur cette place, près du port de la Grève, que le prévôt des marchands Étienne Marcel, en lutte avec le pouvoir royal, installa en 1357 le lieu de réunion des marchands parisiens dans une maison appelé la Maison aux piliers, laquelle se trouvait à l'emplacement de notre Hôtel de Ville.

D'ailleurs, Étienne Marcel fait bonne figure dans les jardins contigus, fier et droit sur son destrier de bronze vert. Ce monument a été inauguré en 1888, dans un contexte bien particulier qui transforma cet hommage au prévôt d'antan en protestation politique, silencieuse mais véhémente. Par cette statue, les édiles parisiens manifestaient leur opposition à la décision gouvernementale de laisser la municipalité sous la tutelle d'un préfet. En fait, le gouvernement de la IIIe République, échaudé par l'insurrection de la Commune en 1871, souhaitait prévenir toute nouvelle bouffée révolutionnaire en gardant un œil sur Paris, et notamment en lui refusant un maire. Célébrer Étienne Marcel, c'était réclamer un symbole fort de la politique de la ville. Le gouvernement de l'époque et le président Sadi Carnot ne s'y trompèrent pas : ils refusèrent en bloc d'assister à la cérémonie d'inauguration. C'est le préfet de la Seine, Eugène Poubelle – l'homme des boîtes à ordures –, qui prononça le discours d'usage. Il fallut attendre 1977 pour que les Parisiens puissent de nouveau élire un maire, et ce fut Jacques Chirac.

Retour à l'Hôtel de Ville : la Maison des piliers où Étienne Marcel exerça sa prévôté fut reconstruite deux cents ans plus tard dans le style Renaissance, incendiée par les communards en 1871, puis rebâtie dans le style néo-Renaissance que nous lui connaissons.

Prenons la rue de l'Hôtel-de-Ville pour nous retrouver face à la statue d'Étienne Marcel. À gauche, les escaliers de la rue des Barres nous rappellent que nous sommes sur une hauteur, premier lieu d'habitation du marais de la rive droite, parce que les crues de la Seine ne pouvaient monter jusqu'ici.

Ces « barres » évoquent la deuxième enceinte de Paris à l'époque des premiers Capétiens, c'est-à-dire à la fin du Xe siècle. Il s'agissait, en fait, de hautes palissades de bois surplombant un large fossé. En avril 2009, des fouilles entreprises rue de Rivoli nous ont définitivement révélé l'existence de cette enceinte : un fossé profond de trois mètres, creusé en forme de V, sur environ vingt mètres de long et douze de large. De cette enceinte, il ne reste rien d'autre aujourd'hui, si ce n'est le nom de la rue des Barres.

Au croisement de la rue du Grenier-sur-l'Eau, admirez cette maison du XVIe siècle dont la fleur de lys au niveau du premier étage a été grattée sous la Révolution. Retournez ensuite rue de l'Hôtel-de-Ville jusqu'à l'hôtel de Sens, qui termine la rue et nous offre un magnifique témoignage d'architecture médiévale.

Prenez maintenant la rue Saint-Paul pour vous retrouver devant l'église Saint-Paul-Saint-Louis, dont l'horloge de 1627 sur le portail est un vestige de la primitive église Saint-Paul.

Pour rester dans les rues tortueuses de ce Paris du XIVe siècle, observez la rue François-Miron dont bon nombre de maisons à pignon rappellent le Moyen Âge. Au 44, la maison d'Ourscamp conserve un magnifique cellier gothique et abrite surtout l'indispensable Association pour la sauvegarde et la mise en valeur du patrimoine, qui s'est fixé pour mission de protéger le vieux Paris.

Au bout de la rue François-Miron, empruntez la rue des Archives, remontez-la sur la droite pour admirer, au n° 26, l'unique cloître médiéval de Paris, celui du couvent des Billettes dont la construction remonte au début du XVe siècle.

Vous arrivez ainsi au n° 58, devant le superbe portail d'Olivier de Clisson, qui date de 1375. Ce Clisson fut un des vaillants hommes de guerre du roi Charles V. C'est à ces soldats qu'on doit la reconquête du pays à la fin du XIVe siècle. Ce portail est incorporé aujourd'hui dans l'ensemble des Archives nationales installées ici depuis la Révolution, dans ce qui était auparavant l'hôtel de Soubise, magnifique exemple de l'architecture classique du début du XVIIIe.

Tenez-vous face à cet hôtel et regardez vers la gauche : une grille permet d'accéder à une cour plus ancienne. En fait, ce passage correspond à une chapelle du XVIe siècle, et la cour des Marronniers est bordée de bâtiments de la même époque, ensemble qui formait l'hôtel des Guises dont le blason est encore visible sur le fronton du vénérable portail de Clisson.

Prenez ensuite la rue de Montmorency. Au n° 51, vous trouverez la maison dite de Nicolas Flamel. Elle date de 1407 et serait la plus vieille de Paris ! Le mystérieux alchimiste n'habita jamais ici, mais il y logea généreusement les paysans qui venaient travailler sur les terres des alentours. Il suffit de lire sur la façade, tout est écrit en lettres gothiques : « Nous hommes et femmes laboureurs demeurant au porche de cette maison qui fut faite en l'an de grâce 1407, sommes tenus chacun en droit soi dire tous les jours une patenôtre et un ave maria en priant Dieu que de sa grâce face pardon… »

Je sais, la maison du 3, rue Volta, qui daterait du début du XIVe siècle, passe parfois pour être la plus ancienne de la capitale. C'est là qu'aurait habité le bailli du prieuré et du bourg Saint-Martin. Son rez-de-chaussée est composé de deux boutiques médiévales typiques : porte à droite avec ferrures, margelle séparant l'échoppe de la rue et baie sans carreau ni grillage. Certains pourtant contestent l'authenticité de cette construction et soutiennent qu'elle n'est qu'une recréation du XVIIe siècle.

Qui était Nicolas Flamel ?

Libraire-juré de son état, Nicolas Flamel avait pour mission de faire copier les manuscrits destinés aux étudiants des facultés. Soudain, vers 1382, il devint fabuleusement riche et fit des dons prodigieux aux églises.

Le roi Charles VI, curieux de connaître l'origine de cette rapide prospérité, demanda au seigneur de Cramoisy, maître des requêtes, d'enquêter sur cet homme étrange et généreux…

L'envoyé du roi se rendit chez l'opulent libraire. Sommé d'expliquer d'où lui était parvenue une si prompte richesse, Nicolas avoua qu'il était alchimiste : il avait découvert le principe de la pierre philosophale, parvenant à muer tous les vils métaux en or pur !

Les divagations de Nicolas Flamel firent longtemps rêver les candidats à la fortune. On imagina un fabuleux trésor caché quelque part... Certains pensèrent que l'or était enfoui dans sa maison à l'angle de la rue des Écrivains. En 1724, Henri Sauval racontait dans ses *Histoires et recherches des antiquités de la ville de Paris* que les curieux avaient « tant de fois remué, fouillé et tracassé dans cette maison qu'il n'y rest[ait] que deux caves assez bien bâties toutes barbouillées de hiéroglyphes capricieux ». Cette maison, la seule où vécurent Nicolas Flamel et son épouse, fut détruite en 1852, lors du percement de la rue de Rivoli. Cette fois encore, rien ne fut mis au jour. Mais le trésor continue de faire fantasmer les aventuriers de l'imaginaire.

*
* *

Monté sur le trône en 1285, Philippe IV, dit le Bel, veut une monarchie absolue. Il en est obsédé et se montre déterminé à réunir entre ses mains tous les pouvoirs. Ses aïeux ont inventé la monarchie de droit divin ; il exige, lui, une couronne absolue et totale. Pour marquer d'un symbole fort la centralité de son autorité, il transforme le palais de la Cité, l'agrandit, le remodèle en des travaux importants qui durent dix-sept ans et ne s'achèvent qu'en 1313.

À quoi ressemble-t-il, ce nouveau palais ? Pour étendre son domaine plus largement jusqu'à la Seine, le roi n'hésite pas à déloger les propriétaires des terrains et élève une muraille du plus bel effet le long du fleuve. Cette enceinte n'a pas une véritable fonction défensive, elle se dresse plutôt comme la griffe de la force et de la grandeur royales. À l'intérieur du palais, de vastes salles sont construites et les appartements du souverain réaménagés, pourvus des tentures, des argents et des marbres les plus précieux.

La Maison du roi, c'est-à-dire l'administration chargée d'organiser la vie du monarque en son palais, comprend six fonctions : l'écurie, la fourrière – chargée des voitures –, la paneterie – responsable du linge de table –, l'échansonnerie – pour choisir et acheter le vin –, la cuisine ct enfin la fruiterie. Mais pour son service particulier, le roi dispose d'un personnel bien étoffé : cinq chambellans, trois valets de chambre, deux barbiers, un tailleur et un chauffe-cire dont la fonction est, comme son nom l'indique, de faire chauffer la cire pour sceller les actes officiels. À ceux-ci s'ajoutent deux médecins, trois chapelains, quinze clercs consa-crés aux écritures, trente sergents d'armes et une foule de valets, de fauconniers et de veneurs. Avec la Maison de la reine Jeanne de Navarre, ce sont plus de deux cents personnes qui travaillent quotidiennement au palais de la Cité. Palais qui est le centre des décisions mais où le roi n'habite qu'une partie de l'année, essen-tiellement l'hiver. Le reste du temps, Philippe et ses courtisans sont ailleurs, passant d'un château à l'autre pour chasser dans les forêts denses et giboyeuses d'Île-de-France.

Le palais de la Cité remanié ne serait que vaine prétention si Philippe le Bel ne pouvait assurer une pleine suprématie. À ses yeux, deux structures lui font de l'ombre et ternissent sa prépondérance : le Saint-Siège et l'ordre du Temple. Le premier s'obstine à considérer le pouvoir spirituel supérieur au pouvoir temporel des rois, le second constitue la plus riche et la plus puissante congrégation religieuse. Philippe le Bel décide d'abattre l'un et l'autre.

En 1304, la disparition soudaine du pape Benoît XI, mort d'une indigestion de figues, permet à Philippe le Bel d'entrer en scène et de marquer ses volontés. À Pérouse, le conclave s'éternise et se divise entre les partis italien et français. Après onze mois de débats houleux, le cri tant attendu retentit enfin :

— *Habemus papam !* Nous avons un pape !

Ce pape-là, qui monte sur le trône de saint Pierre sous le nom de Clément V, est un Gascon, ancien archevêque de Bordeaux. Le roi Philippe ayant suffisamment payé et intrigué pour obtenir cette élection, Sa nouvelle Sainteté n'a rien à lui refuser. Sacré à Lyon, puis installé à Avignon, le pape demeure sous la coupe du roi de France.

L'affaire réglée du côté du Saint-Père, Philippe le Bel peut se retourner contre les Templiers. Le vendredi 13 octobre 1307, à l'aube, les hommes du roi encerclent l'enclos du Temple, un ensemble construit sur des marais de la rive droite asséchés par les Templiers eux-mêmes. Cette commanderie abrite des bâtiments destinés à loger les moines-soldats, de grandes écuries, une église – réplique gothique de la coupole octogonale du Saint-Sépulcre de Jérusalem – et une solide forteresse avec un haut donjon carré flanqué de quatre tourelles. Ce vaste domaine est entouré de murailles crénelées, mais ces puissantes défenses ne servent à ricn contre les archers royaux : la règle de l'Ordre interdit de tirer l'épée contre des chrétiens. Les Templiers se laissent donc emmener sans protester, ils ne se méfient ni du vendredi 13 – qui porterait malheur – ni surtout du roi de France, car ils dépendent juridiquement du pape. Ils ne savent pas que Clément V n'est plus qu'une marionnette entre les mains de fer de Philippe.

Comment disparut l'enclos du Temple ?

Après l'éradication des Templiers, leurs biens furent dévolus à l'ordre des Hospitaliers. En 1667, les murailles de l'enclos, qui n'avaient plus de fonctions, tombèrent sous les pioches des ouvriers pour permettre la construction d'hôtels particuliers et de quelques maisons locatives destinées à des artisans.

Pendant la Révolution française, la forteresse du Temple fut transformée en prison. Louis XVI et sa famille y furent incarcérés, le petit Louis XVII y mourut le 8 juin 1795.

Quant à l'église du Temple, elle fut vendue en 1796 à un particulier qui la fit raser. Restait le donjon, devenu lieu de pèlerinage pour les royalistes. Napoléon, agacé par le culte rendu au monarque guillotiné, ordonna la destruction de la tour par un décret de 1808.

Aujourd'hui, le souvenir des Templiers vit sur les plaques émaillées bleues encadrées de vert : boulevard du Temple, rue du Temple, square du Temple, rue Vieille-du-Temple. Pas si vite ! En entrant au 73 de la rue Charlot, dirigez-vous vers la gauche, vous verrez le dernier vestige de l'enclos, une tourelle du XIIIe siècle. Rien n'est prévu, pour l'instant, pour la mettre en valeur, mais, en septembre 2009, un programme de fouilles autour du Carreau du Temple pourrait, je l'espère, la remettre un peu en lumière.

Le procès qui s'ouvre pour juger les Templiers est écrit à l'avance. Sous la torture, des aveux sont extorqués à des malheureux prêts à confesser tous les péchés du monde. L'Inquisition est appelée à l'aide, et elle sait y faire : elle brise les os, brûle les chairs, arrache les bras, disloque les chevilles, écrase les génitoires avec une science consommée.

Sodomie et hérésie constituent l'essentiel des accusations, et des peines légères sont promises à ceux qui acceptent de se déclarer coupables.

Le 18 mars 1314, Jacques de Molay, grand maître du Temple, et trois autres dignitaires sont extraits de leurs cellules et traînés sur le parvis de Notre-Dame où ils doivent entendre la sentence prononcée contre eux. Les quatre hommes avancent revêtus de loques crasseuses, cheveux et barbe en bataille… À la vue de ces prisonniers détruits par sept ans d'humiliations et de supplices, la foule qui se presse laisse échapper un long murmure de compassion. Selon un scénario bien réglé, les Templiers déchus confessent leurs crimes et leurs fautes. En fait, ils récitent la leçon qu'on leur a apprise en échange d'une peine légère.

Mais voilà que les juges condamnent les accusés à la prison à perpétuité ! À ce moment, Jacques de Molay se redresse, il n'est plus la pauvre victime résignée, il redevient le maître, et sa voix ferme s'élève sur le parvis. Face au peuple de Paris, il clame son innocence, il hurle :

— Les crimes dont on m'accuse ne sont que mensonges ! La règle templière est sainte, juste et catholique. Oui, je mérite la mort parce que dans mon indignité, dans la crainte des tourments qui m'accablaient, trompé par le pape et le roi, j'ai prononcé de fausses confessions !

Hugues de Pairaud, autre autorité du Temple, rendu audacieux par l'exemple, proteste à son tour, jure de son innocence, dénonce les tortionnaires et renie ses aveux…

Un frisson d'effroi parcourt la foule. Ces hommes que le pouvoir présente comme de pervers violeurs et blasphémateurs apparaissent soudain pour ce qu'ils sont : des êtres désemparés, tombés dans les rets du filet tendu par Philippe le Bel.

Le mouvement de la multitude est lent comme une houle, mais assez perceptible pour faire blêmir les cardinaux. Les gens de Paris s'avancent, ils s'approchent de l'estrade où trônent les prélats, et ils ont des gueules mauvaises : les Parisiens n'aiment pas qu'on les trompe ni qu'on leur mente. Les cardinaux sentent le danger, il faut en finir, et vite. Les accusés sont remis à la hâte au prévôt du roi, et qu'il se débrouille avec la sentence…

Il faut apaiser la colère parisienne et terminer l'affaire. Le soir même, sur ordre royal, Jacques de Molay est brûlé vif sur l'île aux Juifs, petite langue de terre posée sur la Seine face au palais de la Cité.

On attache le condamné au poteau, et il demande

qu'on le tourne vers la cathédrale Notre-Dame, afin de mourir avec dans les yeux l'image de la foi.

— Les corps sont au roi de France, mais les âmes sont à Dieu, dit-il avant que les flammes ne ronronnent.

Selon le témoignage du chroniqueur Geoffroy de Paris, témoin de la scène, le maître des Templiers lance alors une malédiction sur ses persécuteurs :

— Dieu sait qui a tort et a péché, et le malheur s'abattra bientôt sur ceux qui nous condamnent à tort. Dieu vengera notre mort. Seigneur sachez que, en vérité, tous ceux qui nous sont contraires par nous auront à souffrir.

L'imprécation frappa les esprits car le pape Clément V mourut après quarante-deux jours, peut-être d'un cancer des intestins, et le roi Philippe le Bel succomba à une chute de cheval huit mois plus tard. Quatorze années seulement devaient s'écouler avant que ne s'éteigne la lignée royale des Capétiens directs, laissant le trône à la dynastie des Valois.

À quel endroit le maître du Temple a-t-il été brûlé ?

L'île aux Juifs était un des trois petits îlots inhabités qui se situaient à la pointe de l'île de la Cité. Seigneurie de l'abbé de Saint-Germain-des-Prés, elle a peut-être été le théâtre de brûlements d'hérétiques, de sorcières et de juifs...

En 1577, quand Henri III décida de créer le premier pont de pierre à Paris – qui fut le Pont-Neuf –, il jugea bon de remanier un peu les caprices de la nature. Les bras de la Seine qui séparaient les trois îlots furent comblés, et ces petits espaces vinrent s'incorporer à l'île de la Cité.

Jacques de Molay périt dans ce qui est aujourd'hui notre square du Vert-Galant, c'est-à-dire la pointe ouest de l'actuelle île de la Cité, devant le pont, au niveau de la statue d'Henri IV.

*
* *

La fin des Capétiens directs entraîne un interminable conflit entre la France et l'Angleterre, une guerre de Cent Ans qui va en durer cent seize. En 1328, Charles IV, fils de Philippe le Bel, meurt sans descendant mâle. Or Isabelle de France, sœur du roi défunt, a un fils : Édouard III, souverain d'Angleterre. Celui-ci veut se saisir de la couronne de France, mais les Français refusent de se livrer à un étranger. C'est Philippe VI de Valois, neveu de Philippe le Bel, qui monte alors sur le trône. La guerre de Cent Ans a évidemment de nombreuses causes, économiques et démographiques, mais cette affaire de succession met le feu aux poudres.

Grand tacticien, Édouard III remporte d'importantes victoires sur les armées françaises. En 1340 à L'Écluse, dans les Flandres, les forces navales anglaises anéantissent la flotte française. En 1346, à Crécy, en Picardie, les archers anglais taillent en pièces les troupes françaises...

Mais Paris reste insouciant. La grande affaire, en ville, est de suivre la mode, qui se transforme, s'adapte, se modific. Une saison on adopte la tunique longue, et puis il faut vite changer car on porte maintenant le manteau court. Mais ce qui ne varie pas, ce sont les couleurs, toujours vives, toujours multiples, toujours mêlées en un arc-en-ciel permanent et joyeux.

Hélas, tout cela va être balayé par la peste noire, qui charrie morts, ruines, paniques et désespoirs. Partie du Sud, l'épidémie arrive au bourg de Roissy-en-France au mois d'août 1348. Quelques jours plus tard, Paris est touché à son tour. La maladie ravage la ville, et chacun tremble. On se méfie de tout, surtout de l'autre, le voisin, le parent, l'ami. Est-il porteur de la peste ? À l'Hôtel-Dieu – le grand hôpital qui existe alors depuis plus de trois siècles –, cinq cents malades meurent chaque jour, et les bonnes sœurs se dévouent au péril de leur vie : elles sont cent trente-six au début du drame, il en reste à peine quarante quelques mois plus tard. On jette à la va-vite les cadavres dans la fosse du cimetière des Innocents, bientôt saturé. Il faut chercher d'autres lieux d'inhumation en dehors des murs de la capitale.

Espérant arrêter le fléau, on fait incendier les maisons des malades et, par les rues, de pieuses processions tentent d'apitoyer le Ciel. À Paris, on prie beaucoup, mais on meurt encore plus. Les médecins baissent les bras et avouent leur impuissance, quelques sorciers essayent de profiter de l'aubaine et vendent à prix d'or des décoctions accompagnées de prières et de rites aussi farfelus qu'inutiles.

Et puis, au bout d'une année, sans que l'on sache pourquoi, soudain le mal s'apaise et s'éloigne. Mais Paris a changé, Paris est abattu, torturé : au moins soixante mille Parisiens ont péri, plus de quarante pour cent de la population.

Venues des campagnes du royaume, des foules de paysans prennent refuge dans la grande ville blessée. Ils ont abandonné leurs champs et leurs fermes parce que le père ou le fils ou l'ouvrier est mort, parce que l'on manque de bras pour récupérer une maigre récolte. Cette population espère trouver à Paris de quoi manger, mais il n'y a rien en ville, et ces foules hagardes, frappées par le malheur, ajoutent encore à la misère générale.

Et le cycle des désastres continue… La guerre contre l'Angleterre coûte cher et oblige le roi à établir de nouveaux impôts. Désormais, toutes les marchandises, objets manufacturés ou denrées alimentaires, vendues à Paris et dans ses faubourgs, sont soumises à une taxe spéciale. Le prix du pain augmente, et la misère se fait plus sombre encore.

Le 19 septembre 1356, une nouvelle catastrophe fond sur le royaume : le nouveau roi de France, Jean le Bon, est fait prisonnier à Poitiers par les Anglais. Après un hiver passé à Bordeaux, le monarque détenu est emmené en Angleterre. Oh, il n'a pas à se plaindre, il est traité comme un hôte de marque, mais en France le peuple devra bien payer les trois millions de livres exigés pour libérer son souverain.

En attendant, à Paris, le pouvoir se fait flou en l'absence du roi. C'est le prévôt des marchands, Étienne Marcel, qui prend les choses en main. D'abord, il est urgent de renforcer les défenses de la ville, car la succession ininterrompue de défaites françaises fait craindre une attaque anglaise sur la capitale. Dès la fin du mois de septembre, des nuées d'ouvriers sont au travail, on remblaye, on renforce, on bâtit. Sur la rive gauche, certains fossés trop étroits et trop peu profonds sont creusés et élargis. Sur la rive droite, de nouveaux fossés viennent parfaire le circuit déjà existant. De ce côté de la Seine, on construit des bastions qui font saillie sur l'enceinte, et les murailles sont développées pour englober le Louvre, le prieuré Saint-Martin et l'enclos du Temple.

Tout cela, évidemment, coûte fort cher, alors le prévôt instaure une nouvelle taxe sur les boissons. Désormais, en vidant son flacon de vin ou son pichet de bière, c'est la défense de Paris que l'on finance !

Encore faut-il une armée pour tenir la ville. Étienne Marcel lève une garde civile qu'il organise non comme le ferait un chef de guerre, mais comme le juge bon le maire qu'il est, en quelque sorte. Les hommes valides incités à s'enrôler sont organisés par rues et par quartiers, Paris est quadrillé de troupes prêtes à faire le coup de feu contre l'ennemi anglais.

Au palais de la Cité, le dauphin Charles, âgé de dix-huit ans, assure la régence et tente de s'imposer, mais les Valois sont largement discrédités par leurs défaites militaires. Étienne Marcel et l'évêque Robert Le Coq imposent une ordonnance par laquelle la monarchie serait contrôlée par les états généraux, réunion de la noblesse, du clergé et de la bourgeoisie.

À Londres, où il est toujours retenu, Jean le Bon fulmine et fait savoir qu'il interdit l'application de cette ordonnance. En même temps, ou presque, le roi prisonnier signe avec ses geôliers un traité honteux qui cède à l'Angleterre la Guyenne, la Saintonge, le Poitou, le Limousin, le Quercy, le Périgord, le Rouergue et la Bigorre, promettant de surcroît une rançon qui s'élève désormais à quatre millions d'écus… Non seulement le roi refuse de voir la monarchie placée sous surveillance, mais il brade une bonne partie du royaume ! Cette folie provoque l'indignation…

Quand Regnault d'Arcy, l'avocat du roi, revient d'Angleterre porteur de ce traité infâme, Étienne Marcel sait que l'heure de l'action a sonné. Au matin du 22 février 1358, il parvient à réunir trois mille hommes armés dans le prieuré de Saint-Éloi, sur l'île de la Cité, à quelques pas de la Sainte-Chapelle. Le prévôt harangue la multitude. Il parle de Paris, Paris que l'on s'apprête à livrer à des bandes voraces de gueux qui tournent autour des remparts pour faire main basse sur les richesses de la capitale… Que font les soldats du dauphin contre ces hordes de brigands, que font les alliés du dauphin pour vaincre la misère de la ville ? Galvanisés par ces paroles, les Parisiens laissent éclater leur fureur. Ils en veulent au pouvoir ? Mais il est là, le pouvoir, inerte et mou, juste en face, de l'autre côté de la rue, dans le palais de la Cité où se terrent le prince et les nobles…

La foule bouillonnante traverse la rue et se dirige vers le palais. Soudain, on aperçoit un homme qui tente de s'enfuir : c'est Regnault d'Arcy, celui qui a apporté d'Angleterre le traité signé par le roi ! Il marche vite, le Regnault, il a peur, il court, il s'engouffre dans la boutique d'un pâtissier… Quelques hommes le rejoignent et l'égorgent entre les plateaux de gâteaux et les sacs de farine.

Étienne Marcel suivi de son armée improvisée marche maintenant vers le palais. Entouré de ses hommes, le prévôt entre dans la bâtisse, monte vers les appartements du dauphin, force la porte… Le dauphin Charles semble à peine surpris par cette incursion, et un débat rageur s'engage entre le jeune homme et le prévôt. Étienne Marcel reproche au fils du roi de ne rien faire pour maintenir l'ordre contre les bandes de brigands qui parcourent les faubourgs, Charles répond que ceux qui disposent des finances, c'est-à-dire la prévôté, doivent prendre leurs responsabilités…

La discussion devient si violente que deux maréchaux, Jean de Conflans et Robert de Clermont, tentent de s'interposer. Ils n'ont guère le temps de se perdre en arguties, ils sont tous deux percés de lames par les alliés du prévôt. Le sang gicle et éclabousse de taches écarlates la tunique claire du dauphin… Les gens du palais, apeurés, n'ont rien de plus pressé que de prendre la fuite tandis que Charles supplie le prévôt de bien vouloir l'épargner.

— Sire, vous ne risquez rien, dit Étienne Marcel. Mes hommes sont bienveillants car ils sont venus pour votre profit…

En prononçant ces mots, Étienne Marcel retire son bonnet bleu et rouge – les couleurs de Paris – et en coiffe le dauphin, signe de la protection accordée par la ville au jeune prince… Et puis ? Rien. La révolte n'est pas une révolution. Sans théoricien, sans doctrine, sans projet, la colère mène à une impasse. Éblouis par leur propre audace, le prévôt et ses hommes s'estiment satisfaits. Ils se hâtent de quitter le palais pour aller pavoiser place de Grève avec leurs partisans. Le peuple de Paris se saisit d'une partie du pouvoir. Le tiers-état est né.

Le lendemain, au cours d'une assemblée tenue au couvent des Augustins, au bord de la rive gauche, Étienne Marcel qui a réuni les gens de la prévôté, le clergé et l'Université prend la décision d'appliquer le système de monarchie contrôlée par les états généraux et de rétablir le conseil des Trente-Six, autant de magistrats chargés des nominations. En clair, Étienne Marcel instaure son pouvoir total sur Paris.

Le dauphin le sait, il n'y a plus de salut pour lui en sa capitale. Il faut fuir, s'en aller ailleurs regrouper ses forces. Un mois plus tard, le 25 mars, Charles sort de Paris et prend la route de Senlis. Étienne Marcel, qui fait chaperonner le prince par dix bourgeois, croit pouvoir, de cette manière, le surveiller et lui imposer sa volonté. Il se trompe.

Pendant que le dauphin Charles caracole dans ses provinces et regroupe ses amis, il ne fait pas bon être royaliste sous l'autorité d'Étienne Marcel : Matret, maître charpentier du palais, et Perret, maître des ponts de Paris, sont décapités, et leurs corps coupés en quatre morceaux.

Le prévôt instaure son nouvel ordre. Il accueille en sa ville son allié Charles de Navarre, dit Charles le Mauvais, un arrière-petit-fils de Philippe le Bel, prétendant à la couronne de France. Seulement voilà, Charles de Navarre a des accointances avec les Anglais, alliance qui indigne les Parisiens. D'ailleurs, le Mauvais appelle en renfort des troupes anglaises... S'acoquiner avec le Navarrais équivaut à une trahison ! La population commence à songer que la tranquillité ne reviendra qu'avec les Valois, d'autant plus que le dauphin impose à Paris un blocus dont les effets commencent à se faire sentir. Les vivres manquent. Les plus fragiles des Parisiens connaissent la faim et les privations.

Il faut en finir. Le 31 juillet, en fin de matinée, Étienne Marcel surveille les défenses près de la porte Saint-Antoine. Une foule hostile entoure le prévôt, et un cri de guerre retentit :

— Montjoie Saint-Denis ! À la mort, à la mort !

Étienne Marcel veut parler :

— Pourquoi me voulez-vous du mal ? Ce que je fais, je le fais pour votre bien comme pour le mien...

Le prévôt est bousculé, il trébuche, tombe à terre, alors c'est la curée : haches et épées transpercent son corps de part en part.

Deux jours plus tard, le dauphin Charles fait dans Paris une entrée triomphale. Le 4 août, il convoque la population aux Halles et tient un discours où il dénonce un prétendu complot ourdi par Étienne Marcel et Charles de Navarre pour laisser entrer les Anglais à Paris.

— Le soir où le prévôt fut tué, ils voulaient faire mettre à mort tous ceux que l'on savait tenir pour le parti du roi et de son fils, et déjà de nombreuses maisons de Paris avaient été marquées de plusieurs signes.

*
* *

On le sait maintenant : c'est de Paris que monte la colère, c'est de Paris que vient la contestation. Vingt-cinq ans plus tard, l'évocation de la révolte parisienne fait encore trembler le trône de France. En 1383, le jeune roi Charles VI fait lire en la Grande Chambre du palais une ordonnance par laquelle il diminue les pouvoirs de la prévôté des marchands « pour les rébellions, désobéissances, monopoles, crimes et maléfices, tant de lèse-majesté et autres, en faits et en paroles ». Par une seconde ordonnance, le roi confisque « la Maison de Ville, assise en la place que l'on dit de Grève ». En affaiblissant le maire et en fermant l'Hôtel de Ville, le roi espère contenir les Parisiens. Illusion, bien sûr.

CHÂTEAU
DE VINCENNES

Paris risqué

Après Saint-Denis au VIIIe siècle, permettons-nous une nouvelle incursion hors la ville pour émerger devant la masse claire et rayonnante du château de Vincennes dominé par la forme élégante de son donjon, résidence et protection des rois.

Traumatisé par l'assassinat en sa présence de deux de ses maréchaux par les hommes d'Étienne Marcel, le roi Charles V refusa de demeurer plus longtemps au palais de la Cité où s'était déroulé le drame. Il s'évertua à trouver d'autres lieux du pouvoir et, en premier, fit construire l'hôtel Saint-Pol en dehors des limites de Paris, sur l'actuel quai des Célestins. Ce vaste ensemble de bâtiments entouré de beaux parcs, aujourd'hui disparu, semblait plus favorable à la santé déficiente du souverain que l'air confiné de Paris. Charles V appréciait aussi le Louvre et fit aménager dans une tour sa bibliothèque privée, faite de bois précieux, dans laquelle il entreposa sa collection de livres, jetant ainsi les fondements de ce qui deviendra la Bibliothèque nationale.

Enfin, il fit aménager le château de Vincennes : en 1371, le donjon et son enceinte étaient achevés ; en 1380, se terminait la grande muraille ceinturant la forteresse. En lançant ces chantiers, Charles V voulait disposer non pas de nouveaux bâtiments utilitaires, qui existaient déjà, mais d'un volume supérieur d'espaces résidentiels. L'aménagement du château de Vincennes marquait la volonté royale de changer profondément la nature de la construction, d'en faire davantage qu'une forteresse dressée aux portes de Paris.

Cet ensemble architectural remarquablement bien conservé présente un intérêt historique exceptionnel. Plus que tout, mieux que les écrits et les témoignages, il exprime dans la pierre la naissance de l'État moderne. En effet, le projet de Charles V était non seulement de s'éloigner de Paris, qui risquait de se transformer en piège pour le pouvoir royal, mais aussi d'adopter un nouveau fonctionnement de l'autorité. L'entourage du souverain, ses familiers, ses officiers, ses scribes et ses secrétaires prenaient une importance grandissante et formaient autour du roi une équipe resserrée et efficace. Cette forme originale de « gouvernance » marqua un tournant essentiel dans la monarchie, elle annonçait déjà l'État moderne, avec un souverain entouré de ministres.

D'ailleurs, on avait bien besoin de cette forme renforcée de pouvoir : l'entrée dans le XVe siècle promettait une inexorable plongée vers les abîmes de la guerre, de la famine, de la mort. Les populations tremblaient car les rois et les princes redessinaient la géographie pour étendre leurs privilèges et leurs domaines. Même la référence religieuse, ultime recours des peuples écrasés, était brouillée : le Grand Schisme déchirait l'Occident, et deux souverains pontifes prétendaient occuper le trône de saint Pierre, l'un à Rome, l'autre à Avignon. La désunion des soldats du Christ excitait les appétits conquérants de l'islam et le sultan de Turquie ne cachait plus son impatience à dévorer Constantinople, lambeau pantelant de l'Empire byzantin. En Europe, Henri IV, roi d'Angleterre, faisait face aux révoltes des Écossais et des Gallois, troubles incessants qui ne l'empêchaient pas de revendiquer toujours la Bretagne, la Normandie et la Flandre.

En France, Charles VI, monté sur le trône en 1380, était entré dans la folie. Le regard perdu, il déambulait dans les couloirs de son hôtel Saint-Pol, s'entamait les chairs de la cuisse avec une petite lancette de fer et rampait à terre pour laper son écuelle comme un chien. Puis la démence s'éloignait, alors le roi reprenait les rênes de son gouvernement, en attendant la prochaine crise. Les régences successives, chargées de la bonne marche de l'État pendant les « absences » du souverain, livraient au pillage le trésor royal. Toutes les reconquêtes de Charles V sur les plans politique ou géographique se mirent à fondre comme neige au soleil ! Paris sombrait dans la misère et, pendant les nuits d'hiver, les loups pénétraient dans la ville pour dévorer quelques pauvres hères traînant dans les sombres ruelles...

*
* *

Le 23 novembre 1407, la guerre sans fin avec l'Angleterre prend une nouvelle tournure. Ce soir-là, le duc Louis d'Orléans, frère du roi Charles VI, soupe à l'hôtel Barbette avec sa belle-sœur, la reine Isabeau de

Bavière. Celle-ci, peu de temps auparavant, a accouché d'un garçon chétif et malingre qui n'a pas survécu plus de quelques jours. Louis a toutes les raisons de se trouver au côté d'Isabeau : peut-être est-il le père de cet enfant mort-né. Disparition rapide et silencieuse qui arrange tout le monde... Elle évite tant de questions malséantes !

Et si cet enfant, en réalité, n'était pas mort ? Et si ce n'était pas un garçon, mais une fillette appelée Jeanne... notre Jeanne d'Arc, fruit des amours de la reine et du frère du roi ? Cette thèse est soutenue par de nombreux historiens, et par moi, mais c'est une autre histoire...

Loin de l'hôtel Saint-Pol où Charles VI s'enfonce dans la folie, la reine s'est établie en cet hôtel Barbette, petit bijou discret situé rue Vieille-du-Temple, dont hélas il ne reste rien. C'est là qu'Isabeau, femme de trente-six ans, tente de rallumer les ultimes feux de son ardeur amoureuse. Elle est belle encore avec son visage fin et long, avec ce corps gracile, à peine marqué par les onze enfants qu'elle a déjà donnés au roi. La reine s'est jetée dans une liaison passionnée avec Louis, « le bel étalon prêt à hennir devant toutes les femmes », assure la rumeur.

Ces deux-là s'aiment avec une fureur où se mêlent le doux frisson de l'interdit et la raison politique. En effet, les sous-entendus, les allusions et les intérêts diplomatiques ne sont pas absents de leurs étreintes. Chacun a besoin de l'autre, ou croit en avoir besoin.

La démence du roi a fait d'Isabeau la régente du royaume. Elle préside le Conseil royal sans toutefois parvenir à le dominer. Jean sans Peur, le duc de Bourgogne, cherche à étendre son influence, mais il est contré par Louis d'Orléans. Au-delà d'une lutte de personnes, c'est encore la guerre avec l'Angleterre qui se trouve au centre des polémiques : faut-il prolonger la trêve comme le veut le duc de Bourgogne, faut-il reprendre les combats comme le suggère le duc d'Orléans ?

À l'hôtel Barbette, la soirée est plutôt agréable et l'on oublie dans les rires et l'insouciance la petite âme qui s'est trop tôt envolée. Soudain, un valet du roi se présente et s'adresse au duc :

— Monseigneur, le roi vous mande que vous veniez devers lui sans délai. Il a hâte de vous parler d'une chose qui touche grandement à vous et à lui.

Louis a l'habitude des tocades de son frère, qui se plaît, en pleine nuit, à l'appeler pour lui faire partager ses délires. Bon, le roi est dément, mais c'est le roi. Il faut prendre congé…

Dans la nuit parisienne, juché sur sa mule qui avance à petits pas, Louis chantonne gaiement pendant que cinq ou six valets porteurs de flambeaux lui ouvrent le chemin en trouant un peu l'obscurité de la rue. Quelques pas plus loin, alors que Louis passe devant une taverne à l'enseigne de L'Image Notre-Dame, une vingtaine d'hommes surgissent d'une encoignure et se précipitent sur lui.

— Qu'est ceci ? Je suis le duc d'Orléans ! gronde le frère du roi, croyant être aux prises avec quelques tire-laine impétueux.

Il n'a pas le temps de prononcer un mot de plus. Il est renversé de sa monture, il tombe à genoux, tente de se relever mais est massacré à coups de hache, d'épée et de gourdin.

— Au meurtre, au meurtre !

C'est la femme d'un cordonnier qui hurle. Elle a entendu le remue-ménage dans la rue, s'est mise à sa fenêtre et tente d'alerter les guetteurs.

— Taisez-vous, mauvaise femme ! lance un des assaillants.

À la nouvelle de cet assassinat, le sire de Tignon-ville, prévôt de Paris, fait fermer les portes de la ville et demande à ses archers de veiller au calme des rues : on craint éclats et coups de force des alliés de la victime.

Où fut assassiné le duc Louis d'Orléans ?

S'il ne reste rien de l'hôtel Barbette, je l'ai dit, la petite ruelle qui menait à son entrée secondaire est toujours là. C'est dans cette impasse des Arbalétriers, au niveau du 38, rue des Francs-Bourgeois, que le crime a été commis.

Deux jours plus tard, une procession spectaculaire va de l'église des Blancs-Manteaux, où le corps du prince a été déposé, jusqu'à l'église des Célestins, où il doit être inhumé. Le roi de Sicile, le duc de Berry, le duc de Bourbon et le duc de Bourgogne lui-même, les plus grands du royaume, portent le cercueil recouvert d'un velours bleu frappé des fleurs de lys.

L'enquête du prévôt s'égare d'abord vers un mari trompé, mais rapidement la vérité éclate : Jean sans Peur, le duc de Bourgogne, a commandité le crime !

Sa forfaiture dévoilée au grand jour, Jean abandonne

la mine contrite des deuils irréparables pour revendiquer haut et fort son geste homicide. C'est pour le bien du royaume et la plus grande gloire de la France qu'il a fait trucider le duc ! Qui pourrait regretter ce chien qui dilapidait le trésor royal pour se construire des châteaux et entretenir de dispendieuses maîtresses ?

La situation se révèle vite inextricable. D'un côté, voici Jean sans Peur qui bénéficie de l'appui des Parisiens parce qu'il promet de baisser les impôts et de contrôler la monarchie. De l'autre, c'est Charles d'Orléans, le fils du duc assassiné, qui réclame vengeance et se voit soutenu par les seigneurs de la noblesse. Mais, à treize ans, le garçon n'a pas vraiment l'étoffe d'un chef de guerre. L'année suivante, on le marie vite fait à Bonne, fille du comte Bernard d'Armagnac : en la personne du beau-père, le parti des Orléans a trouvé son champion. Désormais Armagnacs et Bourguignons se livreront une guerre cruelle qui déchirera le pays.

Conscient des affrontements qui vont avoir lieu dans le but de tenir Paris, Jean sans Peur, le duc de Bourgogne, décide de transformer l'hôtel particulier qu'il possède rue Mauconseil en camp retranché, en petit château fort. Il faut dire que la géographie citadine s'y prête parfaitement : l'hôtel s'appuie sur deux solides pans de l'ancienne muraille de Philippe Auguste, rempart devenu inutile puisque la ville dépasse largement ses limites du XIIIᵉ siècle et que les vieux murs ont été remplacés depuis vingt-cinq ans par une plus large enceinte. Les vétustes fortifications ne servent pas seulement de renfort à l'hôtel de Bourgogne : ailleurs, ses tours abandonnées sont devenues des refuges pour les gueux, dans les fossés vidés de ses eaux croupissent des bandes errantes de mendiants, et les chemins de ronde sont transformés en promenades où les Parisiens jouent aux boules.

Pour parfaire la défense de son hôtel, Jean sans Peur fait construire une solide tour qui dresse fièrement ses vingt-sept mètres comme un roc inexpugnable et semble narguer le Louvre et l'hôtel Saint-Pol, les deux sièges de l'autorité royale. Derrière les hauts murs de sa forteresse, le duc de Bourgogne ne craint ni l'inconstance du roi ni l'emportement des foules.

Que peut-on encore voir de l'hôtel de Bourgogne ?

Au XVIᵉ siècle, l'hôtel de Bourgogne, totalement remanié, devint une salle de théâtre où l'on donna d'abord des mystères à vocation religieuse. En 1634, sous Louis XIII, s'y installa la troupe royale. C'est là que furent créées ensuite les principales pièces de Pierre Corneille, puis quasiment toutes les tragédies de Jean Racine.

Dans ce théâtre, Racine découvrit la Champmeslé, jeune comédienne jouant le rôle d'Hermione dans son *Andromaque*. La demoiselle fit preuve d'une si tempétueuse passion, d'une si débordante violence que le tragédien, à l'issue de la représentation, se précipita dans les coulisses, les yeux brûlants, et tomba à ses pieds pour la remercier de ce moment d'intense bonheur. Dès cet instant, Racine ne quitta plus la comédienne. Il lui jura un amour éternel, qui dura bien six années. La marquise de Sévigné écrivait : « Quand la Champmeslé entre en scène, un mouvement d'admiration se répand d'un bout du théâtre à l'autre, toute la salle est sous le charme, et elle fait à son gré couler nos larmes. »

L'hôtel de Bourgogne resta un théâtre jusqu'en 1783, date à laquelle les comédiens investirent le nouvel Opéra-Comique, qui venait d'être construit. L'ancien théâtre devint halle aux cuirs puis fut entièrement démoli en 1858, pour permettre le percement de la rue Étienne-Marcel.

C'est précisément au 20, rue Étienne-Marcel que se dresse toujours la tour érigée par Jean sans Peur pour protéger son hôtel. Et cette surprenante architecture bourguigno-médiévale en plein Paris se visite ! On y voit une salle des gardes au rez-de-chaussée, des appartements au premier, une belle salle au deuxième, la chambre à coucher des écuyers au troisième, et la splendide chambre du duc au quatrième.

Tout en haut du premier escalier à vis, on trouve deux souvenirs intéressants du duc de Bourgogne. Tout d'abord, le magnifique chêne de pierre qui grimpe sous les voûtes. Un chêne à trois types de feuilles : celles du chêne pour rappeler le père de Jean sans Peur, celles de l'aubépine pour rappeler sa mère et le houblon pour lui-même (une feuille du Nord parce que sa mère était flamande). On y découvre ensuite deux vitraux, le premier portant les armes du duc et le second figurant un rabot... C'est la réponse aux menaces de Louis d'Orléans qui voulait l'assommer à coups de gourdin. Jean l'a raboté : le crime est revendiqué !

Pendant que Jean sans Peur fait construire sa tour parisienne, le comte d'Armagnac lève dans le Midi une armée de mercenaires, hommes de sac et de corde qui ne songent qu'à piller les régions traversées. Ils arrivent en Île-de-France, ravagent les fermes et les champs, puis progressent jusque devant les fossés qui protègent le faubourg Saint-Marcel, sur la rive gauche. Ils vont entrer dans Paris, mais le 2 novembre 1410 un traité signé à Bicêtre interrompt les opérations militaires. Selon les termes de cet accord, chaque prince doit retourner dans ses terres et ne revenir dans la capitale qu'avec le consentement du roi Charles VI.

L'hiver se passe dans un calme relatif. Dès le printemps, la guerre entre Armagnacs et Bourguignons reprend dans le Beauvaisis et la Picardie… Mais c'est Paris que l'on veut, c'est Paris que l'on ambitionne, c'est Paris qu'il faut tenir. Au mois d'août, le Parlement – la cour judiciaire de la capitale – cherche à maintenir la paix et pour cela réclame l'arrestation de ceux qui tiendraient des harangues dangereuses pour la sécurité publique. Pour surveiller la bonne exécution de cette ordonnance, ces messieurs du Parlement nomment un gouverneur de Paris en la personne de Valéran de Luxembourg, comte de Saint-Pol. C'est un fidèle allié du roi, comme tout le monde… mais aussi un partisan des Bourguignons.

Aussitôt, le comte et son ami Jean sans Peur organisent la chasse aux Armagnacs ! Ils créent une milice bourgeoise de cinq cents hommes et prennent soin de n'engager dans ces troupes que des bouchers, des écorcheurs, des pelletiers, des chirurgiens ; bref, des hommes aptes à manier le couteau et habitués à voir couler le sang. Cette troupe féroce, qui prend le nom prestigieux de « milice royale », reçoit pour mission d'arrêter dans Paris tous ceux que l'on connaît pour favoriser le clan des Armagnacs.

Commence alors une répression aveugle et violente. Pour se débarrasser d'un parent, d'un voisin, d'un concurrent, il suffit de l'appeler armagnac. Et l'on peut se montrer soulagé quand les miliciens se contentent de jeter le coupable dans un cul-de-basse-fosse et de piller sa maison, car le plus souvent le supposé armagnac est tout bonnement noyé dans la Seine. Même le roi et sa famille ne se sentent plus tout à fait en sécurité. Ils quittent l'hôtel Saint-Pol et vont s'établir au Louvre, citadelle que leurs troupes pourraient mieux défendre, au cas où les bouchers déchaînés se retourneraient contre la Couronne.

Ces exactions poussent trois cents bourgeois parmi les plus prestigieux, conduits par le prévôt des marchands, à quitter la ville pour se préserver et ne pas rester les témoins muets de ces horreurs.

Personne ne peut mettre fin au désordre, sinon Dieu lui-même. Alors les chanoines de la Sainte-Chapelle, les prêtres bernardins, les frères carmes et les moines mathurins unissent leurs forces spirituelles pour processionner, les pieds nus, jusqu'à Saint-Germain-l'Auxerrois, révérencieusement suivis par les conseillers du Parlement. Il ne s'agit pas de prendre parti pour les Armagnacs ou les Bourguignons, on espère seulement mettre tout le monde d'accord en plongeant dans la dévotion. Tous demandent par des prières, des chants et des cantiques le prompt retour de la paix des princes...

Mais cette belle démonstration n'impressionne personne. En tout cas pas Jean sans Peur qui, au mois de novembre 1411, après être allé chercher des troupes, entre dans Paris à la tête de divisions anglaises. Trois mille Parisiens se précipitent à sa rencontre pour lui prêter main-forte. Désormais, Paris et ses faubourgs appartiennent aux Bourguignons : les Armagnacs sont chassés du royaume et leurs biens confisqués. De son côté, le Parlement, soupçonné d'accointance avec les Armagnacs, est imposé de mille livres, qui serviront à payer les troupes anglaises pour leur appui et obtenir d'elles un éloignement provisoire. En effet, Henri V, roi d'Angleterre, souhaite profiter des dissensions françaises pour récupérer quelques domaines perdus.

Fin avril 1413, les classes populaires parisiennes, qui en ont assez de voir leur ville et tout le royaume en pleine déconfiture, se soulèvent sous la conduite d'un écorcheur nommé Caboche. En réalité, Caboche s'appelle Simon Lecoustellier, mais comme son métier consiste à fracasser la caboche des bœufs pour en extraire la cervelle, on le surnomme Caboche, et ses partisans s'affublent du sobriquet de cabochiens...

Jean sans Peur pense de bonne tactique de soutenir cette tentative de révolution et d'appuyer ces cabochiens, espérant bien, en fin de parcours, écarter ces gueux pour s'emparer seul du pouvoir. Durant tout le joli mois de mai, les cabochiens tiennent la ville dans un époustouflant déferlement de violences. On prend la Bastille, on massacre les prisonniers qui s'y trouvent, on occit les Parisiens qui ont plus ou moins l'air d'appartenir au parti des Armagnacs, on décapite le prévôt de Paris. On impose même au Parlement une ordonnance en deux cent cinquante-huit articles pour introduire un rigoureux contrôle des dépenses publiques, une réorganisation du pouvoir judiciaire, la réglementation des péages, ordonnance qui restera lettre morte et sera bien vite abrogée. En attendant, les nouveaux maîtres arpentent les rues avec le capuchon blanc, leur signe de reconnaissance. Malheur à celui qui refuse de porter cette coiffe : même le roi doit accepter d'arborer le blême galure des insurgés.

C'en est trop pour les gens de bon sens : la plupart des Parisiens, désormais, veulent qu'on mette un terme aux folies des cabochiens. Pour ce faire, les Bourguignons sont les plus mal placés : n'ont-ils pas fait alliance avec la sanglante rébellion ? Il faut donc se tourner vers les Armagnacs ! Leurs troupes, qui cantonnent près de Paris, n'attendaient que ce moment-là : elles pénètrent dans la ville et en chassent les Bourguignons.

Deux mois plus tard, le 4 août, les cabochiens tentent encore de soulever la population. Sur la place de Grève, ils sont là, les orateurs qui incitent le bon peuple à reprendre le combat contre les Armagnacs. Mais une voix surgie de la foule lance alors :

— Qui veut la paix se range du côté droit !

Immédiatement, tout le monde court à l'extrémité droite de la place. Quel désaveu pour les cabochiens ! Les plus enragés projettent de se retrancher dans l'Hôtel de Ville pour lutter encore dans une dernière et vaine bataille, mais Jean sans Peur et Caboche ont déjà disparu, ils sont sortis de Paris et ont pris la fuite.

Ils auront leur revanche à Azincourt le 25 octobre 1415, le jour où l'armée française – plus précisément la cavalerie des Armagnacs – sera écrasée par l'armée anglaise. Exactement un an après cette défaite en forme de victoire pour les Bourguignons, Jean sans Peur rencontrera secrètement à Calais le roi d'Angleterre,

Henri V. Les deux hommes se partageront leur monde et se diviseront leurs ambitions : les Bourguignons ne s'opposeront pas à la conquête de la Normandie par l'Angleterre, les Anglais abandonneront Paris aux Bourguignons...

*
* *

Dans la nuit du 29 mai 1418, à deux heures du matin, huit cents cavaliers bourguignons entrent dans Paris par la porte Saint-Germain-des-Prés et réveillent les habitants.

— Levez-vous, bonnes gens, aux armes ! Vive le roi et le duc de Bourgogne !

Les soldats de Jean sans Peur investissent l'hôtel Saint-Pol, s'emparent de la personne du roi, l'habillent d'un manteau de parade, le juchent sur un cheval et le promènent dans les rues comme une marionnette couronnée. À demi inconscient, replié dans sa folie, Charles VI sourit benoîtement à la foule, totalement étranger aux terribles événements qui secouent sa capitale. Sur Paris souffle un vent de liesse, la population accueille les Bourguignons dans un délire de joie, persuadée que les triomphateurs vont la libérer des mauvais conseillers du monarque, lui apporter l'abondance et repousser le spectre de la misère. Des hordes munies de lances rouillées et de lourdes massues se gavent de sang et pillent les riches demeures des anciens maîtres sur un cri :

— Tuez ! Tuez ces chiens, ces traîtres armagnacs !

Dans cette fièvre, tout le monde a oublié le dauphin Charles, adolescent de quinze ans et unique garant de la postérité de la monarchie. En ces heures dramatiques, un seul homme conserve la tête assez froide pour songer à préserver la dynastie : Tanguy du Châtel, le prévôt de Paris. Il traverse la ville en convulsion, court à l'hôtel Saint-Pol, se précipite dans la chambre où le dauphin, couché sur son lit, se terre en attendant que les événements viennent le surprendre. En catastrophe, le prévôt jette une couverture sur les épaules du prince et l'entraîne vers la Bastille où les vaincus de ce soir se regroupent pour se préserver de la colère parisienne. Quelques heures plus tard, le dauphin sort de la forteresse et gagne une discrète poterne entrouverte et mal gardée. Le futur Charles VII, déguisé en bourgeois, vêtu d'une pauvre houppelande grise et coiffé d'un simple bonnet, flanqué d'une petite troupe de soldats fidèles, franchit la muraille au grand galop, abandonnant une capitale livrée une nouvelle fois à la violence.

Prince sans couronne et apparemment sans avenir, Charles ne sait pas encore qu'il devra reconstruire son royaume ailleurs ni qu'il lui faudra dix-huit années d'improbables combats pour revenir exercer son autorité à Paris.

À Bourges, dont il fait sa capitale, le dauphin Charles se déclare seul détenteur du pouvoir :

— Unique fils, héritier et successeur de Monseigneur le roi et, de par là, par raison et par droit naturel c'est à moi qu'appartient la responsabilité du royaume...

Par missive, il interdit à quiconque d'obtempérer aux ordres du régime illégal qui siège à Paris : « Les rebelles ayant assassiné le chancelier du roi et saisi le grand sceau royal, nous vous interdisons d'obéir à aucune de leurs lettres, hormis les nôtres, scellées de notre sceau privé et signées de notre main. »

Charles se dit le maître du royaume, mais à Paris Jean sans Peur manipule le monarque fou et, en Normandie, le souverain anglais se pare du titre de roi de France. Le pays est écartelé, déchiré, et nul ne peut prévoir qui l'emportera dans cette guerre des princes.

À Paris, c'est la curée. On massacre les Armagnacs et ceux qui y ressemblent. Les chefs, les officiers sont enfermés à la Bastille et là, dans une mise en scène réglée par le bourreau Capeluche, les prisonniers sont appelés un à un par leur nom. Ils doivent sortir en passant par une porte basse qui les oblige à se baisser… Un coup de hache bien ajusté fait rouler leur tête sur les pavés. Même le comte Bernard d'Armagnac n'échappe pas à cette vindicte et périt comme ses compagnons, frappé par Capeluche. Les ruelles du faubourg Saint-Antoine charrient des rivières de sang qui ne semblent pas émouvoir les artisans du quartier. Le faubourg, il est vrai, en verra d'autres…

Jean sans Peur s'inquiète de ces débordements, la patience des Parisiens n'est pas sans limites, il le sait, il en a fait l'expérience. Pour témoigner de sa bonne volonté, il ordonne l'arrestation de Capeluche et lui fait couper le cou, de quoi freiner net la frénésie des partisans bourguignons.

Le 14 juillet suivant est jour de fête à Paris ! Jean sans Peur et la reine Isabeau de Bavière font leur entrée dans la capitale, applaudis par une population certaine de voir enfin se profiler la paix et la sécurité.

Mais Jean sans Peur ne profite pas longtemps de sa victoire. Un an plus tard, le 10 septembre 1419, une rencontre est prévue à Montereau, en Île-de-France, entre le dauphin et le duc de Bourgogne. La tension entre les deux partis est vive, la haine tenace, le ton monte rapidement et Tanguy du Châtel, l'ancien prévôt de Paris devenu conseiller du jeune Charles, sort son épée et l'enfonce dans le ventre de Jean sans Peur.

Assassinat prévu de sang-froid ? Débordement dû à la colère ? Guet-apens soigneusement organisé ? On en discutera longtemps, mais les exécutions successives du comte d'Armagnac et du duc de Bourgogne font prendre à l'Histoire des chemins de traverse. C'est le roi d'Angleterre qui, sur le moment, rafle la mise.

Par le traité de Troyes de 1420, Charles VI accepte de renier son fils le dauphin Charles et d'offrir sa fille, ainsi que le royaume de France après sa mort, au roi d'Angleterre Henri V.

Un peu plus d'un an après, Henri V et Charles VI, chevauchant côte à côte, sont à Paris. On imagine la surprise et l'incompréhension des Parisiens : qui est le roi de France ? Question judicieuse car Charles n'est plus qu'une ombre, à peine un symbole, et Henri se voit déjà successeur, roi de France et d'Angleterre, le plus puissant monarque d'Occident. Mais les rêves humains sont bornés par la cruelle réalité de la mort... Au mois d'août 1422, Henri V, âgé de trente-six ans, est pris d'une terrible crise de dysenterie. Affaibli, tordu par d'insupportables douleurs, il s'alite dans le donjon du château de Vincennes, et un ermite vient lui annoncer sa fin prochaine... Il recommande son âme au Seigneur et confie le gouvernement de la France à son frère John, duc de Bedford. Cela fait, il expire comme prévu, et il faut songer à se débarrasser du cadavre. Pour le renvoyer à Westminster, on cherche un embaumeur, mais on ne trouve dans les environs aucun spécialiste en cet art délicat. Alors on fait bouillir le défunt roi et il fait son dernier voyage par-delà le *Channel* sous la forme d'un squelette désarticulé, soigneusement rangé en petits paquets d'os blanchis.

Sept semaines plus tard, au mois d'octobre, Charles VI, atteint d'un mal mystérieux, quitte la scène à son tour. Apprenant la mort de son père, le dauphin, sans attendre, se proclame roi de France sous le nom de Charles VII. Le jour de la Toussaint, il entre dans la cathédrale Saint-Étienne de Bourges vêtu du manteau royal, tissu de vermeil et d'or doublé d'hermine, et chaussé des brodequins frappés de la fleur de lys.

Pour les partisans du jeune roi, la véritable capitale du royaume reste Bourges, au moins tant que l'Anglais occupera les bords de la Seine et tiendra une partie du territoire. Car on peut faire le compte des terres contrôlées par le duc de Bedford, et c'est impressionnant : plus de la moitié du royaume, Bordeaux, la Normandie, la Champagne, la Picardie, l'Île-de-France, Paris. Et il conserve sous son influence les territoires de Philippe le Bon, fils de Jean sans Peur : la Bourgogne, l'Artois et la Flandre.

Chacun des deux ennemis, le duc de Bedford et Charles VII, appuyé sur ses terres, entend partir à la conquête du royaume entier. Et ce sera une succession de batailles, de sièges, de prises de villes, d'occupations de places fortes qui ravageront les campagnes au cours d'interminables combats, semant la mort, provoquant famines et épidémies.

Finalement, ce Charles VII maigriot, aux yeux de biche égarée, met intelligemment à profit la bravoure et la ténacité de Jeanne d'Arc, peut-être sa demi-sœur cachée, une sœur qu'on aurait transformée en bergère éclairée par Dieu pour justifier et encourager la reconquête du trône et du territoire.

Bientôt, de l'Avranchin jusqu'à la Picardie, des provinces entières se soulèvent contre l'occupation anglaise. Le 13 avril 1436, à Paris, le tocsin appelle la population à l'insurrection, et les rues sont barrées. Vieux tonneaux remplis de terre et charrettes renversées composent des formes menaçantes, isolant les troupes anglaises. Par les quartiers, des bandes éclatées d'archers ennemis errent sans ordre, sans commandement, dans un anxieux sauve-qui-peut…

Au même moment, les soldats du roi contournent Paris et s'emparent de Saint-Denis. Par des rumeurs soigneusement orchestrées, les Français donnent ainsi à penser que leur armée s'apprête à attaquer par le nord : les forces anglaises s'y précipitent pendant que le gros de la troupe française, opérant un mouvement tournant, pénètre dans la ville par la porte Saint-Jacques, au sud.

La population parisienne acclame les soldats français. L'heure tant attendue de la libération sonne enfin ! Dans un ultime sursaut, les Anglais mobilisent leurs dernières troupes autour de la Bastille, comme si les murs épais et l'imposante apparence de la forteresse devaient leur insuffler l'énergie de la riposte. Manœuvre désespérée, et inutile : la fière citadelle capitule bien vite.

Les officiers du roi vont à Notre-Dame écouter un *Te Deum* pendant que, signe de retour à l'abondance, une procession de cent chariots chargés de blé fait son entrée dans la ville. Peu après, des hérauts sillonnent les quartiers pour annoncer la paix civile voulue par le roi.

— S'il y a quelqu'un parmi vous qui ait forfait envers Monseigneur le roi, tout lui est pardonné. Tant aux absents qu'aux présents.

La souveraine indulgence jette son voile d'oubli sur les années écoulées, les collaborateurs de l'occupant – ceux que l'on appelle les « Français reniés » – sont définitivement amnistiés. Charles VII reconstruit son royaume sur la clémence.

Cependant, sa générosité a des limites. Pendant tous ces événements, il n'a pas quitté Bourges. Il consent bien à recevoir une délégation parisienne venue l'implorer de revenir au plus vite dans la capitale traditionnelle des rois de France. Le souverain écoute et ne dit mot. En fait, il n'a aucune envie de retrouver une ville qui réveille en lui tant d'affreux souvenirs, qu'il a jadis dû fuir honteusement et qu'il juge dans son for intérieur définitivement déloyale à la Couronne.

Mais bon, Paris reste Paris… Après avoir atermoyé durant un an et demi, Charles VII fait enfin son entrée solennelle à Paris le 12 novembre 1437. En cette exceptionnelle occasion, pour célébrer ces retrouvailles si longtemps espérées par les Parisiens, pour glorifier l'union du souverain avec sa capitale historique, les cloches des églises sonnent à toute volée, des fleurs jonchent les rues, des oriflammes pendent aux fenêtres, et des foules joyeuses se pressent sur le passage du flamboyant cortège.

Au son des trompes, huit cents archers et arbalétriers pénètrent dans la ville, annonçant l'arrivée de Charles VII. Celui-ci apparaît alors vêtu d'une longue cape d'azur et d'or jetée sur son armure, monté sur un palefroi blanc caparaçonné d'un velours bleu constellé de fleurs de lys. Déclenchant la liesse populaire sur son passage, il accueille d'un timide salut de la main les cris de tout un peuple avide de découvrir son souverain après une si longue attente.

Mais le roi ne reste pas longtemps : trois semaines plus tard, trop heureux de quitter Paris, Charles VII s'en retourne à Bourges. De là, il continue à organiser la guerre qui finira par bouter l'Anglais hors du royaume de France...

*
* *

Son successeur, Louis XI, se tient lui aussi très à l'écart de Paris, mais il a conscience de l'importance stratégique de la ville. Il faut la surveiller de près, tel est le rôle dévolu au château de Vincennes. Après la mort du roi d'Angleterre Henri V dans le donjon, la tour est désertée. Peut-être rappelle-t-elle un peu trop l'occupation anglaise et les prétentions du Plantagenêt sur les territoires de France. Désormais, ce donjon sert de prison. Louis XI, malgré son aspect rugueux d'affairiste, préfère un confort moins austère... En 1470, il se fait construire dans l'angle sud-ouest de l'enceinte un coquet pavillon de plain-pied. Il relance également le chantier de la chapelle du château, sublime témoignage de l'architecture de la fin du XVe siècle – le gothique flamboyant – avec une nef d'un seul niveau et des proportions vertigineuses. Il est vrai que l'architecture de défense n'est plus à la mode : la guerre de Cent Ans s'est achevée il y a près de vingt ans, les domaines anglais sur le continent ont été repris, rognés, arrachés, et l'ennemi d'hier ne conserve plus que Calais, ouverture sur la mer et port commercial. Reste la guerre contre Charles le Téméraire, duc de Bourgogne, mais sans alliés puissants déterminés à le soutenir, le combat du Bourguignon s'annonce vain : sans coup férir, Louis XI rattache la Bourgogne à la France en 1477.

D'ailleurs, les mœurs sont si peu aux combats que Louis XI, faisant un jour à Vincennes la revue des gentilshommes de sa cour, s'avise qu'aucun d'eux ne se présente en équipage de guerre. Il fait alors distribuer à chacun une écritoire…

— Puisque vous n'êtes pas en état de me servir par les armes, servez-moi par la plume, leur dit le roi.

Simple remarque acerbe ou prémonition de l'importance grandissante de la communication et de l'hagiographie ?

Louis XI fait pourtant la guerre, mais il use surtout des traités, des alliances et des héritages. À la fin de son règne, le royaume est quasiment unifié. Son fils, le roi Charles VIII, peut regarder vers l'extérieur, vers l'Italie, où des terres sont à prendre. Il veut conquérir le royaume de Naples et franchit bientôt les Alpes…

Que fut ensuite le rôle du château de Vincennes ?

Au début de l'année 1661, le cardinal de Mazarin, premier ministre du jeune Louis XIV, se trouvait à la dernière extrémité. Ses jambes lui causaient de grandes douleurs et il toussait fréquemment. Après avoir purgé d'abondance leur patient, les médecins estimèrent que l'air de Paris lui était néfaste. Alors on le transporta au château de Vincennes où l'on respirait mieux, disait-on. Le moribond y rendit tout de même son dernier soupir au mois de mars. Au même moment, la Cour vint provisoirement s'y installer, car le Louvre avait en partie brûlé, et certains plafonds des galeries s'étaient effondrés.

Louis XIV fit ensuite réaménager le pavillon de Louis XI, mais sa passion pour Versailles le détourna vite de Vincennes. Avec la Révolution, le château fut converti en arsenal. En 1948, le Service historique des armées s'y installa.

En 1958, à peine élu président de la République, le général de Gaulle envisagea de ne pas s'installer à l'Élysée : il estimait ce palais parisien malcommode et peu digne d'accueillir les chefs d'État étrangers. Il pensa alors très sérieusement à établir le cœur du pouvoir républicain au château de Vincennes, pour y renoncer finalement.

Ce fut un nouveau sommeil pour les bâtiments. Le donjon menaçait ruine et dut être fermé en 1995. Douze ans plus tard, entièrement restauré, vingt mille blocs de pierre remplacés, il rouvrait ses portes au public comme témoignage de l'architecture médiévale à Paris.

**PALAIS-ROYAL-
MUSÉE DU LOUVRE**

Ombres et lumières de la Renaissance

Quand on sort du métro Palais-Royal-Musée du Louvre, il suffit de lever un œil sur « le kiosque des Noctambules » qui l'encadre pour comprendre que l'on va parler art. Réalisée place Colette en l'an 2000 pour le centenaire du métro, cette construction colorée de Jean-Michel Othoniel a provoqué presque autant de débats que les bouches Art nouveau du métropolitain, voilà plus d'un siècle. En effet, Hector Guimard, champion du style nouille, conçut nos classiques édicules qui horrifièrent alors nombre de nos aïeux et sont aujourd'hui adorés de tous. D'ailleurs, la station conserve une entrée Guimard sur la place du Palais-Royal, vous pouvez comparer : d'un côté, des perles de verre enfilées sur une tige de métal ; de l'autre, une vieille station comme on les aime, avec son panneau jaune et vert, sa frise en fer forgé, ses globes rouges qui s'éclairent comme deux fanaux dans la nuit.

Palais-Royal-Musée du Louvre : cette double appellation est trompeuse ; le Palais-Royal ne désigne pas le Louvre, mais la riche demeure que se fit construire le cardinal de Richelieu pour rester proche de Louis XIII, qui vivait au Louvre. Après la mort du Cardinal et celle du roi, Anne d'Autriche, devenue régente, désira marquer son autorité et son goût en s'installant dans un palais nouveau. Elle voulait un cadre de vie et de réception plus plaisant que le vieux Louvre. À vrai dire, elle n'avait jamais supporté cette austère citadelle, ces salles froides, ces couloirs sombres dans lesquels s'engouffraient les vents coulis. Le Louvre, pour elle, c'était la tristesse, la morosité, la mort. On lui fit pourtant remarquer que le château avait bien des qualités et de forts avantages : on pouvait y tenir un siège et protéger l'autorité royale des emportements du peuple ou de l'agressivité d'armées ennemies. Mais la reine n'était pas une stratège, aussi n'entendit-elle rien à ce langage de soldat. En 1644, avec ses deux fils, le futur Louis XIV et Philippe d'Orléans, elle investit l'ancienne demeure de Richelieu, rebaptisée désormais Palais-Royal.

Fortement remanié, ce palais devenu républicain est aujourd'hui occupé par le Conseil d'État pour le bâtiment principal et par le ministère de la Culture en ce qui concerne l'aile droite. L'intérêt de ce Palais-Royal réside aussi dans ses galeries alignées autour du jardin, qui en firent le lieu le plus agréable de Paris au XVIIIe siècle. Le théâtre du Palais-Royal, qui ferme les jardins, date de la fin de ce XVIIIe et reste l'un des plus beaux de Paris.

Revenons au Louvre, car nous sommes au XVIe siècle, et c'est lui qui constitue le centre vivant des événements de cette période. Pénétrez dans la cour Carrée et rendez-vous devant l'aile Lescot : une trace de puits sur le sol marque l'emplacement de l'ancien donjon de la forteresse dont les dimensions n'excédaient pas le quart de la cour actuelle.

Plus tard, le Louvre devint le plus vaste édifice de la capitale et le musée le plus resplendissant du monde par l'ampleur de ses collections… et tout cela a commencé avec François Ier. Les travaux entrepris à l'initiative du roi durèrent finalement trois cents ans et ne furent véritablement achevés que sous Napoléon III, au XIXe siècle !

H, K, HHH, HDB… Comment lire le Louvre ?

Chacun des souverains qui contribua à l'embellissement du palais signa son intervention. Les H que l'on peut voir sur la façade sont le chiffre d'Henri II. Sur la façade sud, on découvre le HDB d'Henri de Bourbon, c'est-à-dire Henri IV. Quant au K, il désigne le roi Charles IX.

La cour Carrée actuelle fut amorcée par Louis XIII avec l'aile Sully. On y voit le chiffre du roi : le double lambda grec ou un A et un L entrelacés, pour Louis et son épouse Anne d'Autriche. Ce fut finalement Louis XIV qui mena à bien ce grand projet, sur les plans de Le Vau pour les ailes du nord et de l'est qui flanquent la cour Carrée. On voit les chiffres royaux : la lettre L couronnée ou les lettres LB pour Louis de Bourbon.

Faisons maintenant le tour du palais tel qu'on peut l'admirer aujourd'hui…

Le Roi-Soleil voulut une grandiose entrée orientée vers la ville, manière d'imposer sa toute-puissance et sa suprématie sur les Parisiens. En 1671, il chargea donc l'architecte Claude Perrault (le frère de Charles, l'auteur des *Contes*) de construire la sublime colonnade située face à l'église Saint-Germain-l'Auxerrois. Mais l'ensemble ne sera pas achevé… En fait, Louis XIV, les yeux tournés vers Versailles, ne s'occupait plus du Louvre. Il faudra attendre 1811 pour voir terminer les travaux entrepris près d'un siècle et demi plus tôt.

En longeant la Seine, vous voyez un long édifice perpendiculaire au fleuve, et qui prolonge le palais, c'est la Petite Galerie. Cette galerie de liaison, édifiée sur les fosses de l'enceinte de Charles V, avait été voulue par Catherine de Médicis pour relier le Louvre au palais des Tuileries qu'elle se faisait construire. Cette Petite Galerie fut rendue tristement célèbre durant les guerres de Religion : on a longtemps cru que, du haut du balcon du premier étage face à la Seine, Charles IX tira à l'arquebuse sur les protestants durant la nuit de la Saint-Barthélemy. Erreur, car la galerie n'était pas encore achevée en 1572. Aujourd'hui, le rez-de-chaussée et surtout le stupéfiant premier étage, devenu galerie d'Apollon, offrent une belle idée de la magnificence des appartements royaux du Grand Siècle.

La Grande Galerie qui longe ensuite la Seine vers l'ouest fut achevée sous Henri IV. On voit ici le chiffre du bon roi : un H et deux G entrelacés pour Henri et Gabrielle d'Estrées. Sous Louis XIII, on frappa ici la monnaie royale, le fameux louis d'or. Au premier étage, Henri IV organisait des chasses au renard pour initier ses fils à la vénerie.

À partir de la porte du Carrousel, l'édifice qui va jusqu'au pavillon de Flore est une reconstitution de celui qui avait disparu par suite d'un glissement de terrain. On remarque que les H d'Henri ont été remplacés par les N de Napoléon III. L'empereur ne devait pas être aimé de tous les ouvriers du colossal chantier : regardez en haut du clocheton du pavillon Lesdiguières, le N est à l'envers, une manière de renverser le pouvoir impérial !

En tournant le coin du pavillon de Flore, on tombe sur un manque : le palais des Tuileries, construit au milieu du XVIᵉ siècle pour Catherine de Médicis, ne s'est pas relevé de ses cendres. En effet, incendié par les communards en 1871, il aurait pu être restauré et réhabilité, mais fut stupidement rasé douze ans plus tard. Le Carrousel marquait l'entrée de ce palais depuis le premier Empire et en reste l'unique vestige.

Passons maintenant à la cour Napoléon, celle où se trouve aujourd'hui la pyramide de verre. Une impressionnante galerie de statues des grands hommes qui ont fait la France nous surplombe. C'est à Napoléon III que nous devons les bâtiments qui encadrent cette cour et qui ont pour objectif de corriger l'absence de parallélisme entre les bâtiments longeant la rue de Rivoli et ceux du côté de la Seine. En revanche, c'est le Premier Empereur qui fit percer cette rue de Rivoli avec ses galeries couvertes, initiant ainsi un XIXᵉ siècle qui sera celui des passages offerts à la flânerie des Parisiens. C'est donc à lui qu'on doit les bâtiments du Louvre jusqu'aux guichets de Rohan où, côté pyramide, les abeilles de Napoléon Ier nous rappellent le commanditaire des travaux. Côté rue, les maréchaux d'empire observent impassiblement le ballet des voitures qui traversent Paris par cette grande croisée est-ouest, ces mêmes voitures qui, pour sortir de la ville, seront de nouveau obligées de croiser les maréchaux, devenus boulevards extérieurs, avant d'accéder au périphérique.

À partir du guichet de Rohan, les bâtiments qui donnent sur la rue de Rivoli datent de Napoléon III, grand architecte de ce colossal édifice qui a vu passer tant de régimes : même la République y a laissé sa trace ! En effet, on peut voir sur les cheminées et les frises du pavillon de Marsan le chiffre RF de la IIIe République.

On a fait le tour du palais, pénétrons maintenant à l'intérieur du musée par la pyramide de verre. C'est pendant la Révolution, en novembre 1793, que le Muséum de la République a ouvert ses portes. Fortement enrichi par les campagnes de Napoléon, il continue de bénéficier des munificences de prestigieux donateurs et possède aujourd'hui près de trois cent cinquante mille objets... contre six cent cinquante à l'ouverture !

Quant aux salles, le changement de vocation du palais en musée les a fortement modifiées, mais certaines ont résisté aux transformations. Pour se limiter au XVIe siècle, on retiendra la chambre de parade d'Henri II et l'escalier Henri II, qui mène de la salle

Henri II à la salle des Cariatides. Depuis cet endroit magnifique, on voit encore la partie arrière du chœur de la chapelle de Saint Louis ménagée dans le mur ouest, deux fois plus épais que les autres, car il est un témoignage du Louvre de Philippe Auguste. Cette pièce était celle du tribunal, c'est-à-dire qu'elle contenait la tribune où le roi siégeait lors des fêtes et des réceptions. Son trône était dressé sous l'arcade centrale, entre les deux colonnes cannelées. On y voit aussi les quatre cariatides qui datent du début du palais Renaissance. Ah, si elles pouvaient parler, elles auraient tant à nous dire sur ce siècle riche de promesses...

*
* *

Quand François Ier revient à Paris en 1527, il est un roi vaincu et humilié. Il a vu tourner à la catastrophe son expédition en Italie contre les armées de Charles Quint. Fait prisonnier, le souverain a dû verser une rançon de deux millions d'écus pour recouvrer la liberté après un an de captivité. La somme a été payée, en partie, par les Parisiens, riches et pauvres réunis. Aussi, pour remercier ces bons sujets, le roi décide-t-il de s'installer momentanément au Louvre.

Finalement, de sa défaite italienne, François Ier fait une victoire : celle de revenir en son royaume porteur des lumières de la Renaissance ! En effet, il rapporte d'Italie des trésors artistiques et des idées nouvelles. C'est la poursuite d'une politique entamée de longue date. N'avait-il pas déjà ramené en 1515, plus que la victoire de Marignan, Léonard de Vinci qui transportait la *Joconde* dans ses bagages ?

Comme un symbole des temps nouveaux, le vieux donjon massif du Louvre est abattu. C'est la tour de guet de Clovis qui disparaît, la forteresse des Normands, la tour du comte de Paris ; bref, c'est la fin du Moyen Âge... D'autres travaux vont suivre : la forteresse médiévale laisse lentement la place à un château Renaissance. À partir de 1546, l'architecte Pierre Lescot construit la demi-aile sud du côté ouest, laquelle marque l'arrivée du style Renaissance à Paris avec ses trois avant-corps, ses colonnes qui encadrent les portes, ses statues et ses fenêtres aux frontons arrondis ou triangulaires.

Il s'agit presque du testament artistique de François Ier, qui n'a plus qu'un an à vivre et ne verra pas la fin des travaux. En définitive, pour Paris, les promesses artistiques entrevues au retour d'Italie, presque vingt ans auparavant, n'ont pas été tenues. Le roi a délaissé les bords de la Seine pour les bords de la Loire. Il a fait entreprendre des travaux dispendieux pour la construction de Chambord et la transformation des châteaux de Blois et d'Amboise. C'est d'ailleurs près d'Amboise que Léonard de Vinci a demeuré jusqu'à sa mort, et son œuvre emblématique, la *Joconde*, a ensuite été accrochée sur les murs du château de Fontainebleau, qui fut peut-être le lieu de résidence favori du roi.

Comment la *Joconde* arriva-t-elle au Louvre ?

Après la mort de François Ier, le portrait quitta Fontainebleau pour être accroché au Louvre, mais plus tard Louis XIV le fit sortir pour en agrémenter les murs du Cabinet du Roi, à Versailles. En 1798, la *Joconde* regagna le Louvre devenu musée. Pas pour longtemps : le Premier Consul Bonaparte la fit porter deux ans plus tard dans les appartements de Joséphine au palais des Tuileries. Finalement, il la rendit au Louvre en 1804.

En 1911, l'œuvre de Léonard de Vinci fut dérobée par un ouvrier italien, Vincenzo Peruggia, désireux de restituer le tableau à son pays. Durant deux ans, le voleur la conserva au fond d'une valise sous son lit, dans sa petite chambre parisienne. Parfois, il ouvrait le bagage, et Mona Lisa souriait pour lui seul.

Retrouvée, la *Joconde* reprit sa place au Louvre. Elle en est ressortie quelquefois, car elle a voyagé pour être admirée aux États-Unis, en Russie et au Japon. Depuis 2005, le célébrissime tableau est exposé dans la salle des États, rénovée et aménagée à son intention.

Seulement voilà, la Renaissance n'est pas uniquement la flamboyance des arts et de l'architecture, c'est aussi l'obscurité de l'intolérance religieuse…

Au matin du 18 octobre 1534, les Parisiens se réveillent pour découvrir sur les murs de la ville des affiches au titre évocateur : *Articles véritables sur les horribles, grands et insupportables abus de la messe papale…*

« Il ne peut se faire qu'un homme soit caché dans un morceau de pâte », écrit notamment l'auteur des libelles, faisant allusion à l'hostie de l'eucharistie renfermant pour le croyant la chair même du Christ.

Cette action est menée par certains protestants impatients de marquer la rupture que représente la Réforme avec le catholicisme romain. Cette attaque frontale de la messe et des dogmes provoque scandale et indignation, d'autant plus qu'une main anonyme a osé accrocher l'une de ces affichettes dans le château d'Amboise, tout près de la chambre de François Ier ! Ces pamphlets persifleurs semblent faire trembler Dieu, le roi et le pays.

À Paris, devenue la ville la plus peuplée d'Europe, les trois cent mille habitants vivent au rythme de l'Église et de ses rites. Dans cette atmosphère de foi débordante et aveugle, la communauté protestante, qui regroupe au grand maximum entre dix et quinze mille âmes, s'est évertuée jusqu'ici à se faire discrète. Cette affaire des affiches dite « Affaire des placards », du terme « placarder », jette sur la Réforme une lumière violente, et la répression se met en marche. D'une manière tout à fait significative, et pour enrayer le développement de liberté de penser, François Ier fait interdire l'imprimerie et ordonne la fermeture des librairies. Au moins, de cette manière, le peuple n'aura plus à chercher une argumentation honnie dans des ouvrages renégats !

Et surtout, une chasse enragée s'engage contre les « hérétiques ». Au nom de la vérité divine, on condamne, on brûle, on processionne encore et toujours… La procession, en effet, demeure la plus haute expression de la fidélité religieuse ! Pour chaque fête

314

liturgique, pour conjurer une épidémie, pour éviter une mauvaise récolte, pour solliciter les bienfaits d'un saint, pour implorer un miracle, pour calmer la colère du Ciel, la population parisienne est appelée à se joindre aux cortèges pieux qui traversent la ville.

Parfois, en cas de danger sur la capitale, on fait appel aux mânes de sainte Geneviève. Les moines de Saint-Germain-des-Prés aux robes blanches piquetées de fleurs promènent par les rues les reliques de la protectrice de Paris, et c'est alors une débauche de processions qui sillonnent la ville, celle des églises, celle des officiers municipaux partie de l'Hôtel de Ville, celle des cours souveraines sortie du Palais de justice, celle de l'évêque issue de Notre-Dame.

Mais face au dévoiement des protestants, on ne saurait parader comme à l'ordinaire, il faut du particulier, de l'inhabituel, du grandiose ! Le 21 janvier 1535, François Ier participe à une grande procession expiatoire qui balade dans Paris les plus saintes reliques de la capitale, toutes extraites de la Sainte-Chapelle : la couronne d'épines, une goutte de sang du Christ et une goutte de lait sortie du sein de la Vierge. Et pour être bien certain d'apaiser le courroux divin, six protestants sont brûlés sur le parvis de Notre-Dame. Saisi par cette atmosphère de foi parfaite, le roi prend la parole publiquement pour vilipender les égarements de la Réforme :

— Je veux que ces erreurs soient chassées de mon royaume et ne veux excuser personne... Si mes enfants en étaient entachés, je voudrais moi-même les immoler.

Pour Paris comme pour toute la France, la belle Renaissance, celle qui a fait vivre les arts et célébré la création humaine, est morte ce jour-là. Il reste la rancune, la haine et la suspicion. Tout ensuite va s'enchaîner avec lenteur, mais de manière irréversible…

*
* *

Tard dans la soirée du samedi 23 août 1572, le roi Charles IX, petit-fils de François Ier, convoque au Louvre le prévôt des marchands et lui ordonne de fermer toutes les portes de Paris, de tendre des chaînes sur la Seine pour bloquer les bateaux et de tenir prêts les canons aux carrefours de la ville. Pour les protestants, la capitale se transforme en souricière.

Dimanche matin à l'aube, jour de la Saint-Barthélemy, une troupe se dirige vers l'hôtel qui se dresse à l'angle des rues Béthisy et de l'Arbre-Sec, là où habite l'amiral Gaspard de Coligny. Ce haut personnage, chef emblématique du parti réformé, est alité, blessé par un attentat à l'arquebuse deux jours auparavant.

Les soldats catholiques défoncent les portes de la demeure et trucident les gardes qui leur barrent le chemin. De sa chambre, l'amiral comprend ce qui se passe et incite ses compagnons à prendre la fuite. Par les fenêtres et par les toits, c'est le sauve-qui-peut, et nombreux sont ceux qui parviennent à disparaître. Coligny, lui, fait face à ses agresseurs.

— Jeune homme, respecte mes cheveux gris et ma vieillesse, lance cet homme de cinquante-trois ans au soudard qui fait irruption.

Il n'a pas le temps de prononcer un mot de plus :

un coup d'épée lui fend le crâne, et le corps sans vie, précipité par la fenêtre, s'écrase sur le pavé.

Quelle postérité pour l'amiral de Coligny ?

L'hôtel qu'il habitait – et où il a trouvé la mort – a disparu lors du percement de la rue de Rivoli. Mais son emplacement est rappelé par une plaque posée au 144, rue de Rivoli. En 1811, Napoléon donna au culte réformé le temple de l'Oratoire tout proche, au 160, rue de Rivoli. Au chevet de ce lieu de culte protestant a été inaugurée en 1889 la statue de l'amiral. Dix mètres de haut, du marbre blanc, cette œuvre du sculpteur Gustave Crauk a été réalisée grâce à une souscription nationale à laquelle ont participé catholiques et protestants dans un esprit de réconciliation.

Au moment où l'amiral est trucidé, le lugubre tocsin de Saint-Germain-l'Auxerrois se met à sonner. C'est le signal du massacre généralisé. Au Louvre, les gentilshommes protestants, pourtant hôtes du roi, sont réveillés, désarmés et conduits dans la cour. Là, avec application, la garde suisse, aidée par la garde française, les occit l'un après l'autre à coups de hallebardes. Certains tentent de s'échapper, courent dans les galeries, mais ils sont rattrapés, et le sang coule dans les salles du palais. Pendant ce temps, la troupe qui a pris d'assaut l'hôtel de la rue Béthisy, son œuvre de mort accomplie, se dirige vers le faubourg Saint-Germain-des-Prés où d'autres protestants sont à éliminer. Elle doit traverser l'île de la Cité pour atteindre la rive gauche et franchir la porte de Buci, mais celle-ci est fermée par ordonnance royale. On va chercher la clé, on ouvre, on passe enfin… Mais le soleil déjà est bien levé et les chefs protestants, alertés par un maquignon qui a traversé le fleuve à la nage, se sont rassemblés au bord de la Seine, sur un terrain en friche appelé le Pré-aux-Clercs. Ils voient les soldats qui fondent sur eux, comprennent que le combat est vain et s'empressent de prendre la fuite à pied ou à cheval. Une course-poursuite s'engage jusqu'à Montfort-l'Amaury, certains parviennent à disparaître, les autres sont passés au fil de l'épée.

À Paris, dans le cimetière des Innocents, la floraison en cette matinée d'un arbuste d'aubépines, rabougri et desséché depuis plusieurs années, est considérée comme un signe divin. Les foules accourent voir le prodige : la petite fleur blanche est bien la preuve que Dieu Lui-même sourit au massacre des hérétiques !

Le peuple catholique de Paris se lance alors dans l'horreur, et chacun massacre son protestant, homme, femme ou enfant. La dépouille de Coligny, retrouvée par la foule, est émasculée puis plongée dans la Seine, où elle pourrit trois jours avant d'être pendue au gibet de Montfaucon. Partout, les cadavres sont lacérés, défigurés, car il est urgent de montrer que ce ne sont pas des humains que l'on détruit, mais des démons tentés par le diable que l'on jette au fleuve comme des ordures, et les eaux de la Seine deviennent rouges… Le roi tente mollement de faire cesser la tuerie qui se poursuit durant plusieurs jours et se propage aux autres villes du royaume.

Combien d'innocents ont-ils trouvé ainsi la mort dans Paris ? Les estimations sont difficiles, mais les historiens estiment généralement à trois mille le nombre de victimes.

*
* *

Au cours des années suivantes, les tensions religieuses restent vives et quand il apparaît que le roi Henri III, qui va mourir sans descendance, pourrait céder le trône au protestant Henri de Navarre, c'est la colère chez les catholiques ! La Sainte Ligue et son chef, le duc Henri de Guise, ne peuvent accepter une telle perspective et mobilisent leurs forces. Le 12 mai 1588, tôt le matin, le roi, qui veut prévenir l'insurrection, fait entrer dans Paris les quatre mille gardes suisses cantonnés dans le faubourg Saint-Denis. Ils occupent les points stratégiques de la capitale – le Petit Pont, le pont Saint-Michel, le Marché Neuf, la place de Grève, le cimetière des Innocents –, et entourent le Louvre.

Le roi envisage de faire arrêter et exécuter les meneurs de la Sainte Ligue, mais la population parisienne se soulève pour défendre les chefs catholiques… Sous la houlette de la milice bourgeoise, qui représente les seize quartiers de Paris, artisans, marchands et étudiants prennent les armes. Hallebardes, arquebuses, épées, piques et faux se dressent dans Paris. Vers midi, la population bloque les artères de la ville en alignant des barriques remplies de terre ou de pavés… Ces obstacles, on les appellera des barricades. Des compagnies réfugiées dans le cimetière des Innocents ne parviennent plus à en sortir, d'autres sont immobilisées sur la rive gauche, des coups de feu sont tirés, des tuiles jetées des toits, une cinquantaine de Suisses sont tués, et les corps jonchent les rues. Finalement, les soldats mercenaires, peu enclins à se faire trouer le ventre pour le roi, déposent les armes et, à genoux, implorent la grâce du peuple en armes.

— Bonne France ! Miséricorde !

— Vive Guise ! répondent les Parisiens.

Place Maubert, un avocat galvanise la foule :

— Courage, messieurs, c'est trop patienter. Allons prendre et barricader ce bougre de roi dans son Louvre !

Henri III se résout à faire appel au maître du parti catholique, qui a discrètement passé cette « journée des barricades » en son hôtel du Marais. Revêtu de son pourpoint de satin blanc, son signe de ralliement, le duc de Guise sort de chez lui, prend possession de Paris et déploie ses troupes à l'Hôtel de Ville.

Le lendemain, le roi sort du Louvre presque seul, et chacun croit qu'il veut simplement faire sa petite promenade quotidienne dans les jardins... Il se dirige vers les écuries des Tuileries, saute soudain sur un cheval et détale au grand galop, direction Chartres, où il est assuré de trouver quelques fidèles.

Bien décidé à reprendre le pouvoir, Henri III fait assassiner le duc de Guise au mois de décembre suivant, à Blois, fait arrêter les membres de la Sainte Ligue et s'apprête à assiéger Paris pour reprendre la ville aux ligueurs.

À la fin du mois de juillet 1589, Henri III et ses troupes sont sur les hauteurs de Saint-Cloud. À Paris, chacun se munit de ce qu'il faut pour se défendre, car les pires craintes agitent la population : on en est certain, les protestants vont débouler avec le roi et venger la Saint-Barthélemy…

Mais le combat n'aura pas lieu. Le 1er août, un moine fanatique, Jacques Clément, plonge son poignard dans le ventre du roi.

— Méchant moine, tu m'as tué ! s'exclame Henri III.

En effet, ses boyaux dégorgent de son ventre et bouillonnent, mais le souverain met plusieurs heures à mourir.

Le seul héritier de la couronne se trouve être le protestant Henri de Navarre qui peut alors prononcer son célèbre adage : « Paris vaut bien une messe », pour s'ouvrir les portes de sa capitale divisée et meurtrie par un terrible siège.

Il se convertit au catholicisme et monte sur le trône en 1594 sous le nom d'Henri IV.

*

* *

Et le siècle s'achève dans la concorde. Le 30 avril 1598, le roi de France signe l'édit de Nantes, qui demeure malgré ses imperfections un acte de reconnaissance du protestantisme et un pas vers la liberté de culte, mettant fin à des décennies de guerre civile. Ce jour-là, Henri IV a offert à Paris et à la France le plus beau symbole de ce siècle qui, dans les déchirements et les douleurs, avait voulu être humaniste et porteur de libertés.

Hélas... Douze ans plus tard, le 14 mai 1610, le carrosse d'Henri IV se dirige vers l'hôtel de l'Arsenal où le ministre Sully est alité pour une fièvre passagère. Rue de la Ferronnerie, le carrosse est pris dans les embarras de la circulation : une charrette chargée de foin et le bassin d'un porteur de vin barrent le passage. Pour dégager le chemin, les valets du roi laissent le carrosse sans surveillance... Un illuminé catholique, François Ravaillac, est là qui guette. Il croit que Dieu lui a parlé, qu'il a reçu mission de pousser tous les protestants du royaume à se convertir à la vraie foi. Le carrosse royal, immobile, est bloqué devant lui. Ravaillac se précipite et poignarde le roi par deux fois (les armoiries du roi gravées sur le trottoir marquent aujourd'hui l'endroit du régicide). Le roi perd son sang, on le transporte au plus vite au Louvre pour mander un chirurgien, mais il est déjà trop tard. Henri IV est mort au moment d'entrer en son palais.

Le prix du Grand Siècle

Elle est un peu tristounette, la station Invalides. Elle nous mène aux ors et aux magnificences du Grand Siècle, mais à travers des couloirs gris et sombres. Ça ne fait rien, à peine retrouvée la surface, on découvre les splendeurs et les espaces voulus par Louis XIV pour Paris.

Dans cette zone de la rive gauche, assez excentrée du cœur de la capitale, il n'y avait jadis que des terrains boueux et marécageux, propriétés de l'abbaye de Saint-Germain-des-Prés. Le nom de cette plaine de Grenelle et celui de la station de métro Varenne, non loin, désignent d'ailleurs la même chose : une garenne, une terre de chasse impropre à la culture, ce qui explique pourquoi cette vaste superficie est restée si longtemps en friche.

Louis XIV a lui-même considéré la création de l'hôtel des Invalides sur cet emplacement délaissé comme « la grande idée du règne »… Et, en fait de grandeur, on peut faire confiance au Roi-Soleil : il en connaissait un rayon ! Il comprit que le culte rendu à sa personne était un culte rendu à la France et fut lui-même le plus fastueux commanditaire de monuments construits à sa propre gloire.

En 1669, Jean-Baptiste Colbert, surintendant des bâtiments royaux, jetait sur le papier quelques idées en vrac pour Paris : « Plans partout à continuer – Arc de triomphe, pour les conquêtes de terre – Observatoire pour les cieux – Grandeur et magnificence ».

C'est pourtant la municipalité de Paris qui a financé les deux arcs de triomphe dédiés au roi, élevés à l'emplacement de deux portes supprimées dans un programme général d'embellissement de la ville et d'allégement d'un appareil guerrier devenu inutile. L'arc de la porte Saint-Denis fut érigé en l'honneur des victoires en Flandre ; celui de la porte Saint-Martin, plus modeste, a été dressé en souvenir de la conquête de la Franche-Comté.

Il serait injuste pourtant de ne voir dans les travaux de l'époque – initiés par la municipalité ou par le roi – que des monuments élevés pour chanter la grandeur du trône. Un véritable effort a aussi été accompli pour rendre la ville plus sûre et plus agréable à vivre...

Dans le Paris du XVIIe siècle, les plus beaux hôtels particuliers, raffinements de l'art et de l'architecture, côtoyaient les sordides bicoques, les ruelles crasseuses, les bouges d'où s'exhalaient la misère, le crime et la maladie. Là s'enchevêtraient dans une architecture hasardeuse et compliquée des masures de bois hérissées de cheminées brinquebalantes. Dans ces quartiers où régnaient la gueuserie et la laideur, des groupes de détrousseurs s'affrontaient et se disputaient le bourgeois égaré. La bande des Rougets aux manteaux rouges, la bande des Grisons vêtus de gris, la bande des Plumets aux larges feutres à aigrette répandaient la terreur parmi le petit peuple et imposaient leur loi.

Paris fourmillait et s'agitait entre les tonneaux des porteurs d'eau, les mannes d'osier des marchands de volailles, les lourds tombereaux chargés de grain qui obstruaient les ruelles. Pour circuler, il fallait se frayer un chemin entre les fiacres et les carrosses, les charretons surchargés, les cortèges de bœufs traînés vers l'abattoir, et le pauvre piéton risquait à tout instant de se faire renverser. Un artiste nommé Guérard dessina en une gravure les embarras des rues de Paris et traduisit en quelques vers les appréhensions du promeneur :

> *Pour marcher dans Paris, ayez les yeux alertes.*
> *Tenez de tous côtés vos oreilles ouvertes*
> *Pour n'être pas heurté, culbuté ou blessé,*
> *Car si vous n'écoutez, parmi le tintamarre :*
> *Gare ! Gare ! Là-bas gare ! Rangez-vous, gare !*
> *Tout du haut ou du bas, vous serez écrasé.*

Sur les bords du fleuve, se poursuivirent et se développèrent alors des travaux de longue haleine pour une œuvre qui nous semble appartenir au paysage parisien de toute éternité : les quais de la Seine. Les siècles passés avaient apporté des améliorations dans leur aménagement, Henri IV et Louis XIII avaient, en leur temps, dompté les rives, notamment le long du Louvre et sur la place de Grève, grâce à des terre-pleins en pierre de taille susceptibles de permettre une promenade sans trop se crotter et surtout capables de maintenir les eaux en cas de crue.

Sur la rive droite s'étirait, entre le quai de la Grève et celui de la Mégisserie, une longue bande de terrain meuble qui devenait un champ boueux à la moindre pluie : les charrettes qui descendaient jusqu'au fleuve s'y enlisaient régulièrement. Pour en terminer avec cette fange répugnante, le roi demanda en 1664 au marquis de Gesvres d'aménager un quai entre le pont Notre-Dame et le Pont-au-Change – il porte aujourd'hui le nom de son édificateur et le quai de métro de la ligne 7, à la station Châtelet, fut bâti à partir des arcades qui le soutenaient. Regardez ce quai en direction de Mairie d'Ivry-Villejuif, les voûtes y sont plus basses : ce sont les fondations du XVIIe siècle.

Onze ans après sa construction, l'ouvrage fut complété par un autre quai, entre le pont Notre-Dame et la place de l'Hôtel-de-Ville, auquel on donna le nom de Le Pelletier, alors prévôt des marchands (les deux quais seront réunis en 1868 sous le seul nom de Gesvres). Sur la rive gauche, de pareils travaux furent entrepris, en particulier par la mise en place du quai de Conti.

*
* *

Louis XIV initiait et suivait ces transformations par devoir de souverain, mais sans grand enthousiasme. Au fond, il n'a pas aimé Paris. En tout cas, il n'a jamais accordé sa confiance aux Parisiens. Et ce n'est pas pour rien qu'il s'est finalement éloigné de la capitale pour s'établir à Versailles avec son gouvernement et toute sa cour. Il se souvenait trop combien il avait été humilié à Paris durant son enfance… La Fronde alors faisait vaciller le trône, et nul ne pouvait croire que ce petit garçon de onze ans régnerait un jour. Sa mère, Anne d'Autriche, régente du royaume, décida alors de fuir ce Paris qui la menaçait…

Dans la nuit du 5 au 6 janvier 1649, Paris célébrait l'Épiphanie. Si les rues étaient vides en ce froid hiver, les fenêtres étaient illuminées, partout on festoyait joyeusement. Au Palais-Royal, le banquet se prolongea fort tard dans la soirée. La reine mangea sa part de galette et trouva la fève, alors on l'affubla d'une couronne de carton et tout le monde s'en amusa.

Peu après minuit, la souveraine se retira dans son cabinet, comme à l'ordinaire, fit sa toilette et officiellement se coucha… Mais aussitôt, elle se releva pour réveiller ses deux garçons. Bientôt Anne d'Autriche, accompagnée de Louis et de Philippe, emprunta un escalier dérobé, franchit une porte discrète et arriva dans les jardins du palais. À cet endroit attendaient les équipages : trois carrosses chargés de conduire loin de Paris le jeune souverain, son frère et sa mère.

La nouvelle de ce départ précipité ne tarda pas à se répandre au sein de la Cour et sema l'affolement, car chacun reçut l'ordre de suivre la reine dans sa fuite. Cette même nuit, quelques heures plus tard, de longs cortèges de voitures armoriées emportèrent à travers la campagne des hommes vêtus à la hâte, des femmes défaites et des enfants ensommeillés.

Au terme d'un éreintant parcours, la lourde forme du château de Saint-Germain-en-Laye surgit dans le paysage perlé de givre, sombre navire aux tours crénelées émergeant d'une mer figée de froidure. À l'intérieur, rien n'était prêt pour les hôtes royaux : selon l'usage, les meubles avaient été enlevés pour l'hiver.

Les salles étaient nues, glacées. Seuls le roi, son frère, la reine et le cardinal Mazarin trouvèrent de modestes lits de camp, tous les autres en furent réduits à s'étendre sur de rudimentaires paillasses posées à même le sol.

Dans les couloirs encombrés d'une foule désemparée et de méchante humeur, on pouvait croiser une partie de la noblesse du royaume. Les courtisans, nippés de hardes défraîchies, échevelés, inquiets, pleuraient le confort perdu de leur logis parisien et échangeaient en confidence les dernières nouvelles de la capitale. Là-bas, disait-on, la nouvelle de la fuite royale avait provoqué la stupéfaction. Malgré son jeune âge, Sa Majesté était considérée comme le père de ses sujets, le protecteur de la nation, le souverain de droit divin dont la seule présence en sa bonne ville rassurait et réconfortait. Lui absent, la peur s'installait, peur de l'inconnu, peur des calamités à venir. De son côté, le Parlement débattit interminablement sur l'attitude à observer. Finalement, il se décida à envoyer une députation à Saint-Germain pour implorer la régente de ramener le roi à Paris. Mais quand ces messieurs se présentèrent au château, la reine refusa sèchement de les recevoir, sans même tenter de sauver les apparences et d'épargner les susceptibilités.

Pendant ce temps, l'Hôtel de Ville était devenu un centre mondain où bourgeois insurgés et nobles frondeurs venaient parader ! Fêtes et farandoles animaient les salons, et les violons faisaient danser une société plus avide de plaisirs que de combats. Mais il fallut aussi que les Parisiens puissent marquer leur hargne. Ils tournèrent un canon vers les murs de pierre de la prison de la Bastille et tirèrent six obus, qui ne firent pas grand mal aux lourdes murailles. Cet « exploit » accompli, ils investirent sans peine la forteresse. Afin de célébrer cette victoire fondamentale, belles dames et grands messieurs vinrent en foule vider consciencieusement les bouteilles accumulées dans les caves de la prison.

La bouderie de la régente contre la capitale dura sept mois, puis elle retrouva le Palais-Royal.

Deux ans plus tard, nouvelle humiliation à Paris. Dans la nuit du 9 au 10 février 1651, les princes frondeurs, épouvantés à l'idée de voir Anne d'Autriche et son fils le roi quitter de nouveau la capitale, firent fermer les portes de la ville et mobilisèrent la milice bourgeoise. Cette nuit-là, personne n'entra ni ne sortit de la cité, mais un doute surgit tout de même : la reine et le roi étaient-il encore dans les murs ? N'avaient-ils pas déjà décampé ? Afin de rassurer tout le monde, Gaston d'Orléans, l'oncle du petit Louis, envoya le capitaine des gardes suisses au Palais-Royal avec mission de se faire montrer la personne du roi…

C'est vrai, la souveraine était bien décidée à quitter Paris, elle craignait le retour de la Fronde, la révolte populaire, l'emportement des foules. Malheureusement pour elle, la survenue du garde suisse l'empêcha de sortir du palais. L'enfant-roi, qui était déjà tout habillé et botté, dut se coucher à la hâte et feindre le plus profond sommeil, les couvertures rabattues jusqu'au menton pour dissimuler son accoutrement… On ouvrit les rideaux du lit, comme pour une représentation théâtrale, et le Suisse, conscient de l'important devoir qu'il avait à accomplir, glissa un œil dans la chambre royale. À son profond contentement, il aperçut le jeune monarque… Mais ce n'était pas suffisant : devant le palais, la multitude battait le pavé et prétendait, elle aussi, voir de ses yeux le jeune Louis XIV. Il fallut en passer par là… Silencieusement, une foule mêlée d'ouvriers, de portefaix, de lavandières aux visages inquiétants passa devant le lit royal, observant l'enfant prétendument endormi. Quelques bonnes dames se signèrent devant ce garçon aux boucles blondes et murmurèrent des prières à son intention, avant de retourner à la rue, satisfaites et rassurées.

De tels affronts ne s'oublient pas. On comprend finalement un peu mieux pourquoi Louis XIV voulut faire de Paris une ville ouverte, pour l'embellir certes, mais surtout pour l'affaiblir. Les cours et boulevards remplacèrent les enceintes, la ville était offerte…

Boulevard, un mot typiquement parisien ?

En 1670, Louis XIV ordonna la destruction du rempart de Charles V, rendu doublement inutile, d'une part en raison de l'évolution des techniques militaires, d'autre part à cause de l'urbanisation des quartiers hors les murs.

Sur la rive droite, le rempart fut remplacé par un boulevard allant de la Bastille à la Madeleine, où les gens pouvaient se promener.

Le mot français boulevard apparaît à cette époque, pour désigner cette nouveauté. Il est donc typiquement parisien !

En fait, il a une double origine. Il vient tout d'abord du terme hollandais *bolewerk*, qui signifie « ouvrage de fortification » (de *bol*, la poutre, et *voerk*, l'ouvrage). Ce terme désignait donc le rempart. Plus tard, quand la muraille a été abattue, elle a fait place à un cours ou un mail garnis d'arbres... Les Parisiens les appelaient « boules vertes », boulevert, puis boulevard. Et le boulevard devint un lieu de délassement, de flânerie, de rêve...

Louis XIV réserva à Versailles ses toquades architecturales et ses enthousiasmes artistiques. Il fit pourtant une exception de taille pour venir au secours de la foultitude de soldats blessés ou mutilés au service de sa grandeur militaire... Louis XIV n'ignorait pas à qui il devait ses victoires : à la piétaille mobilisée pour ses coûteuses campagnes. Alors, il les soigna, ces petits, ces obscurs, et sa reconnaissance devait se lire dans la pierre... Il y est parvenu. Encore aujourd'hui, on aperçoit de loin ce dôme illuminé d'or dressé à cent cinq mètres au-dessus d'une vaste esplanade déserte, champ de bataille engourdi rendu à la sérénité de la paix recouvrée : les Invalides.

*
* *

Quand Louis XIV, confortablement calé dans son carrosse, traverse Paris, quand il franchit le Pont-Neuf encombré de poètes, de vagabonds, de vendeurs de gazettes et de montreurs d'ours, son cœur se serre à la vue des unijambistes, manchots, culs-de-jatte, borgnes ou aveugles, ces estropiés qui ont laissé leurs forces sur le champ d'honneur et qui traînent une existence de misère et de honte dans la mendicité.

Sur le plan humain, le roi est un peu ébranlé. Sur le plan politique, il est catastrophé. En effet, ce revers de la médaille militaire ou cet envers du décor est un peu trop voyant. Lui qui aime tant la guerre désire n'en conserver que l'image du panache et du courage, il veut oublier que les conflits mènent à des hommes dépecés, des chairs labourées, des vies brisées. Il faut donc éloigner ces invalides du centre de Paris, les cacher le mieux possible car ils sont tous les soleils noirs du règne, l'ombre portée de la réalité sur la luminescence royale.

En définitive, le choix de l'emplacement de l'hôtel des Invalides, dans cette plaine de Grenelle si isolée, n'est pas pour déplaire au roi. Au moins on ne les verra plus, ces éclopés ! Ce dôme d'or qui éblouit a-t-il une autre fonction que de cacher la nuit de ceux qui souffrent ?

En 1674, Louis XIV dresse par ordonnance la fonction des bâtiments dont la construction vient de s'achever : « Un hôtel royal d'une grandeur et espace capables d'y recevoir et loger tous les officiers et soldats tant estropiés que vieux et caducs et d'y assurer un fonds suffisant pour leur subsistance et leur entretien. »

Le roi a bien raison de se soucier des estropiés, car la guerre, qui continue toujours d'une manière ou d'une autre, sur une terre ou sur une autre, vomit chaque jour son lot de mutilés. Le 11 août de cette année-là, quarante-cinq mille hommes de ses armées, commandés par le prince de Condé, battent les soixante mille Hollandais et Espagnols de Guillaume d'Orange. Sept mille Français sont tués dans cette bataille qui dure un jour et une nuit près de Mons, à une cinquantaine de kilomètres de Bruxelles. Mais ce ne sont pas les corps restés sur le terrain qui préoccupent le souverain, ce sont les milliers de survivants qui reviennent au royaume les jambes coupées, les yeux crevés, les bras arrachés.

Sur les huit projets monumentaux proposés pour son hôtel destiné aux estropiés, le roi a choisi celui de Libéral Bruant, l'architecte qui a déjà imaginé et bâti l'hôpital de la Salpêtrière. Car aux Invalides destinés aux militaires répond à la même période l'hôpital de la Salpêtrière ouvert aux civils, un hospice pour enfermer sans distinction ni ménagement les quelque quarante mille vagabonds, mendiants ou malades qui, selon le roi, menacent la sûreté publique. Une pratique terrifiante qui rappelle hélas d'autres époques… Voilà le principal héritage de Louis XIV pour Paris : une ville aérée, débarrassée de ses vagabonds, de ses estropiés, enfermés loin dans les faubourgs.

Pour les Invalides, le plan est simple, imposant, évident : sur dix hectares, une grande cour cernée par d'autres plus petites, des bâtiments rectilignes, et, au centre, l'église consacrée à la fois au roi et aux invalides.

Au mois d'octobre de cette année 1674, les premiers survivants entrent dans leur nouvelle demeure. Cérémonie émouvante, les tambours battent au champ tandis que la cohorte de vieux soldats est accueillie par le roi lui-même accompagné de François de Louvois, ministre de la Guerre. Les invalides ne sont pas rancuniers : ils applaudissent Sa Majesté, sans doute sont-ils soulagés de voir désormais leur gîte et leur couvert assurés.

Le gîte et le couvert, certainement, mais pas la sérénité… Car la discipline reste stricte à l'hôtel des Invalides : les exercices militaires sont de rigueur, le vin et le tabac interdits, le respect des offices religieux exigé. Pauvres handicapés obligés de subir, même dans leur retraite, la règle aveugle et obstinée des armées !

Les soldats logent par quatre ou six dans les chambrées nues alors que les officiers sont accueillis par deux ou trois seulement et disposent, eux, d'une cheminée. Conçu pour recevoir mille cinq cents pensionnaires, l'hôtel ne tarde pas à accueillir jusqu'à six mille infirmes, malgré des conditions d'admission sévères et un ordre toujours plus rigoureux.

En parcourant aujourd'hui la cour d'honneur, on se croit immédiatement plongé au milieu de ces hommes détruits par la guerre, car l'ensemble est extraordinairement bien conservé : les escaliers à balustres, les poutres et les corridors sont tels qu'à la fin du XVIIe siècle. Cette cour comprend, au rez-de-chaussée, les réfectoires des soldats invalides, et les dortoirs à l'étage. Les réfectoires sont occupés par le musée de l'Armée, mais on peut encore se figurer ses vastes proportions, et l'on retrouve l'atmosphère générale d'autrefois en admirant les fresques glorifiant plusieurs victoires militaires de Louis XIV.

En montant au premier étage, on a donc accès aux anciennes chambrées qui donnaient sur la galerie. Les marches des escaliers qui nous y conduisent, très peu inclinées, nous rappellent qu'elles étaient destinées à des mutilés. Parvenu en haut, on découvre des noms et des dessins gravés sur les murs, on voit aussi des témoignages des nombreux petites occupations qui se sont développées ici pour tromper l'ennui des invalides. Ainsi, dirigez-vous au nord-ouest vers le corridor du Quesnoy, derrière la statue du Grenadier : vous apercevrez, tracée au-dessus du parapet de droite, une chaussure avec talon rabattu évoquant la mode des talons rouges réservés à la noblesse sous Louis XIV : c'est un graffiti du Grand Siècle. Il y en a un autre juste à côté, au-dessus du parapet situé à droite en prenant le corridor ouest.

C'est dans le pavillon nord que se situent alors l'entrée principale, les bureaux administratifs et le logement du gouverneur. Et c'est devant cette entrée que se dresse le cheval de bois. Ce véritable instrument de torture représente une punition redoutée des pensionnaires. Car à la moindre incartade, à la plus petite faute, on punit, on humilie… Ce cheval de bois est une sorte de pilori où pendant plusieurs heures le pensionnaire coupable est soumis aux moqueries de ses camarades et aux regards des visiteurs. Car il y en a, des visiteurs ! L'hôtel des Invalides devient une promenade fort courue des Parisiens, et l'on vient jusqu'ici à la fois pour se repaître du malheur des autres et pour écouter les vieux soldats raconter leurs campagnes et leurs exploits. Au fond, on trouve aux Invalides un livre d'histoire toujours ouvert, toujours prêt à être feuilleté. Les jeunes visiteuses chantent la complainte à la mode…

Dites-nous donc la belle
Où donc est votre mari ?
Il est dans la Hollande
Les Hollandais l'ont pris...

Et les vieux combattants racontent leur guerre de Hollande, au temps où l'on allait mourir dans les polders du plat pays ou se faire trouer la peau contre l'Angleterre, avec la Hollande pour alliée, car les coalitions se sont faites, se sont défaites, se sont refaites.

— Plus de quatre-vingts navires et seize brûlots hollandais transportant les poudres étaient engagés dans la bataille, raconte un marin cul-de-jatte. Les canons avancèrent leur gueule dans les sabords, les matelots des brûlots s'approchèrent des navires, mettant le feu aux coques et prenant la fuite sur des petits canots après avoir embrasé leurs propres embarcations ! La mer n'était plus qu'un vaste incendie et, dans cette fournaise, les vaisseaux s'éperonnaient, les bouches à feu crachaient, les mâts se rompaient... Ah bon Dieu, vous pouvez me croire, les boulets fusaient, il y avait des flammes partout, les grappins s'accrochaient aux bastingages, et j'en avais plein les oreilles, des cris des blessés...

Mais si l'hôtel des Invalides est opérationnel, et s'il comprend alors, en plus de l'hospice et d'un hôpital, une manufacture d'uniformes, il manque encore l'édifice qui doit parachever l'ensemble : l'église Saint-Louis. Libéral Bruant, l'architecte, hésite, atermoie, il n'est pas satisfait de ses plans et revient perpétuelle-

ment sur une construction qu'il juge sans cesse impar-
faite. Louvois, le ministre de la Guerre, est agacé, mais
il patiente encore deux ans. Finalement, il renvoie le
bonhomme à ses chimères et le remplace par un de ses
élèves, un jeune homme d'à peine trente ans : Jules
Hardouin-Mansart.

En fait, ce n'est pas seulement sur l'esthétique archi-
tecturale qu'a achoppé Bruant, c'est aussi sur un problème de prérogative et de préséance : comment
marquer, dans un unique lieu de culte, la fonction
royale et la destination populaire ? Comment accueillir
en même temps, mais de manière distincte, le Roi-
Soleil et ses plus humbles serviteurs ? Hardouin-
Mansart trouve la solution. Avec lui, le bâtiment se
dédouble dans un ensemble architectural cohérent : la
nef représente l'église destinée aux invalides ; sous la
coupole, le chœur matérialise la chapelle royale.

Louvois prend les choses en main, alloue des crédits
de plus en plus importants à l'ouvrage, surveille l'avan-
cement des travaux. Presque chaque jour, il vient sur
le chantier et se désespère, car tout avance avec lenteur.
Il faut veiller au moindre détail, reprendre les fresques,
aligner une lucarne, corriger des trophées d'armes
gravés dans la pierre, ajouter un symbole héraldique…

— Hâtez-vous, si vous voulez que je voie le dôme
terminé, murmure le ministre à l'architecte.

Hélas, Louvois meurt en 1691, bien avant l'achève-
ment définitif de l'édifice.

Que reste-t-il de Louvois aux Invalides ?

Louis XIV est en bonne place sur son cheval à l'entrée de la façade extérieure nord des Invalides, et si son visage a été martelé à la Révolution, il a été parfaitement réparé sous la Restauration.

Mais le marquis de Louvois s'est ingénieusement invité en incrustant son nom, sous forme de rébus, dans la cour d'honneur. Regardez les frontons des toitures composés de trophées d'armes dédiés à la gloire militaire : sur la façade est, celle de droite quand on tourne le dos à la statue de Napoléon, repérez le sixième fronton en partant de l'Empereur… Le décor de l'œil-de-bœuf représente un loup qui observe la cour d'un regard fixe ! Vous avez compris : « Le loup voit. » Le cher marquis a signé l'œuvre à laquelle il a consacré une grande partie de sa vie.

La construction de cet édifice dure plus de trente ans. Après la disparition de Louvois, le roi en personne s'en occupe. Il lui arrive même de visiter l'hôtel incognito. Il fait alors arrêter son carrosse à l'écart et, accompagné seulement de quelques courtisans, franchit à pied les derniers mètres qui le séparent des lieux. Guidé par Hardouin-Mansart, Sa Majesté vient constater l'effet d'une sculpture ou le déploiement d'une ogive…

Finalement, le dôme le plus haut de Paris n'est terminé qu'en 1706, en un temps où le Roi-Soleil n'est plus qu'un vieillard édenté dont le visage a pris une teinte d'ivoire jauni.

Mais le vœu exprimé jadis par le puissant monarque a perduré : ici s'élève toujours un hôpital pour les soldats, même si le nombre de pensionnaires est passé de six mille à… une centaine ! Ce lieu que le Roi-Soleil a voulu reste le signe visible d'un éclat militaire qui dissimule sous ses ors le sordide et le sinistre de la guerre, la misère et la douleur des hommes sacrifiés pour la grandeur de la nation.

Pourquoi Napoléon aux Invalides ?

Devenu temple de la Victoire à partir de la Révolution, l'église conserve encore aujourd'hui ce rôle de sanctuaire pour l'armée, ses hommes et leur histoire.

Napoléon eut pour les Invalides un respect tout militaire. Il visita régulièrement les estropiés, organisa entre ces murs les premières cérémonies de remises de la Légion d'honneur, dota l'hôtel d'un budget important.

En décembre 1840, rapportée de Sainte-Hélène, la dépouille de l'Empereur fut tout naturellement déposée dans l'église des Invalides. Il semble pourtant que le roi Louis-Philippe ait longtemps hésité sur la destination dernière du célèbre tombeau. Après deux ans de tergiversations, Sa Majesté commanda un monument à l'architecte Louis Visconti (auteur aussi de la fontaine Saint-Sulpice). Sous le dôme, on perça une immense excavation. Le corps de l'Empereur, dans son uniforme vert des chasseurs de la Garde, n'y fut cependant installé qu'en avril 1861, sous le règne de son neveu Napoléon III.

Le tombeau, taillé dans des blocs de porphyre pourpre, pierre des empereurs, placé sur un socle de granit vert des Vosges, est cerné d'une couronne de lauriers et d'inscriptions rappelant les victoires napoléoniennes. Autour de lui, dans la crypte, sont exposés les tombeaux de certains membres de sa famille comme l'Aiglon, ou encore ceux de grands hommes de guerre qui ont servi la France comme Vauban, Turenne, Foch, Juin ou Leclerc.

À l'extérieur de l'église, sur le côté ouest, vous remarquerez peut-être, sous un arbre, une modeste pierre tombale abandonnée, c'est la pierre originelle du tombeau de l'Empereur rapportée de Sainte-Hélène !

Napoléon trône également au premier étage de l'hôtel, bien visible de la cour d'honneur. Commandée par Louis-Philippe en 1833 au sculpteur Charles-Émile Seurre pour être juchée en haut de la colonne Vendôme, la statue en fut descendue en 1863 par Napoléon III pour être remplacée par une image plus digne : l'Empereur revêtu de la toge de César. La statue du Napoléon au bicorne, la main dans le gilet, fut d'abord exposée au rond-point de Courbevoie. À la chute du second Empire, ce Napoléon de bronze fut jeté dans la Seine. La statue échappa ainsi aux Prussiens en 1870 et à la Commune en 1871. On repêcha la figure en 1876, et on l'oublia durant trente-cinq ans. En 1911, elle trouva enfin sa place aux Invalides.

XVIIIᵉ siècle

BASTILLE

La colère du faubourg

La station de métro Bastille fait un effort méritoire pour se mettre à l'heure de la Révolution et secouer la nostalgie du Parisien en goguette : une fresque colorée retrace quelques grands moments tricolores, et des images anciennes évoquent la forteresse qui se dressait ici jadis. Mais surtout, sur le quai de la ligne n° 5, on voit apparaître des pierres jaunâtres... ce sont les fondations d'un mur de la Bastille ! Elles ont été mises au jour en 1905, au moment où était creusé le tunnel du métropolitain. Et puis, en passant par la bouche de métro qui fait l'angle avec le boulevard Bourdon, on aperçoit un autre morceau du mur de la forteresse.

Heureusement qu'il nous reste ces modestes vestiges, parce que, une fois gravies les marches qui mènent en surface, on ne retrouve rien de la grande Révolution. Aujourd'hui, la Bastille, c'est un opéra ! Ce lourd bunker de verre et de dalles, qui a vieilli prématurément, domine la place de sa masse fatiguée. Construit pour fêter le bicentenaire de la prise de la

Bastille, il s'effrite et n'aura sans doute même pas besoin d'une révolution pour disparaître de lui-même.

Afin de dénicher quelques traces du passé, inutile de chercher du côté de l'opéra ou de se tourner vers le Génie de la Bastille, symbole doré de la liberté figé sur sa colonne verte. Il vaut mieux se placer à l'angle du boulevard Henri-IV et de la rue Saint-Antoine et regarder le sol : un pavage brun indique précisément la position de l'ancienne forteresse. Sur la façade de l'immeuble du n° 3 de la place, un plan nous en rappelle la forme massive. Vers la Seine, le port de l'Arsenal évoque le fossé de l'enceinte et certaines de ces vieilles pierres sont des restes de l'édifice militaire. Enfin, au bout du boulevard Henri-IV, toujours vers la Seine, la base de la tour de la Liberté – l'une des huit tours de la Bastille –, dégagée lors de la construction du métro, a été remontée dans le square Henri-Galli.

Revenons à la Bastille, qui n'a pas attendu 1789 pour catalyser les haines populaires, les oppositions bourgeoises et les ambitions princières contre l'absolutisme royal. On l'a vu, en 1413, les Parisiens s'étaient soulevés et l'avaient déjà prise.

Plus tard, en 1652, alors que les princes frondaient et tentaient de dérober le pouvoir au jeune Louis XIV, la Bastille faisait une autre apparition dans l'Histoire. Le 2 juillet, le prince de Condé, chef de la révolte aristocratique, marcha sur Paris à la tête de son armée. Dès les premières heures de l'aube, un rude affrontement éclata porte Saint-Antoine. Les troupes du Grand Condé se retrouvèrent confrontées à la puissance de feu de l'infanterie royale, les corps jonchèrent la rue.

Partout les mousquets crachaient, des maisons entières brûlaient. Bien vite, les troupes royalistes, les soldats de la Fronde et les bourgeois s'affrontèrent en un chassé-croisé confus. Marie-Louise d'Orléans, la Grande Mademoiselle, cousine du roi, se présenta devant la Bastille, la porte s'ouvrit, on lui rendit les honneurs. Elle gravit l'escalier qui menait aux tours et observa les alentours à l'aide d'une longue-vue.

Au loin, vers Bagnolet, elle aperçut sous le soleil les uniformes bleu et rouge des armées royales. Elle donna ses ordres, les lourds canons de la Bastille furent tournés vers la campagne et aussitôt crachèrent le feu. L'épouvantable vacarme fit trembler les murs de la citadelle, les créneaux des hautes tours disparurent un moment sous l'âcre fumée, les boulets sifflèrent et s'abattirent sur les divisions royales, fauchant au hasard tout un rang de cavaliers. Les canons de la Bastille tirant sur les hommes du roi firent leur effet : désarçonnés, les maréchaux fidèles à Louis XIV renoncèrent momentanément à l'assaut. Pour un temps, Paris était aux mains des princes insurgés…

Bien avant un certain 14 juillet, la Bastille était donc devenue un symbole à prendre ou à abattre. On ne savait pas très bien ce qui s'y passait, mais elle représentait le lieu de l'arbitraire, et on la redoutait.

Généralement, les prisonniers – jamais plus d'une quarantaine, parfois nettement moins – étaient traités avec respect. Évidemment ! Il s'agissait souvent de jeunes nobliaux en rupture de ban qui avaient droit à un régime carcéral plutôt complaisant : ils faisaient venir leurs meubles pour plus de confort, donnaient des dîners et recevaient à l'occasion l'autorisation de sortir dans la journée, à condition de revenir coucher en prison.

Voltaire, auteur d'un pamphlet qui avait déplu, y fut enfermé onze mois en 1717. À son élargissement, il reçut de Philippe d'Orléans, régent du royaume, une pension de mille écus…

— Je remercie Votre Altesse royale de ce qu'elle veut bien se charger de ma nourriture, mais je la prie de ne plus se charger de mon logement, répondit-il.

Cependant, cette complaisance n'était pas accordée à tous… Les archives laissent quand même entrevoir des crimes abominables. « Je vous envoie le nommé F. C'est un très mauvais sujet. Vous le garderez pendant huit jours, après quoi vous vous en déferez », écrivait Antoine de Sartine, lieutenant général de police vers 1760, au gouverneur de la Bastille, Bernard de Launay. Sur le même papier, le gouverneur bien discipliné notait : « Fait entrer le nommé F. et, après le temps fixé, demandé à M. de Sartine sous quel nom il voulait le faire enterrer. »

Ces exactions étaient pressenties, devinées, fantasmées par le populeux faubourg Saint-Antoine. Dans ces rues où se profilait l'ombre des hauts murs gris de la prison, vivait une foule d'artisans toujours prête à exprimer son mécontentement…

Si la forteresse a disparu depuis longtemps, on peut toujours se promener faubourg Saint-Antoine, arpenter les dernières arrière-cours encore animées du travail manuel des hommes pour respirer l'odeur des vernis et des bois polis selon les traditions de la belle ouvrage… Allez dans la cour Damoye, au niveau du n° 2 de la place, voici le passage le plus typique du coin. La maison à l'angle de la rue de Charenton est aussi un beau vestige de ce quartier bouillonnant : ici se dressa lors de la révolution de 1848 une énorme barricade bloquant l'accès au faubourg.

Tout change vite évidemment, et de vieilles fabriques de meubles ont été transformées en brasseries à la mode, car le quartier est très tendance en ce début de XXIe siècle ! Ce ne sont plus les ouvriers qui viennent investir les appartements à poutres apparentes des vieux immeubles un peu tordus, mais les jeunes bobos qui font de l'authenticité citadine un art de vivre.

*
* *

Au XVIIIe siècle, le faubourg Saint-Antoine n'est pas tout à fait un faubourg comme les autres. Depuis Louis XIV, il est le lieu privilégié des artisans pauvres qui ont le droit de travailler ici librement, loin des organisations professionnelles. Ébénistes, menuisiers, cordonniers, serruriers, chapeliers vivent côte à côte, et les boutiques, qui sont aussi des ateliers, suivent la géographie sinueuse des voies du faubourg et débordent rue de la Roquette, rue de Charonne, rue de Charenton...

Tout au long du jour, le quartier est parcouru par des charrettes et des ânes tirés par les paysannes de la banlieue qui viennent vendre les œufs, le lait, les légumes et les fruits de leur ferme ; par des femmes qui tiennent leur cuisine près des quais et font cantine en plein air ; par des essaims de harengères redoutées pour leur violence et leur vulgarité... Cette population miséreuse, qui appartient au paysage quotidien du faubourg tout en venant de l'extérieur, se montre toujours prompte à exprimer sa colère ! C'est elle qui, pour une épidémie de trop, une mauvaise récolte ou une taxe additionnelle, entraîne les artisans sur la route dangereuse de la protestation et de la rébellion.

Le 27 avril 1789, le faubourg est en ébullition. L'objet du litige se nomme Jean-Baptiste Réveillon, propriétaire d'une manufacture de papiers peints établie sur un immense domaine rue de Montreuil. Quelques jours auparavant, Réveillon, qui se montre plutôt généreux envers ses trois cent cinquante ouvriers, a fait à la ville de Paris une série de propositions pour lutter contre la pauvreté. Cet économiste improvisé croit avoir tout compris du sort des nations et de la destinée des miséreux, aussi son programme est-il censé changer le sort de la société ! Le bon Réveillon, plus utopiste que sage, et plus illuminé qu'éclairé, propose de supprimer la taxe perçue sur les marchandises à l'entrée de la ville, donc de vendre les produits moins cher. C'est bien, mais il suggère aussi de diminuer les salaires, puisque tout sera meilleur marché ! L'ouvrier, qui gagne vingt sous par jour, devrait se contenter de quinze sous avec la réforme Réveillon…

C'est au faubourg Saint-Marcel, sur la rive gauche, que la colère éclate d'abord contre « Réveillon l'affameur ».

— Mort aux riches ! crie la foule qui se dirige vers la place de Grève.

Devant l'Hôtel de Ville, on met le feu à une poupée de chiffons, c'est Réveillon qui brûle en effigie ! Et le cortège repart, arrive faubourg Saint-Antoine. Trois cent cinquante gardes mobilisés parviennent à maintenir l'ordre pendant la nuit, mais au petit matin les tanneurs de Saint-Marcel et les artisans de Saint-Antoine déboulent rue de Montreuil. Réveillon et sa famille ont depuis longtemps pris la fuite, mais la fabrique de papiers peints est méthodiquement saccagée, mise à sac pièce par pièce, et la cave vidée des bonnes bouteilles entreposées.

Enfin, après plusieurs heures, la garde se ressaisit, elle a reçu des renforts et tente de repousser les pillards. Des toits, les émeutiers lancent des pierres, des coups de feu éclatent... On relève bientôt douze morts du côté des gardes de police et près d'une centaine dans les rangs des insurgés. Les cadavres des ouvriers tombés sont promenés en procession dans tout le faubourg, aux pleurs se mêlent les cris du soulèvement populaire. Nul ne le sait encore, mais le monde vient de basculer : la Révolution est en marche, elle vient de connaître ce qui restera sa journée la plus meurtrière, malgré les terribles violences à venir.

On voit encore, en face du 184, rue du Faubourg-Saint-Antoine, une petite fontaine du début du XVIIe siècle. Approximativement située au niveau de la manufacture Réveillon, elle était au centre de cette « émotion », pour parler le langage de l'Ancien Régime. Une émotion qui fit quand même plus de cent victimes !

Dans les semaines qui suivent, du sixième étage de la tour de la Bastille dans laquelle il est enfermé, le marquis de Sade appelle le peuple à l'insurrection... Incarcéré par lettre de cachet, à l'instigation de sa belle-mère qui lui reproche ses mœurs dissolues, le divin marquis écrit *Les Cent Vingt Journées de Sodome*, manuscrit dans lequel il détaille toutes les turpitudes de son âme agitée. Et quand il en a assez de laisser la plume courir sur le papier, il se saisit d'un long tuyau de fer-blanc muni d'un entonnoir à l'une de ses extrémités, petit vide-ordures portatif destiné à jeter plus commodément ses détritus en bas, dans le fossé. Avec cet instrument, Sade improvise un porte-voix et harangue la foule du faubourg...

— On égorge, on assassine les prisonniers de la Bastille ! Bonnes gens, venez à notre secours !

Ces hurlements désespérés sont pris fort au sérieux par les passants, et l'on frémit en imaginant les horreurs qui se déroulent derrière les murs épais... Pourtant, le cher marquis mène grand train en prison : il est logé très confortablement, disposant de deux cellules pour entreposer ses meubles et sa bibliothèque personnelle, il est même si bien nourri qu'il en est devenu ventripotent.

C'était quoi, la Bastille ?

À l'est de la ville, pour protéger la porte Saint-Antoine, fut construite à partir de 1370 une « bastille », c'est-à-dire un bastion. Cette porte fortifiée était à la fois le pendant du Louvre à l'est mais aussi un refuge pour le roi Charles V qui logeait généralement dans son hôtel Saint-Pol tout proche. Cette « bastille Saint-Antoine » était hérissée de huit tours reliées entre elles par des murs épais de quasiment trois mètres. Le tout était entouré d'un fossé large de vingt-cinq mètres et profond de huit.

Dès le XVIIᵉ siècle, le rôle militaire de la Bastille étant obsolète depuis longtemps, le cardinal de

Richelieu en fit une prison destinée à enfermer ou faire disparaître les ennemis du pouvoir. Nul besoin de jugement pour être interné à la Bastille ! Un ordre du roi, par lettre de cachet, suffisait amplement.

En 1788, le chevalier du Puget, lieutenant pour le roi à la Bastille, préconisait déjà la fermeture de la forteresse et évaluait à cent quarante mille livres l'économie qui serait ainsi réalisée pour le trésor royal. Car le roi payait des sommes considérables pour l'entretien du personnel : traitement du gouverneur, officiers, soldats, médecin, aumônier... Un personnel pléthorique pour une population carcérale qui diminuait d'année en année : dix-neuf en 1774, neuf au début de l'année 1789, sept seulement quelques mois plus tard.

Le 14 juillet 1789, tôt le matin, la prise de la Bastille commence... aux Invalides ! Depuis presque trois mois, depuis l'attaque de la manufacture Réveillon, la colère populaire n'est pas retombée, l'odeur de la poudre semble encore flotter sur le faubourg Saint-Antoine. Des rumeurs vraies et fausses courent par les rues. On dit qu'un complot se prépare, un complot contre qui ? Contre quoi ? On dit que des troupes se regroupent autour de Paris pour rétablir l'ordre. On dit que les récoltes ont été mauvaises et que la disette menace.

La veille, des boulangeries ont été pillées, une milice bourgeoise s'est mobilisée, puis le tocsin a sonné toute la nuit... La population veut se défendre contre les mercenaires qui vont entrer dans la ville, quelques ouvriers forgent des piques, mais il faut plus que cela, il faut des armes à feu. L'arsenal des Invalides en regorge ? Alors sus aux Invalides ! Les portes sont défoncées, et la multitude s'empare de trente-deux mille fusils et de quelques vieux canons, mais il manque les munitions…

— Il y a des poudres à la Bastille ! crie quelqu'un.

— À la Bastille ! À la Bastille !

Comme une houle qui se retire, les Parisiens quittent les Invalides, se dirigent vers la rive droite, franchissent les ponts et marchent vers la lourde forteresse. Prendre la Bastille ? Personne n'y songe, mais on veut faire main basse sur ses réserves de cartouches et de boulets.

Quand le marquis de Launay, gouverneur de la forteresse, voit cette vague humaine, il ne perd pas la tête et reste obstiné : il ne cédera pas et n'ouvrira pas son arsenal. Une délégation envoyée par l'Hôtel de Ville se présente, elle réclame des munitions pour la milice bourgeoise. Les hauts personnages de la municipalité sont reçus fort civilement par le marquis qui les retient même à déjeuner, sans doute pour gagner du temps, espérant le secours de l'armée royale. Rencontre affable, certes, mais qui ne mène à rien : Launay maintient son refus, même s'il s'engage à ne pas tirer sur les émeutiers tant que ceux-ci ne tenteront pas de pénétrer dans la forteresse. Une deuxième délégation, quelques instants plus tard, puis une troisième n'obtiennent rien de plus.

À treize heures trente, la foule massée autour de la Bastille se montre de plus en plus nerveuse et menaçante. Le gouverneur sait qu'il n'est pas équipé pour soutenir un siège : la fière forteresse n'est défendue que par quatre-vingt-deux vieux soldats mutilés commandés par une trentaine de gardes suisses.

Il faut bien, pourtant, que force reste à la loi, et Launay, cet homme rigide au visage creusé, au front buté, pauvre pion placé par le destin à une place qui le dépasse totalement, fait tirer sur la foule lorsqu'un groupe d'enragés s'en prend aux chaînes du pont-levis... Une centaine d'assaillants s'effondrent sur le pavé.

Dans l'après-midi, deux détachements de la garde, chargés de veiller à la sécurité dans la capitale, changent de camp et se joignent aux émeutiers. Ces soldats aguerris font venir cinq canons pris aux Invalides le matin même et tirent sur les portes... Un incendie se déclare, assez pour affoler les vieux briscards chargés de défendre la citadelle. Aussitôt, les soldats contraignent le rigide Launay à brandir le drapeau blanc de la capitulation. Le pont-levis est abaissé, la foule se rue à l'intérieur de la Bastille. Dans un délire de joie, elle libère les détenus, surprise pourtant qu'ils ne soient que sept. Sept malheureux qui n'ont rien des héros de la liberté attendus, ce ne sont que de petits escrocs et de minables faussaires, mais la force du symbole est là... On porte les libérés en triomphe !

Le marquis de Launay, lui, est traîné dans les rues avant d'être décapité au couteau par un garçon cuisinier. Sa tête est fichée sur une pique et promenée en triomphe à travers le faubourg. Ce rituel macabre marque la haine et les ressentiments, et crée en quelque sorte l'irréparable. À partir de cet instant, il n'y a plus de retour possible...

À Versailles, Louis XVI est réveillé dans la nuit par le duc de La Rochefoucauld-Liancourt, et tous deux engagent un bout de dialogue digne d'un scénario écrit par Sacha Guitry.

— Sire la Bastille est prise, le gouverneur a été assassiné, on porte sa tête au bout d'une pique.

— Mais, c'est une révolte ?

— Non, Sire, c'est une révolution.

Dès le 16 juillet suivant, la démolition de la Bastille est ordonnée. Huit cents ouvriers sont engagés – à vingt-cinq sous par jour – pour abattre ce qui apparaît toujours comme « le bastion de la tyrannie ». Les pierres serviront à construire le pont de la Concorde, et quelques autres se transforment en souvenirs héroïques : un artisan malin, appelé Palloy, les taille aux formes de la forteresse et les vend dans toutes les provinces du pays.

Voulez-vous visiter le dernier cachot de la Bastille ?

C'est unanime et chacun vous le confirmera : à l'exception des quelques pierres des fondations visibles dans le métro, il ne subsiste rien de la Bastille… Eh bien, c'est faux ! Il reste encore une cellule, l'un de ces cachots sordides qui se situaient dans les sous-sols de la forteresse, là où l'autorité royale enfermait les fortes têtes et les esprits récalcitrants.

Un jour, alors que j'étais près de la place de la Bastille, discutant avec un ami, un bistrotier du quartier m'a reconnu : il partageait ma passion pour Paris et m'a révélé que la cave de son établissement, La Tour de la Bastille, était en fait une vieille cellule miraculeusement épargnée par la fureur révolutionnaire. Par la suite, j'ai vérifié les dires de mon informateur, il avait

> raison... Tout concorde : l'emplacement et la forme des murs. J'ai pénétré avec l'émotion que l'on devine dans ce lieu chargé d'Histoire. Entre les bouteilles entassées par le restaurateur, j'ai cru un instant entendre les cris des embastillés et le son des canons du 14 Juillet...
>
> Aujourd'hui, le bistrot de naguère a été remplacé par un restaurant, le Tête-à-tête, mais la cave conserve ses mystères et ses secrets au 47, boulevard Henri-IV.

Un an après la prise de la Bastille, le 14 juillet 1790, pour célébrer cet anniversaire et réconcilier tous les patriotes, une fête de la Fédération est organisée au Champ-de-Mars par La Fayette, commandant de la garde nationale de Paris. Soixante mille délégués venus de quatre-vingt-trois départements célèbrent l'unité de tous les Français, et le roi Louis XVI, perché sur l'autel de la Patrie, jure fidélité à la nation devant les Parisiens grimpés sur les talus alentour.

En 1880, quand il fallut choisir une date républicaine pour la Fête nationale, ce fut ce 14 juillet 1790 dont on voulut se souvenir, instant de paix et de conciliation, plutôt que du 14 juillet 1789, jour de guerre civile, d'affrontements et de violences.

*
* *

Après la démolition de la forteresse, l'histoire de la place est faite de rendez-vous ratés et de chances manquées, tout au moins sur le plan architectural. Le 16 juin 1792, l'Assemblée législative décrète que sur le

353

terrain de l'ancienne forteresse sera établie une place pourvue en son milieu d'une colonne surmontée d'une statue de la Liberté. Un mois plus tard est posée la première pierre, mais le projet est rapidement arrêté, en butte à des oppositions esthétiques. L'année suivante, une fontaine qui doit chanter les charmes de la nature est installée à la place de la colonne abandonnée.

En 1810, c'est encore une fontaine que Napoléon veut faire construire, mais une fontaine gigantesque fondue avec le bronze des canons pris aux Espagnols insurgés… Étrangement, ce monument doit représenter un éléphant de vingt-quatre mètres de haut, et l'eau jaillira de sa trompe !

Le soubassement est bâti, puis une maquette grandeur nature en plâtre fabriquée en 1813… Après la chute de l'Empire, cette figure imposante – sans doute la plus laide et la plus incongrue que Paris ait connue – reste en l'état durant des années. Le plâtre s'effrite peu à peu, mais un vieux gardien continue d'habiter dans une des pattes de l'animal. Dans *Les Misérables*, Victor Hugo en fera le refuge de Gavroche, le gamin des barricades parisiennes.

La carcasse est heureusement détruite en 1846. Des ruines du pachyderme s'échappent des nuées de rats qui terrorisent le faubourg Saint-Antoine durant plusieurs semaines.

En 1833, le roi Louis-Philippe décrète qu'une colonne sera érigée au centre de la place en l'honneur des héros tombés lors des Trois Glorieuses, les journées des 27, 28 et 29 juillet 1830, au cours desquelles le roi Charles X a été chassé du trône au profit d'une monarchie constitutionnelle. Le monument de cinquante-quatre mètres de haut est inauguré le 28 avril 1840. Au sommet de la colonne verte, un Génie doré répond au vœu qu'avaient formé les députés de 1792 : il représente « la Liberté qui s'envole en brisant des fers et en semant la lumière ».

À coups de canons tirés du haut de Montmartre, la Commune de 1871 tente de détruire cette colonne qui, pour ces républicains extrêmes, reste un symbole d'alliance entre un souverain et son peuple. La colonne reste debout, et la République aussi.

Que trouve-t-on sous la colonne ?

L'Histoire prend parfois des détours étranges. Aux cinq cent quatre martyrs de la Révolution de 1830 enterrés sous la colonne se mêlent quelques momies égyptiennes, plus vieilles de deux ou trois milliers d'années !

Elles avaient été rapportées par Bonaparte lors de la campagne d'Égypte et avaient été enfouies dans un jardin proche de la Bibliothèque nationale, rue de Richelieu, à l'endroit même où, après les journées de Juillet, les cadavres des révolutionnaires furent ensevelis. Lorsqu'on voulut enterrer les héros de la Révolution sous la colonne, personne ne songea à faire le tri, on emporta tous les corps, sans trop y regarder. Et c'est ainsi que, peut-être, quelque pharaon demeure aujourd'hui sous la place de la Bastille, près du canal Saint-Martin, qui passe sous la place. La barque d'Osiris, le dieu des morts égyptiens, a-t-elle emprunté cette voie qui relie la Seine à l'Ourcq pour emmener princes et ouvriers dans le royaume des morts ?

XIXᵉ siècle

RÉPUBLIQUE

En cinq actes et en coups de théâtre

On sort du métro République pour arriver au pied
de la lourde figure de Madame la République. Son
bonnet phrygien sur la tête, l'olivier à la main, la Déclaration des droits de l'homme à son côté, elle observe
de son regard de bronze les manifestations populaires
dont elle est devenue le fier emblème depuis plus d'un
siècle… Fichée de drapeaux noirs et rouges ou surmontée de bannières revendicatives, elle soutient toujours ses enfants en lutte. À ses pieds, sur le piédestal
de pierre, se tiennent les trois vertus, devise de la République : la Liberté symbolisée par un flambeau, l'Égalité matérialisée par le drapeau tricolore, la Fraternité
représentée par une corne d'abondance.

Ce monument, devenu indispensable au paysage
politique parisien, fut implanté ici le 14 juillet 1884,
et cette forme laïque de la divinité affirma l'apothéose
de la toute jeune IIIᵉ République. La République apparaît ici victorieuse, mais elle tremble sans doute encore
un peu à l'idée des risques qu'elle a encourus… Le
souvenir de la Commune est proche, et l'on peut en

effleurer la mémoire au 14, rue de la Corderie : c'est à cette adresse que l'Association internationale des travailleurs ordonna l'insurrection de Paris le 16 février 1871.

Dans le passé, la place de la République s'appelait place du Château-d'Eau, c'était un grand carrefour situé au débouché du boulevard du Temple. Après la Révolution, les deux grandes foires de Paris, la foire Saint-Laurent sur la rive droite et la foire Saint-Germain sur la rive gauche, périclitèrent. C'est alors que le boulevard du Temple devint le lieu inévitable des fêtes et des spectacles. D'autant que la création d'un théâtre n'était désormais plus soumise à l'autorisation des pouvoirs... Les salles ont donc explosé dans le grand arc de cercle du boulevard, centre des divertissements qui réunissait toutes les populations, mêlant l'ouest aristocratique à l'est ouvrier.

L'épicentre des *boul'* (ainsi appelait-on les boulevards) se trouvait dans un périmètre circonscrit entre les arcs de triomphe de Saint-Denis et de Saint-Martin et l'ancienne rue d'Angoulême, aujourd'hui rue Jean-Pierre-Timbaud, et poussait même jusqu'au Cirque d'hiver.

Cet épicentre était une vraie frontière entre l'ouest et l'est. Du coup, le reste des *boul'* – vers la Bastille d'un côté, vers la Madeleine de l'autre – était moins festif. Les aristos et les bourgeois craignaient d'avancer trop loin dans le Paris canaille et populaire ; les ouvriers, pour leur part, n'osaient pénétrer le Paris distingué aux allures d'Ancien Régime. On sentait, très réelle, cette séparation des deux mondes, ce qui fit dire à Alfred de Musset, venant de l'ouest et jetant un regard vers l'autre extrémité des boulevards : « Ce sont les grandes Indes. »

Le carrefour du Château-d'Eau fut entouré d'immeubles et accueillit une fontaine dessinée par l'ingénieur Pierre-Simon Girard, d'où le nom de la place et la rue qui y mènent. Et c'est tout naturellement sur le boulevard du Temple, rendez-vous de tous les plaisirs, que passa la première ligne d'omnibus tirée par des chevaux, mise en place en 1828 sur le circuit Bastille-Madeleine.

La fontaine, devenue trop petite pour une place réaménagée, fut démontée et transportée à La Villette en 1867, afin de servir d'abreuvoir aux bêtes menées aux abattoirs. En partie transformée, elle se trouve toujours au parc de La Villette, sous l'appellation de fontaine aux Lions de Nubie.

*
* *

Dans les années 1830, le paysage théâtral parisien offre l'image d'un monde bouillonnant et inventif. Cet univers d'illusion a donc son centre vivant, agité et populaire, boulevard du Temple. La population a joyeusement rebaptisé cette artère boulevard du Crime car, chaque soir, dans les multiples théâtres qui le bordent, on poignarde, on empoisonne, on étrangle pour l'unique joie du public. Sur la quinzaine de théâtres du boulevard, certains sont de gros vaisseaux de plus de trois mille fauteuils, comme l'Ambigu, la Porte Saint-Martin, le théâtre Historique, le Cirque olympique ; d'autres, plus petits, n'offrent qu'environ cinq cents places, comme les Funambules ou les Délassements comiques.

Devant les guichets, des aboyeurs tentent d'attirer le chaland, crient le programme, annoncent les mélodrames et, lorsque le soir tombe sous la rangée d'arbres qui masquent un peu les bâtiments, des files se forment. On vient prendre son billet pour l'une ou l'autre salle. Bientôt, il fait nuit, les cafés s'illuminent, on attend l'heure du spectacle. Tout au long de l'alignement de théâtres divers, des petites boutiques proposent des gaufres, de la noix de coco, du pain d'épices, des chaussons aux pommes ou des glaces à deux sous. Les lanternes multicolores des marchands lancent sur le pavé une lumière vacillante et rougeâtre, et leurs clochettes frénétiquement agitées couvrent par instants les voix gouailleuses des bonimenteurs. Et puis, soudain, le boulevard se vide, et les théâtres se remplissent. Il faudra attendre l'entracte pour que renaisse le boulevard du Crime.

Dans les salles, le rideau se lève. Le public est bruyant, il siffle facilement. Si une scène lui déplaît, il n'hésite jamais à s'en prendre à l'acteur.

La vedette incontestée du boulevard, c'est Frédérick Lemaître, le comédien qui a triomphé sur la scène de l'Ambigu-Comique dès 1823 dans *L'Auberge des Adrets*, un sombre mélodrame accompagné de musique et de ballets que l'acteur a détourné par son jeu d'improvisation et d'ironie. Cette pièce, qui a fait un four lors des premières représentations, est transfigurée par le comédien, un géant à la voix de stentor qui fait de son personnage, le bandit Robert Macaire, une sorte d'assassin comique au grand cœur.

— Tuer les mouchards et les gendarmes, ça n'empêche pas les sentiments ! clame-t-il sous les applaudissements de la salle en délire.

En 1841, Frédérick Lemaître est sans conteste la vedette masculine du boulevard du Crime. Quant à la vedette féminine, elle se nomme Clarisse Miroy. Ces deux-là sont faits pour se rencontrer, et pourtant... Clarisse triomphe dans *La Grâce de Dieu*, un drame saupoudré de vaudeville comme les aiment les spectateurs du théâtre de la Gaîté, toujours sur le boulevard. Chaque soir, le même spectateur occupe le même fauteuil du premier rang de l'orchestre. Et chaque soir, il attend l'entrée de Mlle Clarisse pour laisser bruyamment tomber sa canne. Invariablement, le public agacé porte ses regards vers le maladroit et reconnaît Frédérick Lemaître, impassible, les lèvres pincées sous la petite moustache noire. Un soir, la canne ne tombe pas. Clarisse et Frédérick viennent d'entamer une liaison qui durera treize ans.

Leur amour, finalement, s'acheva selon un scénario digne de deux étoiles du mélodrame. Après avoir abandonné son célèbre amant, Clarisse voulut revenir à lui, sans succès. Alors, ivre de douleur et de jalousie, elle versa dans le verre du comédien une forte dose de laudanum, poison très prisé à l'époque. Il en réchappa, même si cette folie ne servit pas l'amoureuse homicide : Frédérick lui pardonna, mais jamais n'accepta de la revoir.

*
* *

En 1848, ce monde du boulevard, qui paraît heureux et insouciant, s'enflamme comme tout Paris. Louis-Philippe règne sur les Français depuis bientôt dix-huit ans. Lentement, la monarchie s'est usée, engluée dans les difficultés économiques et les scandales. Tout semble se liguer contre le roi, les moissons de céréales ont été médiocres, le prix du pain a augmenté de soixante pour cent et, pour achever d'assombrir le tableau de ce royaume en perdition, une maladie venue d'Irlande a détruit les récoltes de pommes de terre. Paris a peur de la famine.

Propriétaires tombés dans la misère, industriels ruinés par la Bourse, intellectuels aux rêves républicains et bonapartistes nostalgiques concentrent leur colère sur le système électoral qui n'accorde qu'à une minorité le droit d'être représentée au Parlement. Solitaire et borné, Louis-Philippe refuse d'envisager une réforme du scrutin.

Les réunions publiques de plus de vingt personnes sont interdites. Peu importe, la loi est contournée, on ne tient pas des meetings, mais des banquets ! Le gouvernement ne peut pas s'opposer à ces rassemblements qui, sous couvert d'un repas plus que frugal, donnent lieu à une succession de discours révolutionnaires.

Le plus important de ces banquets est organisé à Paris le 22 février 1848. Un cortège mêlant étudiants, ouvriers et artisans doit défiler de la place de la Concorde jusqu'au haut des Champs-Élysées, là où se tiendra le repas et seront prononcés les rituels discours. L'est a rendez-vous avec l'ouest. Dès le matin, plusieurs cortèges défilent dans Paris, la police et l'armée retiennent leur souffle…

Finalement, la journée se passe dans un calme relatif, mais le lendemain soir, aux accents de *La Marseillaise*, des révoltés se dirigent vers le ministère des Affaires étrangères, alors situé boulevard des Capucines. La foule s'approche des soldats qui protègent l'édifice, les hommes de troupe sont bientôt cernés, un meneur barbu et imposant veut frapper un officier avec une torche allumée qu'il brandit comme une arme. Un coup de fusil retentit dans la nuit, la torche vacille, tombe et roule sur le pavé. C'est la panique. Les soldats tirent en tous sens... on relève seize morts. Les corps sont alignés sur une charrette, on les promène dans Paris, et la foule suit ce macabre équipage :

— Vengeance ! Aux armes !

Désormais, le trône est perdu. Le 24 février, une pluie glacée s'abat sur la ville. Des barricades bouclent tous les grands boulevards, et l'on se serre autour de braseros improvisés. En vain, on tente de se protéger du froid, de cette bruine qui pénètre les vêtements, de ce ciel gris et pesant, terne décor d'une révolution déjà victorieuse.

Reclus dans le palais des Tuileries, Louis-Philippe cherche un réconfort auprès de quelques généraux. Il implore :

— La défense est-elle encore possible ?

Personne n'ose répondre au monarque. Il a compris. Lourdement, il prend place à son bureau pour signer son acte d'abdication.

La République est instaurée. Le Gouvernement provisoire demande aux théâtres de reprendre les représentations, favorisant ainsi une rapide normalisation de la vie parisienne.

Mais le spectacle n'est pas seulement sur scène. En pleine effervescence républicaine, la mode est aux clubs – que l'on prononce *clioubs*. Dans tous les quartiers de Paris, anarchistes, socialistes et babouvistes s'affrontent et fraternisent tour à tour en de longues diatribes antibourgeoises.

Un soir, dans l'un des clubs les plus importants, les plus extrémistes aussi – celui tenu dans la grande salle du Conservatoire, rue Bergère, par le terrible Auguste Blanqui, conspirateur professionnel –, les conférenciers exposent longuement comment la bourgeoisie se nourrit exclusivement de la sueur du peuple. Nous sommes dans une forme de théâtre et c'est Eugène Labiche, le jeune auteur de vaudevilles, qui monte à la tribune. Devant la table au tapis vert où se tiennent, sévères, les membres du bureau, sous le drapeau tricolore et l'éternelle devise « Liberté, Égalité, Fraternité », il adresse cette harangue à un parterre d'ouvriers :

— Citoyens, j'appartiens par le hasard de ma naissance, dont je suis innocent, à cette caste honnie que l'on ne saurait trop maudire. Je pense cependant qu'il y a une certaine exagération à croire qu'elle boit par prédilection et avec plaisir la sueur de nos frères du prolétariat. Permettez-moi de vous citer un exemple personnel qui rectifiera, j'espère, votre opinion. Car si vous aimez la justice, ô citoyens, vous ne chérissez pas moins la vérité. J'habite un appartement situé au quatrième étage, et dernièrement je fis venir du bois. Le vertueux citoyen qui, moyennant salaire débattu, daigna gravir mon escalier pour apporter les bûches jusque chez moi avait très chaud et la sueur inondait ses traits animés d'une résolution virile ; tranchons le mot, il était en nage. Eh bien, j'en ai goûté et je dois avouer que c'est d'un goût détestable !

Un murmure réprobateur accompagne les derniers mots de cette burlesque déclaration. Alors que Labiche, digne et fier, descend lentement les marches de l'estrade, les plus enragés se précipitent sur ce réactionnaire narquois, des coups partent, on va lui faire entendre que l'humour n'est pas de saison. Par chance, l'écrivain Maxime Du Camp est dans la salle. Il intervient et parvient à grand-peine à faire sortir son collègue à peu près sain et sauf.

Quelques mois plus tard, en décembre 1848, l'élection à la présidence de la République du prince Louis-Napoléon apaise les esprits. Installé au palais de l'Élysée, le nouveau chef de l'exécutif ne déçoit pas ceux qui souhaitent le retour à la paix civile : il supprime les clubs et s'appuie sur l'armée pour prévenir tout mouvement insurrectionnel.

Le mandat donné au prince est de quatre ans non renouvelables. Par un coup d'État, il se maintient au pouvoir. Au matin du 2 décembre 1851, une affiche collée au cours de la nuit dans les rues de Paris lance un appel au peuple, signé Louis-Napoléon : « Si vous avez confiance en moi, donnez-moi les moyens d'accomplir la grande mission que je tiens de vous... »

Les moyens, le prince s'en est déjà saisi : l'armée occupe la capitale, l'Assemblée a été dissoute et une partie des députés arrêtée. La rapidité des opérations prévient toute réaction immédiate.

Le lendemain seulement, la ville secoue sa torpeur, plus de soixante-dix barricades sont dressées. L'armée réplique en répandant la terreur… Sur les boulevards, des soldats ivres, paniqués par une foule menaçante, ouvrent le feu. Dix minutes d'un tir nourri qui abat au hasard insoumis et passants, enfants et vieillards. Les corps jonchent le sol, des blessés rampent, la foule hurle… Deux cent quinze tués sont dénombrés. Quelques instants ont suffi, l'horreur s'est imposée dans ce quartier de Paris et, de vague en vague, elle musellera la France entière.

Un an passe. Devenu l'empereur Napoléon III, l'ancien président de la République se met en tête de remodeler Paris. Il veut faire de la capitale une ville moderne, aérée, hygiénique, éradiquer les zones de pauvreté et supprimer des coupe-gorge qui pourraient se convertir en foyers révolutionnaires. Le baron Eugène Haussmann, préfet de la Seine, l'y aidera. En créant de larges boulevards, il rend les barricades plus difficiles à dresser et permet un passage plus aisé aux troupes impériales en cas d'insurrection.

Dans cet esprit d'ordre et de discipline, le boulevard du Crime inquiète l'empereur. Il veut casser l'animation et l'agitation permanentes qui le secouent. Le boulevard sera rasé. En 1854, Napoléon III fait construire la caserne militaire du Prince-Eugène. C'est actuellement la caserne Vérines des gardes républicains, hommage à un lieutenant-colonel fusillé en Allemagne pendant la Seconde Guerre mondiale.

Les coups de boutoir du baron Haussmann transforment la ville en un immense chantier. Il en sort une capitale aux larges avenues. Un décret repousse les limites de la cité jusqu'aux fortifications : Auteuil,

Passy, Montmartre, Belleville s'intègrent et portent à vingt le nombre des arrondissements. La place du Château-d'Eau, pas encore baptisée place de la République, est agrandie en 1862. La quasi-totalité des salles du boulevard du Crime disparaît dans l'opération...

Les théâtres les plus importants, refusant de mourir, s'en vont ailleurs. Le théâtre Historique devient le théâtre du Châtelet, le Cirque olympique se transforme en théâtre de la Ville, également place du Châtelet. La Gaîté déménage rue Papin pour se muer en Gaîté-Lyrique. Les Folies-Dramatiques se transportent rue René-Boulanger, puis abritent un cinéma dans les années trente. L'Ambigu est épargné, mais détruit en 1966 pour être remplacé par une banque... Le permis de démolir est signé par André Malraux !

Si l'on se promenait boulevard du Crime ?

D'abord, il nous reste le film de Marcel Carné réalisé en 1945, *Les Enfants du paradis*, chef-d'œuvre absolu qui recrée avec réalisme et poésie le boulevard du Crime, ses comédiens, son public, ses marlous...

Mais on trouve aussi des traces plus directes. Situé au 41, boulevard du Temple, le théâtre Déjazet, construit en 1851, a échappé aux travaux de démolition du baron Haussmann. Appelée successivement Folies-Mayer, Folies-Concertantes, Folies-Nouvelles, la salle fut achetée en 1859 par Virginie Déjazet, célèbre actrice de l'époque. Fermé en 1939, transformé en cinéma, ce théâtre aurait pu devenir un supermarché, en 1976, si le monde des arts et du spectacle ne s'était pas mobilisé.

Vers l'est, le Cirque d'hiver, rue Amelot, est un autre rescapé. Édifié en 1852, il se situait à l'extrémité du boulevard du Crime. Également transformé en cinéma au tout début du développement du septième art, il redevint un cirque en 1923 et vit défiler les grands noms de la piste : Bouglione, Fratellini, Zavatta...

À l'ouest, le théâtre de la Porte Saint-Martin est aussi un des rares descendants du boulevard du Crime. D'abord opéra voulu par Marie-Antoinette, puis théâtre dans lequel on se battit pendant la Commune ! Enfin, le théâtre actuel fut reconstruit en 1873.

Durant dix-huit ans, le second Empire fait de la capitale une fête bourgeoise. Les guerres se déroulent au loin, en Crimée ou au Mexique, la spéculation heureuse et la Bourse en pleine santé rassurent l'investisseur intrépide, des fortunes se fabriquent, des industries se développent, alors on danse faubourg Saint-Germain, devenu l'artère centrale de la ville luxueuse.

Le grand moment de cette France du progrès est l'Exposition universelle de 1867. Pour cette occasion exceptionnelle, un gigantesque palais circulaire tout de fer, de verre et de brique couvre le Champ-de-Mars. Cet éphémère ensemble aux formes audacieuses et modernistes est le cœur d'un Paris nouveau. Le 1er avril, la grand-messe commerciale est inaugurée par l'empereur, le temps est éclatant, les rayons du soleil jouent avec la verrière et, dès les premières heures de la matinée, une foule immense s'est agglutinée près des entrées. On a réuni ici les arts et les techniques de toutes les civilisations, on y voit les derniers modèles de locomotives, des tipis indiens, de surprenantes applications de l'électricité et des maisons japonaises en papier. Quarante-deux mille exposants sont venus présenter leurs inventions ou leurs créations. Chaque État a voulu marquer sa puissance : le stand anglais prend la forme d'une haute pyramide dorée matérialisant le volume d'or extrait des gisements d'Australie et, plus inquiétant, la Prusse exhibe l'énorme canon Krupp ; personne ne veut comprendre le défi et la menace, le ton est à la fête.

Les impasses sordides, les culs-de-sac obscurs ont cédé sous la pioche des démolisseurs. La ville est maintenant percée d'avenues larges et aérées, voies glorieuses bordées d'immeubles aux façades de pierre couronnées de coupoles d'ardoise. La nuit, l'éclairage au gaz illumine Paris et le métamorphose en un divertissement perpétuel. Le nouveau lieu nocturne à la mode est le grand boulevard, cet espace de charme qui part de la Madeleine et serpente si loin qu'on peut le prolonger jusqu'au Château-d'Eau, en passant par le magnifique quartier de l'Opéra, ultime symbole des ambitions haussmanniennes pour Paris. Une promenade parsemée de cafés aux salles confortables et feutrées où se retrouvent toutes les célébrités et les élégances.

Dans un débordement de gaieté, la ville se constelle de bals et de dîners rivalisant dans le grandiose. On n'a plus le temps de dormir, le second Empire s'enivre avec ponctualité, sous l'œil amusé du chroniqueur mondain Henri de Pène : « On a institué le dîner à 7 h 30, le spectacle à 9 heures, le commencement des bals à minuit, le souper à 3 ou 4 heures du matin, et le sommeil après, si l'on peut et s'il y a du temps pour lui. »

Empereurs, rois, princes, industriels affluent dans ce Paris endiablé. On ne sait plus où donner de l'altesse, le tsar de Russie croise le sultan des Turcs, la reine de Hollande rencontre le roi d'Italie, le roi de Prusse côtoie le khédive d'Égypte, et l'on feint de croire que l'univers réconcilié dans l'euphorie marche vers la paix universelle.

Trois ans plus tard, en 1870, l'insouciant second Empire s'effondre dans la guerre franco-prussienne engendrée par les rêves d'une grande Allemagne souhaitée par Bismarck. Au mois de juillet, dans la capitale, cette guerre se prépare pourtant dans l'enthousiasme. Sur les grands boulevards, on acclame follement les soldats mobilisés, les femmes font un triomphe aux héros de demain, et les gargotiers patriotes abreuvent gratuitement de petit vin les hommes en uniforme...

Hélas, la débâcle est programmée. Les armées françaises sont enfoncées, l'empereur est fait prisonnier à Sedan. Dimanche 4 septembre au matin, le chaud soleil d'un été finissant confère à Paris cet éclat radieux qui fait vibrer la ville sous un ciel infiniment bleu. À la nouvelle du désastre, une foule en colère s'amasse place de la Concorde, la population s'en prend aux symboles du régime.

L'impératrice doit s'enfuir, avec pour derniers fidèles les ambassadeurs d'Autriche et d'Italie. Le petit groupe traverse la galerie de Diane jusqu'au pavillon de Flore, pénètre dans le Louvre et s'engouffre dans la grande galerie du musée. Bientôt l'impératrice se trouve face aux corps tordus du *Radeau de la Méduse*, le tableau de Géricault…

— Comme c'est étrange, dit-elle, et des larmes coulent sur son visage.

Elle sort par la petite porte qui donne sur la place Saint-Germain-l'Auxerrois. On avise un fiacre, l'impératrice déchue monte à l'intérieur, et la voiture s'éloigne au petit trot… Dans un premier temps, Eugénie se réfugie chez son dentiste américain, qui demeure près du bois de Boulogne, puis elle s'exilera en Angleterre.

La République est proclamée, mais ne parvient pas à stopper la guerre. La capitale est bombardée. La mort frappe au hasard, ensevelissant des familles entières sous les décombres de leur immeuble. Les toitures des Invalides, du Panthéon et de la Sorbonne volent en éclats. La confusion règne partout, et les Prussiens resserrent leur étau. Bientôt, la ville est isolée, le siège commence. On sort encore, car Paris reste Paris, on s'invite à des simulacres de dîners où l'on sert un beau rat, cuit à l'étouffée, tout rouge dans son ravier, la queue dressée en trompette avec, touche délicate, un peu de persil autour du museau.

Au mois de février, les Prussiens descendent des Champs-Élysées déserts. Paris a pris son manteau de deuil et le crêpe noir flotte aux balcons des mairies d'arrondissement. Les troupes victorieuses font un petit tour et puis bien vite s'en vont, laissant la place à la fureur populaire.

Dès le mois de mars, l'insurrection de la Commune gagne tous les quartiers. Les drapeaux rouges sont

hissés dans un ciel gris. Des soldats, fatigués, démo-
ralisés, déboussolés, mettent crosses en l'air et rompent
les rangs. Militaires et civils fraternisent dans une
joyeuse kermesse.

Mais les troupes restées fidèles à l'autorité réinves-
tissent la capitale dans une débauche de tueries. À
Montmartre, au jardin du Luxembourg, ailleurs encore,
on rafle, on fusille, à la mitrailleuse parfois pour fau-
cher plus vite une file de prisonniers. Devant le Panthéon, les corps s'entassent par couches successives.
Le soir du 28 mai, les derniers insurgés se retranchent
dans le cimetière du Père-Lachaise : ils sont exécutés
les uns après les autres devant le grand mur du fond.
À la fin du mois de mai, l'ordre est définitivement
rétabli, au prix de vingt mille morts ! et les rescapés
de la Commune sont déportés par trains entiers.

Adolphe Thiers l'a dit : « La République sera
conservatrice ou ne sera pas. » Et c'est ainsi que, le 30
janvier 1875, sous la présidence du maréchal de Mac-
Mahon, les lois fondamentales de la IIIe République
seront adoptées par l'Assemblée à une voix près : trois
cent cinquante-trois contre trois cent cinquante-deux !

*
* *

Pendant ce temps, le théâtre survit à la disparition
du boulevard du Crime. À la Porte Saint-Martin, la
mode est aux grandes féeries. En cette année 1875, *Le
Tour du monde en quatre-vingts jours*, de Jules Verne
et Adolphe d'Ennery, remporte un succès délirant. On
s'y précipite pour voir sur les planches un véritable
éléphant, des boas articulés, une locomotive en

carton-pâte lâchant des panaches de fumée, un navire voguant sur les eaux, une attaque de Peaux-Rouges, une cérémonie religieuse hindoue, des danses javanaises et une multitude de figurants animant des tableaux exotiques.

D'autres quartiers attirent un nouveau public. À Montmartre, rue Victor-Massé, le cabaret du Chat Noir présente dès 1886 un théâtre d'ombres qui fait courir tout Paris...

L'Éléphant reste pour l'éternité le lever de rideau célèbre et attendu des spectacles du Chat Noir : l'écran blanc s'illumine et un Noir caricatural s'avance, tire une corde, tire, tire et disparaît, la corde s'allonge indéfiniment, un nœud, la corde encore, enfin apparaît un éléphant qui vient déposer ce que le bonimenteur, dans son commentaire, appelle « une perle odoriférante ». Et de cette perle bien particulière germe une fleur qui éclot sous les yeux des spectateurs. Rideau !

Devant le succès inattendu de ce théâtre en miniature, un art nouveau émerge, une salle entière est bientôt réservée à cette attraction unique. Henri Rivière, l'inventeur du genre, crée tout un monde de silhouettes et imagine sans cesse de nouvelles méthodes pour animer sa troupe d'ombres. Une soirée au Chat Noir fait alors partie du périple parisien. Rois balkaniques, nobles britanniques, industriels provinciaux sacrifient tour à tour à ce rite et, imparablement, les plus illustres visiteurs demandent à découvrir les coulisses du petit théâtre d'ombres après la représentation. Au grand agacement de Rivière, qui a prévu avec les machinistes une riposte et une vengeance : une prétendue fausse manœuvre lâche des cintres un nuage de poussière qui vient blanchir la redingote de l'indésirable, et un morceau de décor savamment manié vient jeter son couvre-chef dans les balayures... Le plus souvent, l'hôte trop curieux n'insiste pas et bat rapidement en retraite.

*
* *

Quand le boulevard du Crime disparaît sous la pioche des promoteurs au nom du progrès et de la modernité, c'est un autre genre de crime – plus réel – qui émerge aux alentours de la future place de la République. Dès la fin du XIXe siècle, le bal populaire de ce côté-ci devient haut lieu de perdition. On danse dans les bastringues de la République, on s'étourdit dans un quadrille qui donne le feu aux joues des jeunes filles. Un monde étrange, interlope, mêlé, se confond dans la musique charmante qui fait tourner les têtes. On y croise des ouvriers endimanchés, des bourgeois encanaillés, des cocottes épouvantées, des provinciales naïves et des gigolettes délurées.

C'est ici le royaume de la prostitution clandestine. Affublée de loques crasseuses, vulgaire, éreintée par les allées et venues sur sa portion de trottoir, la pierreuse de boulevard se vend pour quelques francs. Mais attention, le danger guette toujours le « miché » débonnaire : sous les hardes de la fille de joie peut se dissimuler une femme d'Apache. Alors elle dévalisera son client et, s'il fait mine de se défendre, elle lui enfoncera sans hésiter un couteau dans le ventre !

Les Apaches... ainsi appelle-t-on à Paris ces petites frappes braillardes et violentes, escrocs, cambrioleurs ou proxénètes. Avec leur casquette penchée sur le côté, leurs biscoteaux tatoués et leur mégot au coin des lèvres, ils terrorisent le bourgeois et s'affrontent entre eux pour de pointilleuses questions d'honneur. Car ils se constituent en bandes parfaitement structurées qui se haïssent et se jalousent, se bravent et se défient.

« Nous avons l'avantage de posséder, à Paris, une tribu d'Apaches dont les hauteurs de Ménilmontant ou de Belleville sont les montagnes Rocheuses », affirme en 1900 un journaliste du *Matin*. On ne saurait être plus clair. Les jeunes voyous de la capitale sont assimilés à des sauvages, des barbares qui refusent, tels les Indiens d'Amérique de l'époque, les bienfaits de la révolution industrielle et du progrès.

En effet, les quartiers pauvres de la ville sont juchés à l'est, sur ces fameuses hauteurs de Ménilmontant ou de Belleville, dont la place de la République est le débouché naturel vers le centre.

Si ces pauvres refusent parfois de s'inscrire dans le nouvel ordre social, c'est peut-être aussi parce qu'ils savent qu'ils seront encore les dindons de la farce, exploités, usés et détruits par les seigneurs du nouveau régime.

Le monde des Apaches aura rapidement sa légende et ses héros. En 1902, les journaux ouvrent largement leurs colonnes à une affaire qui passionne Paris et dont la figure centrale est une prostituée à la bouche gourmande, aux yeux en amande, au visage rond surmonté de larges boucles d'un blond cendré qui lui valent le sobriquet éloquent de Casque d'Or.

Amélie Hélie – car tel est le vrai nom de Casque d'Or – a vingt-deux ans en 1900 lorsque, en dansant la java dans un bal musette du côté de la République, elle rencontre pour la première fois Marius Pleigneur, un jeune ouvrier. Entre Marius et Amélie, c'est le grand amour ! Une tendresse d'enfants perdus née sur la fange. Bien vite, Marius se montre jaloux, exclusif, possessif. Pour conserver Casque d'Or, il lui faut entrer dans son monde : pour l'amour de sa belle, le micheton se fait marlou. Marius abandonne sa défroque de laborieux gagne-petit et devient Manda, la terreur des boulevards ! Le voilà désormais chef de la bande des Orteaux. Hélas, l'inconstante Casque d'Or fait le désespoir de son pauvre greluchon : elle se jette dans les bras d'un beau Corse, Dominique Leca, le chef des Popincourt, la bande adverse. Trahison ! La guerre est déclenchée sur les boulevards extérieurs. Comme dans une tragédie antique, tout se déroule très vite : le 9 janvier 1902, Leca s'écroule, atteint de deux balles de revolver, mais il est sauvé de justesse par les médecins. Quelques jours plus tard, au bras de Casque d'Or, il sort de l'hôpital Tenon, dans le XXe arrondissement. Manda est là qui les guette. Il se jette sur son rival, le couteau à la main, et le blesse une nouvelle fois. Le Corse délire et donne le nom de son agresseur… Victime et assaillant sont condamnés au bagne.

Les Apaches disparaîtront dans le sang de la Première Guerre mondiale, avec les ouvriers et les paysans qui ont constitué le gros du contingent.

Et que devint Casque d'Or ?

Amélie Hélie posa pour des photographies vendues à des amateurs, se dénicha des amants milliardaires, se fit dompteuse de lions dans un cirque pour terminer, plus obscurément, marchande d'articles de bonneterie à Bagnolet. Entre-temps, elle avait épousé un ouvrier qu'elle rendit sans doute heureux en lui contant le soir, à la veillée, ses exploits d'antan. Elle mourut pauvre et oubliée en 1933, à l'âge de cinquante-cinq ans.

Manda et Leca ne revinrent ni l'un ni l'autre de Guyane. Manda mourut au bagne ; quant à Leca, après avoir purgé sa peine, il exerça jusqu'à sa mort la profession de maçon à Cayenne.

Casque d'Or a fait entrer les Apaches dans la légende : un mélo intitulé *Casque d'Or ou les Apaches de l'amour* triompha longtemps sur les scènes du boulevard. En ce qui concerne le cinéma, faut-il rappeler qu'en 1952 Jacques Becker réalisa un immortel Casque d'Or avec Simone Signoret et Serge Reggiani ?

Casque d'Or, Manda et Leca se sont aimés autour de la place de la République. En effet, en 1879, année qui vit la République triompher définitivement des royalistes et des bonapartistes aux élections municipales et sénatoriales, la place du Château-d'Eau a changé de nom avant d'accueillir l'imposante statue que nous connaissons.

La République a un peu tremblé, mais elle est désormais solidement implantée. Elle va bientôt dessiner dans Paris la géographie de ses institutions…

XXe siècle

CHAMPS-ÉLYSÉES-CLEMENCEAU

Les allées du pouvoir

Station Champs-Élysées-Clemenceau… On pourrait y ajouter de Gaulle et Churchill puisque les statues de ces deux illustres figures de la Seconde Guerre mondiale sont venues rejoindre ici le Tigre, personnage quasi allégorique de la Première Guerre. À croire que ce carrefour du bas des Champs-Élysées est voué aux conflits les plus sanglants, alors qu'il aurait pu être celui de l'entente et de la concorde… Le Grand et le Petit Palais sont là pour en témoigner. N'ont-ils pas été érigés lors de l'Exposition universelle de 1900, symbole d'échanges et de rapprochements entre les hommes ?

En haut de l'avenue, sans même parler de l'Arc de triomphe à la gloire de Napoléon, c'est encore par la guerre, la Grande, celle de 1914, que les Champs-Élysées sont entrés dans l'histoire du XXe siècle.

En 1920, quand a émergé l'idée de rendre hommage à la dépouille d'un soldat inconnu mort au champ d'honneur, la Chambre des députés a proposé de placer la tombe au Panthéon… Le gouvernement et le président de la République, Alexandre Millerand, se montraient plutôt contrariés par le projet. En effet, ils avaient élaboré un autre plan : célébrer le 11 Novembre de cette année-là en portant solennellement au Panthéon le cœur de Léon Gambetta, artisan de la défense nationale après la chute du second Empire. C'était une manière de commémorer tout à la fois le deuxième anniversaire de l'armistice et le cinquantenaire de la République née en 1870.

Les deux projets, celui défendu par l'exécutif et celui élaboré par la Chambre, résultaient d'un clivage politique : la gauche voulait glorifier Gambetta, la droite entendait vénérer les Poilus. Pour éviter un affrontement ouvert, le président Millerand trouva un compromis : le cœur de Gambetta au Panthéon et le Soldat inconnu sous l'Arc de triomphe de l'Étoile. Le même jour. Au fond personne n'était content. La gauche la plus dure refusait de participer à « une fête militaire », la droite la plus réactionnaire hurlait contre l'hommage rendu au « laïcard » Gambetta.

Huit corps de soldats français non identifiés, exhumés de tous les fronts de la Grande Guerre, furent transportés à la citadelle de Verdun et l'on désigna l'un d'entre eux au hasard. La dépouille du Soldat inconnu fut alors transférée à Paris pour une veillée funèbre place Denfert-Rochereau.

Le 11 novembre 1920 au matin, un cortège solennel composé de mutilés, d'une veuve, d'une mère et d'un orphelin, tous victimes du conflit, accompagnèrent à travers la ville le cercueil placé sur un affût de canon. La procession s'arrêta symboliquement au Panthéon où avait lieu, au même moment, le transfèrement du cœur de Gambetta. Puis elle reprit sa marche jusqu'à l'Arc de triomphe où le cercueil fut déposé.

Réelle et symbolique à la fois, cette tombe du Soldat inconnu réconciliait les Français dans un deuil collectif et permettait aux familles de pleurer la disparition corps et âme d'un père, d'un fils ou d'un frère quelque part dans la grande folie des tranchées, des gaz et des bombardements.

Les soubresauts de la politique politicienne ont imposé l'Arc de triomphe comme lieu de sépulture, mais on peut y voir aussi un symbole fort : la tombe du Soldat inconnu vient fermer l'Arc de triomphe. Aucun défilé, jamais plus, ne pourra passer sous ce monument. À l'époque, on pouvait penser avoir vécu la Der des Ders.

En septembre 1940, les troupes allemandes défilant sur les Champs-Élysées ont infligé un cruel démenti à cet espoir trop tôt caressé.

Et puis, le 26 août 1944, le général de Gaulle, dont les Parisiens découvraient dans un délire de joie l'allure et le visage, descendait ces mêmes Champs-Élysées jusqu'à la Concorde.

— Ah, c'est la mer ! marmonna-t-il en voyant la marée humaine venue assister au défilé de la Victoire.

Aux fenêtres, sur les balcons, sur les toits, juchés sur des échelles, accrochés aux réverbères, les Parisiens voulaient participer à cet instant historique, et sous le soleil flottaient les trois couleurs du drapeau retrouvé. La fusillade qui éclata à la Concorde, écho des derniers combats, fit souffler un bref vent de panique, mais bien vite chacun se ressaisit avant de se diriger vers la cathédrale Notre-Dame où un ultime coup de feu fut tiré.

En 1970, ajoutant à la place de l'Étoile le nom de Charles de Gaulle qui venait de disparaître, le gouvernement a mêlé dans un même souvenir le soldat anonyme de la Première Guerre mondiale et le fondateur de la France Libre.

Aujourd'hui, alors que les derniers Poilus ont disparu, toutes les victimes de toutes les guerres reçoivent chaque soir l'hommage de la flamme ravivée pour que jamais ne s'éteigne la mémoire.

Le long des Champs, la République a rendez-vous avec la patrie, l'honneur et l'armée dans le défilé des troupes du 14 Juillet. Est-ce pour cela que se sont tenus ici quelques rassemblements parmi les plus importants de l'histoire de France ? Une houle infinie pour fêter de Gaulle et la libération de Paris en 1944, une autre pour exprimer l'attachement au Général le 30 mai 1968, une autre encore pour célébrer Zidane et la victoire de l'équipe nationale de football en 1998. Les époques changent, pas la majesté des lieux.

Mais les Champs-Élysées, encadrés à l'Étoile et au rond-point par le souvenir des guerres, s'ouvrent sur bien d'autres évocations où viennent s'amalgamer la politique républicaine et les grandes enseignes du commerce de luxe. Alors, suivons les pas de Sacha Guitry et, comme lui dans un film célèbre, remontons les Champs-Élysées…

*
* *

Face à la place de la Concorde, de l'autre côté de la Seine, le Palais-Bourbon, siège de l'Assemblée nationale, aligne ses douze colonnes corinthiennes censées répondre aux colonnes de l'église de la Madeleine dans un lointain face-à-face.

Le palais est construit en 1722 pour Louise de Bourbon, fille légitimée de Louis XIV et de la Montespan. Près d'un demi-siècle plus tard, le prince de Condé agrandit la luxueuse demeure et lui donne un style inspiré par le Grand Trianon de Versailles.

En 1795, la Révolution s'empare du palais qui, avec un hémicycle tout neuf, est affecté au Conseil des Cinq-Cents, c'est-à-dire à l'Assemblée législative. Le « perchoir », estrade sur laquelle siège le président de séance, est un rescapé de cette période révolutionnaire. Pour le reste, le Palais-Bourbon a subi de nombreux arrangements et modifications avant d'accueillir nos cinq cent soixante-dix-sept députés actuels.

Sa façade nord de style néo-classique date de Napoléon Ier. Avec l'Empereur, les jeunes institutions sont soumises à un pouvoir sans partage. Régnant au palais des Tuileries, dont les jardins débouchent sur la place de la Concorde, Napoléon retouche Paris à sa gloire. Pour exalter les victoires de la Grande Armée, il lance la construction de l'Arc de triomphe de l'Étoile et, pour rendre hommage aux soldats, fait élever le temple de la Madeleine. Finalement, pour équilibrer l'ensemble, le Palais-Bourbon, rive gauche, est remodelé.

L'Histoire nous adresse parfois de curieux clins d'œil : ce bâtiment, emblématique de nos institutions républicaines, porte le nom le plus royal qui soit ! Mais c'est bien en tant que symbole de la République qu'il fut la cible privilégiée des manifestants en un temps où le régime parlementaire subissait encore les foudres de ceux qui rêvaient d'un pouvoir fort...

Le 6 février 1934, sur la place de la Concorde, face à la Chambre des députés, trente mille personnes se rassemblent et menacent de prendre d'assaut le Palais-Bourbon afin de mettre à bas une République entachée par les scandales. « Contre les voleurs, contre le régime abject », les militants de la droite extrême, royaliste, nationaliste ou fasciste, sont mobilisés. L'Action française, les Camelots du roi, les Jeunesses patriotes, la Solidarité française ont clairement pour objectif de renverser « la gueuse ». Les Croix de Feu, elles, sans doute majoritaires, regroupent d'anciens combattants en colère, mais sans ligne politique véritablement affichée. D'ailleurs, sous les ordres du lieutenant-colonel François de La Roque, elles se dispersent rapidement, laissant la place aux éléments les plus violents.

À la nuit tombée, des milliers de manifestants tentent de marcher sur le Palais-Bourbon, mouvement qui est à la fois l'expression d'une colère populaire et une tentative de coup d'État. Très vite, la garde mobile apparaît débordée, elle tire dans la foule, et les affrontements se prolongent durant la nuit. Seize manifestants et un policier sont tués, un millier de personnes blessées.

Du haut de la tribune de la Chambre des députés, Maurice Thorez, secrétaire général du Parti communiste, galvanise ses forces :

— Je lance un appel à tous les prolétaires et à nos frères les ouvriers socialistes pour qu'ils viennent dans la rue chasser les bandes fascistes !

Trois jours plus tard, le 9 février, place de la République, la contre-manifestation communiste se heurte, elle aussi, aux forces de police. Parmi les militants venus s'opposer à toutes les droites, on relève six morts et soixante blessés.

Comment passer de la Révolution à la Concorde ?

En 1934, la place fut appelée ironiquement « place de la Discorde », mais elle porta officiellement d'autres noms… En 1789, ce fut la place de la Révolution, et la sinistre forme de la guillotine se dressa ici. Le compte a été fait : mille cent dix-neuf têtes sont tombées à cet endroit, dont celles de Louis XVI et de Marie-Antoinette. La statue de Louis XV, à l'origine de la place au milieu du XVIIIe siècle, fut remplacée par une évocation en plâtre de la Liberté coiffée du bonnet phrygien. En 1795, après la Terreur, le gouvernement, soucieux de paix civile, donna à l'espace le nom de place de la Concorde.

En 1800, la statue de la Liberté fut supprimée. Un quart de siècle plus tard, Louis XVIII voulut élever un monument à la mémoire de son frère le roi guillotiné. Dès la première pierre posée, la place changea de nom à nouveau pour devenir place Louis XVI, mais les travaux furent interrompus par la révolution de 1830. La place reprit alors définitivement son nom de place de la Concorde.

Mais regardez à l'angle de l'hôtel de Crillon… face à l'embassade des États-Unis, vous découvrirez une plaque sombre datant de Louis XVIII. On y lit encore cette inscription : « Place Louis XVI ». À quelques pas de là, entre l'Obélisque et la statue de la ville de Brest, fut décapité le roi.

En 1836, Louis-Philippe fit ériger, au centre de la place, l'obélisque offert à la France par le vice-roi d'Égypte, Méhémet Ali.

En remontant les Champs-Élysées, laissant derrière soi la place de la Concorde, on trouve rapidement sur la droite, un peu en retrait, une grille surmontée d'un coq doré. C'est ici l'entrée des jardins du palais de l'Élysée. Depuis l'élection du prince Louis-Napoléon à la présidence de la République, la IIe, en 1848, cette ancienne demeure de la marquise de Pompadour, belle maîtresse de Louis XV, est devenue la résidence du chef de l'État.

De Gaulle a cordialement détesté cette résidence, qui paraissait un peu trop délicate pour le soldat qu'il était. En plus elle était alors mal conçue et, dans la salle à manger, les plats arrivaient froids, venus des cuisines trop éloignées. Et puis, l'idée de se glisser dans les chaussons d'une favorite royale agaçait l'austère Général.

Ses successeurs n'ont pas tous partagé son avis. Georges Pompidou, qui affichait avec ostentation son intérêt pour l'art moderne, fit décorer les appartements privés aux couleurs lumineuses et changeantes de l'artiste israélien Agam. Mais son épouse Claude avait en horreur cette demeure glacée qui se mua, pour elle, en « maison du malheur » après le décès du président. D'ailleurs, jamais elle n'accepta d'y remettre les pieds, même pour rendre une brève visite aux hôtes suivants.

Valéry Giscard d'Estaing s'installa tout seul à

l'Élysée, son épouse Anne-Aymone jugeant les appartements privés trop exigus et trop mal agencés pour y loger avec ses quatre enfants. Ce qui laissait libre cours à la vie joyeuse du jeune président... Le 2 octobre 1974, alors qu'il rentrait à l'Élysée au petit matin en compagnie d'une belle actrice, sa Ferrari emboutit la camionnette d'un laitier. Au grand éclat de rire des journalistes de l'époque.

Pour François Mitterrand, l'Élysée fut un lieu de travail. Déchiré entre sa vie « officielle » rue de Bièvre au côté de son épouse Danielle et sa vie officieuse avec la maman de Mazarine, née six ans avant son élection, il n'avait pas vraiment le temps d'habiter le palais présidentiel.

Jacques Chirac a sans doute été le chef de l'État qui a le plus apprécié l'endroit. En tout cas, il en a investi les appartements avec volupté. « Chirac a toujours habité là où il travaillait et travaillé là où il habitait », soulignait l'un de ses anciens conseillers. Ce fut vrai à la mairie de Paris comme à l'Élysée. Bernadette Chirac, elle, ne cache jamais la nostalgie que lui inspire le temps enfui, quand elle aménageait à son goût les jardins en fleurs du palais.

Quant à Nicolas Sarkozy, il semble tellement apprécier les fastes de la demeure qu'il s'y est marié avec Carla Bruni le 2 février 2008. Cérémonie intime qui se déroula au premier étage en présence d'une vingtaine de personnes seulement, la famille proche et une poignée d'amis.

— Je n'ai rien calculé, rien prévu. Je ne me suis jamais mariée avant. Je suis de culture italienne et je n'aimerais pas divorcer... Je suis donc la première dame jusqu'à la fin du mandat de mon mari, et son épouse jusqu'à la mort… Mon voyage de noces fut une promenade de vingt minutes dans le parc du château de Versailles. Merveilleux voyage de noces tout de même, déclara à la presse médusée la nouvelle locataire du palais.

Mais le mariage de Sarkozy n'est pas réellement une première : le 1er juin 1931, le président Gaston Doumergue, resté célibataire durant tout le temps de son mandat, se maria là aussi, douze jours avant de quitter ses fonctions.

*
* *

En poursuivant notre remontée de la plus belle avenue du monde, comment ne pas faire un petit écart avenue Montaigne, devant la façade Art déco du théâtre des Champs-Élysées ?

En 1920, sous la direction de Jacques Hébertot, la salle devient l'avant-garde de la création artistique : opéras, ballets, pièces de théâtre, concerts s'y succèdent. Les Ballets suédois subjuguent Paris sur des musiques de Ravel, Debussy, Milhaud, Satie… Le XXe siècle de l'invention, de l'intelligence, de la beauté explose ici.

On voit même Pablo Picasso dessiner des décors. Le peintre né à Malaga, qui obtient déjà un beau succès, a épousé Olga, une ballerine russe rencontrée à Rome, et ils se sont installés non loin des Champs, au 23, rue La Boétie, dans un appartement bourgeois et luxueux qui rassure l'artiste…

Quinze ans plus tôt, en 1905, décidé à vivre définitivement à Paris, Picasso n'a trouvé à se loger qu'à

Montmartre, dans une bicoque brinquebalante et de guingois baptisée « Le Bateau-Lavoir ». Pour un modeste loyer de quinze francs par mois, il occupait un atelier au deuxième étage sur la cour...

Un soir d'orage, une jeune femme aux vêtements trempés se hâte de rentrer chez elle. Elle habite les lieux depuis peu et entame sur la Butte une carrière de modèle et de peintre, posant pour les plus célèbres artistes académiques du temps. Fernande Olivier a remarqué Pablo, cet Espagnol râblé et timide, aux yeux brûlants et dont une mèche de jais agace le front. Le seau à la main, ils se sont souvent croisés au lavabo commun proche de l'entrée, échangeant quelques propos sans conséquences.

Ce soir, Picasso accueille Fernande dans l'étroit couloir, il a vingt-quatre ans, elle a quelques mois de plus que lui. La poitrine arrogante, pulpeuse et bien en chair, charmante avec son chapeau à fanfreluches et ses mèches blondes qui s'en échappent, elle est légèrement plus grande que lui... À côté de cette affriolante créature, l'Espagnol paraîtrait insignifiant si ce n'était son regard noir, comme dévoré par une flamme intérieure. Pablo lui barre le chemin et, en riant, il lui offre un petit chat recueilli dans le quartier. Fernande minaude un peu, tente de se dégager et accepte très vite de visiter l'atelier de son entreprenant voisin.

Pour la première fois, elle entre dans le domaine de Picasso... Elle est surprise par la douleur exprimée sur les toiles. Elle, joyeux pinson de la Butte, est heurtée par cette désespérance étalée, elle ne voit dans cette œuvre encore ébauchée que le côté morbide. Mais ce qui retient son attention de femme rangée, c'est le désordre des toiles éparpillées, des tubes de couleur et des pinceaux abandonnés à même le sol et, comble d'horreur, une souris blanche apprivoisée qui niche dans le tiroir de la table.

En entrant dans cet étrange bric-à-brac, Fernande jette de ses yeux rieurs et de son minois gourmand une lueur lumineuse sur ce triste repaire. Picasso est amoureux, et les teintes roses, couleur de bonheur et d'espoir, vont envahir ses toiles.

Au printemps 1906, le musée du Louvre organise une exposition des bronzes ibériques des IVe et Ve siècles mis au jour en Andalousie. Picasso découvre là tout un pan du passé artistique de sa patrie : il est saisi par le dépouillement des formes, l'expression puissante de ces statues. Apte à assimiler de multiples influences, le peintre va quelques mois plus tard, en novembre, faire une autre découverte capitale... Ce soir-là, Picasso dîne quai Saint-Michel chez Henri Matisse, le maître fauve. On parle art bien sûr, Matisse prend sur un meuble une statuette et la tend à Picasso, c'est un bois nègre, le premier que voie l'Espagnol. Pablo ne dit rien, mais ne lâche la statuette de toute la soirée, ses yeux noirs interrogent le bois sombre, et ses doigts glissent sur les formes épurées. Il ressent à nouveau cette émotion esthétique qui l'avait déjà secoué au Louvre devant les antiques ibériques.

Le lendemain matin, le plancher de son atelier du Bateau-Lavoir est jonché de feuilles de papier. Sur chacune, un grand dessin rageusement tracé au fusain, toujours le même indéfiniment repris : un visage de femme avec un seul œil et un nez interminable terminé en bouche.

Durant plus de six mois, Picasso va se battre avec son tableau. Les ébauches, les essais, les tâtonnements sont innombrables : l'art nègre, la statuaire ibérique, le souvenir de Cézanne se mêlent pour faire surgir une œuvre bouleversante, neuve, surprenante.

En cette année 1907, ses amis montent au Bateau-Lavoir pour voir la toile extravagante et démesurée de Picasso baptisée *Les Demoiselles d'Avignon*. Devant ces courbes distordues, cette esthétique déformée, ces teintes roses virant au sombre, les spectateurs hochent la tête… Personne ne le sait encore, mais cette toile fait entrer l'art dans le XXe siècle. Pour l'heure, la révolution amorcée ne concerne que les hauteurs de Montmartre, elle va déboucher plus tard jusqu'au théâtre des Champs-Élysées, et de là se répandre dans le monde entier…

Quel fut le sort du Bateau-Lavoir ?

Le 12 mai 1970 vers quatorze heures trente, le quartier central de la brigade des sapeurs-pompiers était alerté par une avalanche d'appels téléphoniques. Un incendie venait de se déclarer au Bateau-Lavoir…

Lorsque le nuage de fumée se dissipa, la vaste bicoque n'était plus qu'un tas de cendres fumantes autour d'ossatures calcinées. Le peintre André Patureau, l'un des locataires, abasourdi par la rapidité du drame, répétait en une litanie ces mots désespérés :

— C'est affreux, j'ai tout perdu… mes toiles, mon travail, toute ma vie… J'étais en train de travailler sur une toile, dans mon atelier du rez-de-chaussée, lorsqu'une épaisse fumée noire a envahi la pièce…

Cinq ans après l'incendie, le Bateau-Lavoir était reconstruit sans qu'on touche trop à la façade qui

> n'avait pas souffert. Vingt-cinq ateliers fonctionnels et des appartements élégants remplacent aujourd'hui les logis d'autrefois. Rue Ravignan, une porte constamment verrouillée et un Interphone glacial arrêtent le visiteur dans sa quête mélancolique d'un passé où la masure était ouverte aux quatre vents.

*
* *

Retour aux Champs-Élysées. Dès le rond-point franchi, devant l'avenue qui file tout droit vers l'Arc de triomphe, sur le trottoir de gauche, au n° 25, voici l'ancien hôtel de la marquise de Païva, aventurière russe de haut vol. Vous avez devant vous l'un des rares vestiges des Champs sous le second Empire, quartier chic où les restaurants et les allées de verdure attiraient une foule élégante. Au tournant du XXe siècle, descendre les Champs, pour les cavaliers, les calèches, les fiacres, puis les premières automobiles, représentait le summum du luxe et de la distinction !

Sans doute est-il juste et attendu que ce palais magnifique, achevé en 1865, soit consacré aujourd'hui au monde de la finance. Car en montant plus haut sur les Champs, le promeneur se trouve pris dans un ballet étourdissant d'enseignes, celles des grandes marques brandies tels d'anciens blasons féodaux. Les hommes d'État que nous avons croisés, les artistes que nous avons admirés sont remplacés ici par les financiers. Les puissants d'aujourd'hui ne sont peut-être plus ni à l'Élysée ni au Palais-Bourbon, mais dans cet alignement de boutiques... Les puissants d'aujourd'hui, ce sont les grands groupes de l'industrie du luxe, ceux qui détiennent les cordons de la Bourse. En quête de souvenirs architecturaux du XXe siècle, on retiendra la façade Art nouveau du Claridge, aux numéros 74-76 ; celle de l'ancien Élysée-Palace, devenu une banque au 103 ; ou encore l'immeuble Art déco du Virgin Mégastore aux 56-60.

Cela dit, la mise en place du RER, qui s'arrête à l'Étoile depuis 1970, a vaguement changé la donne en ce qui concerne les Champs. Depuis quarante ans, on vient facilement de banlieue errer en ces lieux. Résultat, le glamour chic et choc de l'avenue a perdu un peu son âme distinguée pour s'encanailler dans la fringue soldée et le fast-food.

Mais enfin, ils sont tous là, les Lancel, Lacoste, Hugo Boss, Omega, Cartier, Guerlain, Montblanc... Ils brillent au firmament des Champs-Élysées comme une occupation triomphale de nouveaux potentats.

En 2006, Louis Vuitton a ouvert sur l'avenue, au n° 101, son espace repensé, objet de toutes les critiques pour la décoration de ses vitrines déjantées. Mais, crise ou pas, on y expose les originaux des valises et sacs les plus imités dans le monde. Et que dire du nouveau drugstore Publicis au 133, véritable institution depuis plus de cinquante ans ? Sa nouvelle architecture, tout en transparence et en courbes, typique de l'architecture de la fin du XXe siècle et du nouveau millénaire, laisse pour le moins perplexe...

De tous ces puissants, c'est à celui qui se fera le mieux remarquer pour épater ce nouveau Versailles dont la cour est rassemblée juste devant vous, à La Défense, autour de la Grande Arche, cet arc de triomphe des temps modernes, écho vaniteux à l'Arc de triomphe de Napoléon...

LA DÉFENSE

Le retour à la source

En descendant au terminus de la ligne n° 1, station La Défense, vous la verrez, la Grande Arche immaculée, cadre d'un vide sidéral, qui impose son architecture prétentieuse. Je sais, le XXᵉ siècle n'a pas été tendre pour Paris : tour Montparnasse, Forum des Halles, voies sur berges, Front-de-Seine, Centre Pompidou, Opéra-Bastille, bibliothèque François-Mitterrand… Les verrues infligées à la capitale sont nombreuses et impressionnantes. La Grande Arche vient en 1989 mettre un point d'orgue au mauvais goût en imposant cette forme dans la perspective de l'Arc de triomphe.

Mon jugement est sans doute sévère. Qui sait si, dans cent ans, on ne viendra pas en pèlerinage à La Défense pour admirer, au même titre que l'Art nouveau ou l'Art déco, ces symboles de l'architecture de la seconde moitié du XXᵉ siècle ? Peut-être se recueillera-t-on ici devant l'arc de triomphe des affaires et de la finance… C'est vrai, le quartier de La Défense n'a que cinquante ans, c'est le général de Gaulle qui décida sa construction dès 1958, sur les communes de Puteaux,

Courbevoie et Nanterre, pour en faire le pôle économique et financier de la France des Trente Glorieuses. En regardant vers l'Arc de triomphe, vous verrez, au bout du parvis, un peu perdue parmi les constructions nouvelles, l'ancienne statue de la Défense, érigée en 1883 en hommage à la résistance des Parisiens lors de l'invasion prussienne de 1870. Le quartier lui doit son nom.

Au fond, plutôt que de verser dans un conservatisme un peu ridicule, je préfère accepter non pas les outrages mais les audaces architecturales de mon époque. Et puis, on le sait bien, le temps fera son œuvre, l'Histoire jugera, et sans doute mieux que moi ! Car en définitive ce sont là les futurs vestiges, les témoignages du siècle dans lequel je vis, et ils sont indispensables à Paris. D'ailleurs, le magnifique musée du quai Branly de Jean Nouvel, près de la tour Eiffel, a pour moi déjà trouvé sa place.

Maintenant, plus largement, on peut se poser la question fondamentale suivante : quel héritage le XXIe siècle transmettra-t-il aux générations futures ?

Pour le moment j'ai l'impression que, honteuses d'elles-mêmes, ces nouvelles superstructures saisissantes sont construites en matériaux éphémères ou jetables appelés à disparaître assez vite. De nombreux archéologues et architectes s'inquiètent d'ailleurs ouvertement de la courte espérance de vie des bâtiments modernes…

Quoi qu'il en soit, pour Paris, notre siècle sera celui d'une expansion vertigineuse. Ce sera le siècle du Grand Paris, le triomphe d'une agglomération tentaculaire, qui franchira le périphérique pour avaler tout ou partie de sa banlieue, supprimant quelques départements au passage.

Les axes à redessiner apparaissent nettement : l'avenue Charles-de-Gaulle, qui va de l'Étoile à La Défense et traverse Neuilly comme une autoroute, sera un jour remaniée. Les projets existent. Ce devrait être alors un fleuve de verdure qui coulerait tout naturellement vers une esplanade de La Défense dont on aurait effacé l'aspect désordonné, fruit du hasard et du laisser-aller.

Et en se développant vers l'ouest, Paris, le Grand Paris de demain, aura fait de ce quartier d'affaires aux tours agressives une partie de lui-même, un témoin de son passé, une fenêtre ouverte vers son avenir. Et la capitale continuera naturellement de se prolonger vers l'ouest pour englober Nanterre, juste derrière La Défense.

Ainsi la ville remonte lentement à sa source... On s'en souvient, la Lutèce gauloise se situait au bord de la Seine, à l'emplacement de l'actuelle Nanterre. Le XXIᵉ siècle verra peut-être Paris revenir à Lutèce et retrouver, plus de deux mille ans après, la boucle du fleuve dans laquelle la ville gauloise est née.

Découvrez
l'introduction de

Hexagone
de **Lorànt Deutsch**

paru aux Éditions
Michel Lafon

ET MAINTENANT, EN ROUTE POUR L'HEXAGONE !

Introduction

Par la voie héracléenne

La rue Saint-Jacques grimpe le flanc de la montagne
Sainte-Geneviève et s'échappe, droite, décidée, comme
pour s'en aller découvrir d'autres paysages. Je remonte
cette voie qui fut le grand axe des Romains, le *cardo*
autour duquel s'organisait toute la vie de Lutèce.
Bientôt, la porte d'Orléans ; le périphérique au trafic
incessant forme l'ultime muraille circulaire de la ville.
À Paris comme ailleurs, c'est une route qui marque la
limite.

Les routes me fascinent depuis longtemps. À l'instar
des lignes de métro pour Paris, elles sont autant de
lignes de vie menant à la découverte de l'inconnu. Sen-
tiers, chemins, venelles ou boulevards, artères pavées
ou chaussées bitumées, autoroutes, rails ou fleuves
sont des portes entrouvertes : à l'autre bout, toujours,
l'imprévu peut surgir. La route, c'est le mouvement, les
peuples en migration, les civilisations qui se découvrent. Comment comprendre l'Histoire en marche sans
s'attacher aux sillons creusés par les populations et les
armées, par les promeneurs solitaires et les grandes
migrations humaines ? Comment comprendre un pays
sans se pencher d'abord sur les axes de communication

qui le ramifient, formant le système nerveux de ce grand corps ? Comment comprendre un peuple sans saisir la signification de ces conquêtes sur la nature, sans percer le sens de ce mariage entre l'homme et sa terre ?

Encore quelques embranchements, et l'autoroute me conduit vers l'ouest. Demain soir, je serai sur scène près d'Angers, sur les terres de mon enfance, j'y jouerai *Le Songe d'une nuit d'été* de Shakespeare. Mais auparavant je bifurque, je vagabonde, la curiosité me guide et me transporte vers la Bretagne. Pour moi, c'est la route qui fait naître le voyage et non le voyage qui vous pousse sur la route. Sur le parcours, des villes et des hameaux se succèdent, ils s'échelonnent au loin, pourtant je ne vois que des panneaux : « Le Mans centre », « Direction Rennes »… L'étape ne se fait pas à l'ombre d'une vieille cité, le rythme de l'autoroute évite le passé et interdit la nostalgie. Tout est conçu pour avancer, avancer vite, l'angoisse du temps perdu nous talonne. S'il faut s'arrêter, ce sera dans une station-service, pour faire le plein d'essence, prendre un sandwich-Coca-café, et s'en retourner aussitôt vers le ruban gris pour avaler les kilomètres.

Je roule encore. Sortie. L'autoroute devient route nationale, puis se fait plus étroite pour se muer en départementale. J'arrive à Camaret-sur-Mer, la pointe du continent, la fin de la Terre… le Finistère.

Virage à droite. Une petite rue longe un champ jaunâtre, des herbes folles, quelques solides maisons bretonnes… et des rangées bien rectilignes de pierres dressées. Blafardes et anguleuses, ces pierres disposées en enfilade regardent vers le ciel, se tendent vers l'infini comme dans une prière.

Je suis face aux alignements de Lagatjar, quelque soixante-dix menhirs rescapés sur les six cents encore répertoriés au XVIIIe siècle. Ces pierres forment une ligne de deux cents mètres, coupée par deux rangées transversales composées d'autres menhirs.

En Bretagne, la multiplication de ces champs de pierres a fait naître maintes légendes que des générations ont répétées le soir à la veillée. Ici, on parlait d'un gros caillou tombé du ciel qui s'enfonçait lentement dans le sol et disparaîtrait complètement un jour, annonçant le cataclysme ultime, la fin du monde. Là, on racontait que Dieu avait pétrifié des soldats partis à la poursuite de saint Korneli. Ailleurs, on disait que certaines nuits, lorsque la lune éclairait la lande, des esprits menaçants venaient former une ronde autour des menhirs. Ailleurs encore, on assurait que les pierres dressées poussaient jadis naturellement dans les champs, mais que leur inquiétant développement avait été stoppé par la prière des paroissiens...

En réalité, que signifient ces étranges compositions ? Honorent-elles les morts, invoquent-elles les dieux, définissent-elles un espace ? À l'aube de l'humanité, les peuples se déplaçaient pour trouver plus loin, toujours plus loin, des étendues nouvelles, des terrains de chasse, des prairies, des pâturages. Après avoir traversé des plaines, franchi des montagnes et longé des fleuves, après avoir avancé devant eux, ils sont parvenus à ces limites... Plus loin, il n'y avait rien, que la mer effrayante et l'horizon muet qui traçait sa ligne droite comme pour tirer un trait définitif. Comment deviner ce que l'on pouvait découvrir là-bas, si loin, au-delà du visible ? On se représentait une nuit perpétuelle recouvrant des eaux tempétueuses, on imaginait des

démons ailés régnant sans partage sur un univers gla-
cial.

Puisque le chemin suivi par des nations nomades
s'arrêtait ici, ne leur fallait-il pas trouver une autre
façon de poursuivre leur marche ? Prolonger la route
de manière fantasmagorique pour approcher les dieux
et toutes les forces supérieures...

Je me promène entre les blocs dressés ici depuis au
moins quatre mille ans, bien avant les Gaulois et notre
cher Obélix. Que d'efforts entrepris pour déplacer ces
pierres, les tailler, les dresser ! Que d'efforts pour
rendre hommage aux dieux redoutables et ouvrir les
voies d'un ciel peuplé d'imaginaire ! Que d'efforts
pour dessiner ainsi la route hypothétique qui mènerait
vers le monde de l'immortalité !

Ces pierres alignées servaient certainement aussi à
étudier les astres et à mesurer le temps : elles auraient
permis, par leur angle particulier, de suivre les mouvements des étoiles. Et l'on suppose que ces observa-
tions du ciel entretenaient un rite religieux dont on ne
sait rien, mais auquel pouvaient être associés la Lune
et le Soleil.

J'aime imaginer que ces pierres prenaient tout leur
sens face à l'astre du jour dont l'éclat exprimait la
vigueur des divinités. Je veux croire que ces alignements nous indiquent une route, la première tracée par
l'homme confronté au sens de l'existence : une route
qui menait à une vie située plus loin que la vie, une
route qui donnait un sens aux mystères du monde et
permettait aux êtres humains d'accepter leur sort.

Ainsi donc, la première route pensée et construite
n'avait pas pour objectif de relier deux villages ou deux
tribus, elle ne cherchait pas à rapprocher utilitairement

les hommes entre eux… elle conduisait à l'absolu. On la suivait, on l'observait, on croyait approcher l'éternité.

Puis ces peuples ont disparu, le chemin vers l'infini a été oublié, la plupart des pierres ont été abattues, volées ou déplacées… Pourtant, l'homme du XXIe siècle vient encore chercher dans les vestiges de ces alignements de grès blanc le passage vers un au-delà qui n'a jamais cessé de lui paraître angoissant et mystérieux.

Cela dit, si les voies de l'éternité ont de tout temps continué de hanter l'âme humaine, les habitants de la Terre ont parallèlement tracé d'autres routes, les vraies, celles qui allaient leur permettre de trouver des ressources nouvelles, de rencontrer d'autres Terriens, de façonner leur histoire. Mais là encore, le surnaturel semble les avoir guidés, par l'intermédiaire d'un demi-dieu. Suivons-le : il va nous amener aux portes de l'Hexagone !

*
* *

Condamné à douze lourds travaux, Hercule, car c'est de lui qu'il s'agit, dut accomplir, pour dixième exploit, la prouesse de se rendre sur la terre des Ibères afin d'en rapporter un célèbre troupeau de bœufs au pelage écarlate.

Prenons la mer à ses côtés et gagnons le Sud, longeons l'Espagne et pénétrons en Méditerranée par le détroit de Gibraltar, les colonnes d'Hercule, disait-on dans l'Antiquité. Pour les Grecs, ces rochers escarpés marquaient la limite du monde connu : au-delà, c'était l'inexploré hostile, peut-être le royaume des morts.

Nous passons les colonnes, longeons maintenant les côtes espagnoles à bâbord, et nous voilà sur de nouveaux rivages…

La côte que nous empruntons maintenant, qui va des Pyrénées aux Alpes en longeant la mer, fut justement la route créée par Hercule, jadis, au temps où les dieux vivaient encore…

Restait à s'emparer du fameux troupeau. Mais le voler n'était pas chose facile, le héros mythologique devait auparavant tuer le propriétaire du bétail, le monstrueux Géryon, personnage pluriel aux trois têtes, aux trois torses, aux six bras… Une fois Géryon occis, il fallait encore rentrer chez soi avec les animaux, long parcours qui obligeait le demi-dieu devenu cow-boy à traverser une grande plaine en poussant le troupeau devant lui. Deux fils de Poséidon, le dieu de la Mer, surgirent afin de lui dérober ses bovins durement acquis… Hercule tua l'un et l'autre, mais le peuple ligure, qui s'était établi dans la région, poursuivit le héros, sans doute pour tenter de s'approprier à son tour le troupeau. On a beau être un demi-dieu, il est difficile de résister à une horde de Ligures agressifs. Hercule se défendit de toute sa force exceptionnelle, mais arriva un moment où il lança la dernière flèche de son carquois… Alors, épuisé et blessé, il s'agenouilla et se mit à sangloter doucement. Du haut du ciel, Zeus entendit les pleurs de son fils : il fallait sauver l'honneur de l'Olympe ! Le dieu des dieux jeta sur la plaine une pluie de cailloux qui dispersa les méchants, et ceux-ci s'égaillèrent en une fuite éperdue. Ainsi, Hercule put poursuivre son chemin pour s'en aller vers son destin et ses derniers travaux.

Mais on ne dévaste pas impunément une terre fertile. En portant secours à Hercule, Zeus a transformé des champs autrefois féconds en une steppe caillouteuse et inculte.

Où sont les cailloux de Zeus ?

Suivons Hercule sur les rivages de la Côte d'Azur et arrêtons-nous un peu avant Marseille, à Saint-Martin-de-Crau, puis virage vers le sud pour trouver la plaine de La Crau devenue « Réserve naturelle des Coussouls de Crau ». Rien n'a changé depuis Hercule ! Les cailloux sont toujours là, ils recouvrent la steppe, et les herbes jaunâtres ont bien du mal à pousser sur cette étendue rocailleuse.

Certains prétendent que Zeus n'est pour rien dans cette affaire… Ces cailloux ont été charriés par la Durance qui formait ici un delta et se jetait directement dans la mer. Il y a dix-huit mille ans, le mouvement des continents provoqua un cataclysme qui changea le cours de la rivière, devenue soudain un affluent du Rhône. Le delta s'assécha, mais les galets roulés et polis par les eaux restèrent sur place.

Quant à la route creusée par Hercule, cette route qui va du pays des Ibères à celui des Étrusques – c'est-à-dire de l'Espagne à l'Italie en passant par les rivages méditerranéens de la France actuelle –, les Grecs l'appelleront la voie héakléenne, la voie d'Héraklès, selon la forme hellène du nom porté par le héros. Son tracé plurimillénaire est repris aujourd'hui par l'auto-route A9 jusqu'à Arles. Une fois le Rhône franchi, deux itinéraires ont alternativement la préférence des archéo-logues pour rejoindre l'Italie : la route du littoral et la route intérieure remontant la Durance et passant les Alpes au col de Montgenèvre. Plus tard, les Romains créeront sur ces deux tracés la voie Julia Augusta et la voie Domitia.

Si l'on en croit la légende, Hercule a donc offert à l'Antiquité gréco-romaine la première voie, le premier chemin de l'Hexagone… Quoi qu'il en soit, ce tracé représente pour nous le mythe fondateur de la route, celle qui explore l'inconnu, celle qui permet au monde de se connaître et de se reconnaître.

Ainsi, lorsqu'on suit cette route et bien d'autres, revivent tous ceux qui les ont tracées, qui les ont conservées, qui les ont irriguées de leurs espoirs, de leur ténacité, de leur souffle pour unifier des provinces éclatées et engendrer une nation. C'est par le mouve-ment que des peuples se sont rassemblés autour d'une idée qui sera la France…

Lorànt DEUTSCH

*
* *

Des chemins empierrés gaulois aux chaussées de monsieur Mac Adam en passant par les fleuves et le rail, savourez les révélations d'un parcours qui, peu à peu, prend la forme de l'Hexagone.

TABLE DES MATIÈRES

Découvrez également la version illustrée

240 pages
25,50 euros

Merci à
Éric et Sophie Debeaumont

Composé par PCA
à Rezé

Imprimé en France par

à La Flèche (Sarthe)
en avril 2014

POCKET – 12, avenue d'Italie – 75627 Paris Cedex 13

N° d'impression : 3004573
Dépôt légal : juin 2014
S25195/01